이 책에서는 오늘날 사람들이 기독교에 관해 제기하는 가장 큰 반론들에 대해 설득력 있고 명쾌하며 사려 깊고 매력적인 답변을 제시하고 있습니다. 이 책을 읽고서 깊이 생각해 보십시오. 그리고 여러분의 친구들이 그 내용을 어떻게 여기는지를 한 번 살펴 보기 바랍니다.

레베카 맥클러플린은 천국과 지옥, 성생활과 인종 차별에 관한 까다로운 이야기들을 회피하지 않습니다. 오히려 그녀는 온유하고 겸손한 태도와 신선한 유머로써 청소년들의 눈높이에 맞게 그 문제들을 다루어 나가지요. 무엇보다 이 책의 좋은 점은, 그녀가 매우 명확하고 아름답게 복음을 제시한다는 것입니다. 저는 이 매력적인 책이 출간된 것에 깊이 감사하면서, 어린 그리스도인과 비그리스도인들 모두에게 이 책을 적극 추천합니다.

청소년들의 경우, 자기 삶의 의미에 관한 질문을 명확히 제기하지 않을 때가 많습니다. 하지만 그들은 마음속으로 그 문제를 늘 궁금히 여기지요. 이 책은 그들이 자신의 의문과 갈망들을 구체적으로 드러내며 충족시키는 데 도움을 줄 수 있습니다. 우리가 자녀를 양육할 때 이 책이 있었다면 얼마나 좋았을까요! 하지만 이제 우리는 확신을 품고서 이 책을 (우리의 손주들을 비롯한) 주위의 아이들에게 나누어 줄 수 있습니다.

이 책은 모든 부모와 교사들, 청소년 사역자와 청소년들이 기다려 온 책입니다. 이 책에서, 레베카 맥클러플린은 구체적이고 적절하며 매력적인 동시에 탁월한 방식으로 현 세대가 직면한 주요 질문들을 다루고 있습니다. 이를 통해, 그녀는 예수님이 여전히 우리의 가장 깊은 필요와 갈망에 대한 유일한 답이 되심을 보여 줍니다. 우리가 다음 세대의 청소년들을 잃어버리지 않기 위해서는 힘겨운 질문들을 품고 씨름할 용기를 지녀야만 합니다. 그럼으로써 빠르게 변해 가는 이 세상 속에서도 기독교가 여전히 진리임을 드러내야 하는 것입니다.

크리스틴 케인 A21과 '전진하는 여성들'(Propel Women)의 창립자

우리가 사는 이 세상은 매우 복잡합니다. 지금 세대의 청소년들이 그 복잡한 세상을 바르게 직면하면서 자라는 일은 결코 쉽지 않습니다. 이 작은 책에서, 맥클러플린은 그들이 기독교 신앙의 핵심 주장들과 계속 소통하면서 이 세상을 대면하고 파악하며 해석할 수 있도록 도우려 합니다. 이 책에서 다루는 문제들과 씨름하는 동안에, 독자들은 상당한 자극과 깨달음을 얻게 될 것입니다. 그들은 진리를 향해 더 가까이 나아가게 될 것입니다.

타일러 밴더윌레 하버드대학교 존 L. 로엡과 프랜시스 리먼 로엡 석좌 보건 역학 교수

다섯 자녀를 둔 아빠로서, 저는 이 책을 알게 되어 무척 기쁩니다. 레베카 맥클러플린이 기독교의 진리들을 참으로 알기 쉽게 설명하는 내용들을 읽으면서, 저는 점점 흥분하게 되었습니다. 저자는 이 책에서 "해리 포터" 시리즈와 디즈니 애니메이션들을 종종 인용합니다. 무엇보다, 저는 아이들 눈높이에 맞게 풍성한 신학적 관점에서 도전적인 질문들을 다룬 책을 만나게 되어 기쁩니다. 이 책은 다음 세대의 청소년들을 양육하는 데 중요한 도구가 될 것입니다!

존 페릿 리폼드 유스 미니스트리즈 교재 개발 책임자

하나님 없이도
잘 살 수 있지 않나요?

죠이선교회는 예수님을 첫째로(Jesus First)
이웃을 둘째로(Others Second)
나 자신을 마지막으로(You Third) 둘 때
참 기쁨(JOY)이 있다는 죠이 정신(JOY Spirit)을 토대로
하나님 나라의 확장을 위해 지역 교회와 협력, 보완하는 선교 단체로서
지상 명령을 성취한다는 사명으로 일합니다.

죠이선교회 출판부는 그리스도를 대신한 사신으로
문서를 통한 지상 명령 성취와 하나님 나라 확장을 위해 노력합니다.

10 Questions Every Teen Should Ask (and Answer) about Christianity
Copyright ⓒ 2021 by Rebecca McLaughlin
Published by Crossway
a publishing ministry of Good News Publishers
Wheaton, Illinois 60187, U.S.A.

This edition published by arrangement with Crossway through rMaeng2, Seoul,
Republic of Korea.
All rights reserved.

This Korean translation edition ⓒ 2022 by JOY Mission Press, Seoul, Republic of
Korea.

죠이북스는 죠이선교회의 임프린트입니다.

하나님 없이도
잘 살 수 있지 않나요?

10대가 기독교에 던지는 10가지 질문

레베카 맥클러플린 지음
송동민 옮김

죠이북스

이 책에서 인용된 성경 구절은 10대 독자들의 쉬운 이해를 돕기 위해
'새번역'을 사용했음을 밝힙니다.

내게 가장 어려운 질문들을 던지곤 하는
미란다와 엘리자, 루크에게
그리고 이 낯선 세상의 의미가 어디에 있는지를
궁금해하는 모든 이에게

· 목차 ·

서문

저는 어린 시절에 시인이 되고 싶었습니다. 하지만 제가 쓴 첫 번째 책은 시집이 아니었습니다. 이 세상의 몇몇 똑똑한 사람이 생각한 내용을 모은 책이었지요. 저는 일류 대학의 교수들과 9년에 걸쳐 대화를 나눈 뒤, 기독교를 향한 반론들에 대한 일종의 지도를 파악하게 되었다고 느꼈습니다. 그것은 막다른 길목이 어디에 있는지, 고속도로로 나가는 입구가 어디인지를 보여 주는 지도였지요. 저는 「기독교가 직면한 12가지 질문」(*Confronting Christianity: 12 Hard Questions for the World's Largest Religion*, 죠이북스 역간)을 통해 그 지도를 제시해 보았습니다. 그 책에서는 사람들이 예수님을 믿지 않는 이유로 제시하는 열두 가지 문제를 살폈으며, 그 문제들을 자세히 살필 때 그것들은 우리 앞에 놓인 장애물이 아니라 오히려 우리를 바른 길로 인도하는 표지판이 되어 준다고 주장했습니다.

하나님 없이도 잘 살 수 있지 않나요?

이 「기독교가 직면한 12가지 질문」은 TED 강연의 여름 추천 도서 목록에 포함된 유일한 신앙 서적이 되었습니다. 또한 〈크리스채너티 투데이〉(Christianity Today)지에서는 그 책을 '2020년 기독교 도서'로 선정했지요. 그때 저는 크게 감격했습니다. 하지만 무엇보다 자신의 믿음을 살피거나 기독교에 관한 친구들의 고민에 답할 때 이 책이 큰 도움을 주었다고 이야기해 준 독자들에게 깊이 감사드립니다. 저는 그분들의 이야기를 들으면서 어린아이와 청소년들 역시 기독교에 관해 풀기 어려운 질문들을 가지고 있음을 되새기게 되었습니다. 실제로 제 경험상으로도 가장 답하기 힘든 질문을 던지는 이들은 바로 어린아이들이었으니까요.

아마 여러분은 이 책을 「기독교가 직면한 12가지 질문」에 대한 일종의 요약본으로 여길 수도 있을 것입니다. 어떤 의미에서, 이 책은 실제로 그렇습니다. 저는 아직 스스로 운전할 만큼의 나이가 되지 않은 친구들을 위해 이 책을 썼습니다. 그 친구들에게는 아직 그렇게 광범위한 지도가 필요하지 않습니다. 하지만 우리가 자전거를 처음 탈 때에도 그에 따른 도전들이 닥쳐오며, 저는 최대한 빨리 보조 바퀴를 떼어 버리는 편이 좋다고 생각하는 사람 중 하나입니다. 그러고는 두 개의 바퀴로 스스로 길을 헤쳐 나가는 법을 배워야 하지요.

만약 여러분이 운전할 수 있는 나이가 되었다면, 「기독교가 직면한 12가지 질문」을 읽을 수 있을 것입니다. 그 책에는 제가 이 책에서 언급한 여러 주장에 관해 자세한 각주가 달려 있습니다. 그리고 이 책에서 다루지 않은 일부 문제들에 대한 논의 역시 포함되어 있지요.

만약 여러분이 아직 그 나이가 되지 않았지만 이 세상에 관해 진지한 질문들을 품고 있다면, 이 책은 바로 여러분을 위한 것입니다.

레베카 맥클러플린

2020년 10월

하나님 없이도 잘 살 수 있지 않나요?

부모님과 조부모님,
보호자와 친구들을 위한 안내의 글

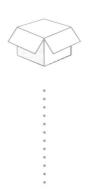

나는 열다섯 살에 마침내 기독교를 떠났다.

유명한 무신론자인 리처드 도킨스(Richard Dawkins)은 최근에 출간한
「신, 만들어진 위험」(*Outgrowing God: A Beginner's Guide*, 김영사 역간)[1]에서
이렇게 말했습니다. 도킨스는 지금 세대의 청소년들을 향해 "종교가
필요 없다"는 '복된 소식'을 전하려고 했습니다. 지금은 신무신론 운
동(the New Atheist movement, 21세기 초에 리처드 도킨스와 크리스토퍼 히친스
[Christopher Hitchens] 등이 시작한 종교 비판 운동_옮긴이)이 시작된 지도 벌써
10여 년이 흘렀습니다. 그렇기에 여러분은 그들의 견해가 학계에서
접할 수 있는 유일한 메시지라고 생각할 수도 있지만, 실제로는 그렇
지 않습니다.

　근대화가 온 세상을 휩쓸었을 때, 사람들은 종교적인 신념이 쇠퇴

하리라고 여겼습니다.[2] 하지만 실제로는 그렇지 않았지요. 당시 사람들은 어떤 이가 세계적인 학자로 활동하면서도, 진지하게 정통 신앙을 따르는 그리스도인으로 남는 일이 점점 불가능해질 것이라고 믿었습니다. 하지만 그 일 역시 그렇게 되지 않았습니다. 또 사람들은 우리가 종교를 내려놓을 때 더 행복하고 건강하며 도덕적인 삶을 살게 되리라고 생각했습니다. 그러나 그 일 역시 그렇게 되지 않았습니다.[3] 실제로 리처드 도킨스도 하나님을 믿는 이들이 그렇지 않은 이들보다 나은 모습으로 살아가는 듯하다는 점을 (마지못해) 인정했습니다. 그럼에도 그는 어떤 이들이 이렇게 이야기하는 것을 옳지 않게 여겼지요.

물론 우리 같이 똑똑한 사람들은 신을 믿지 않지. 하지만 **다른** 사람들이 신을 믿는 것은 그럭저럭 괜찮은 일일지도 몰라![4]

하지만 모든 증거는 하나님을 믿는 일이 실제로 좋은 생각이라는 것을 입증하는 것 같습니다. 전반적으로 볼 때, 종교적인 믿음과 실천은 우리 사회 전체나 아이들의 삶에 긍정적인 영향을 끼치지요. 2019년, 심리 치료사인 에리카 코미사르(Erica Komisar)가 〈월 스트리트 저널〉(*The Wall Street Journal*)에 쓴 글에서, 이러한 도전적인 충고를 제시하고 있습니다.

혹시 독자 여러분은 신의 존재를 부정하는가? 그럴지라도 자녀들에게

는 '신이 존재한다'고 거짓말하기 바란다.[5]

코미사르의 이 조언은 그저 막연한 추측에서 나온 것이 아니었습니다. 어른들의 경우처럼, 꾸준한 신앙생활은 아이들의 건강과 행복, 사회성 발달에 뚜렷한 유익을 준다는 증거들이 점점 확보되고 있습니다. 도킨스가 자신의 책을 출간한 해에, 하버드대학교 보건대학원에서는 종교적인 양육이 청소년들의 삶에 끼치는 영향에 대한 장기간의 연구 결과를 발표했습니다. 그 결과에 따르면, 종교적인 양육은 청소년들이 어른이 되어서 건강하고 행복한 삶을 누리는 데 다양한 방식으로 기여했지요.[6] 〈USA 투데이〉(USA Today)에 실린 칼럼에서, 하버드대학교의 보건 역학 교수인 타일러 밴더윌레(Tyler VanderWeele)는 그 연구의 주요 결과들을 다음과 같이 요약했습니다.

- 종교적이거나 영적인 환경에서 양육된 아이들은 청소년기의 중대한 세 가지 위험 요소(우울증, 약물 복용, 위태로운 성적 행동)로부터 더 적절히 보호받게 된다.
- 종교 예식에 꾸준히 참여한 아이들은 이후에 심한 우울증을 겪게 될 가능성이 12퍼센트 정도 낮으며, 불법 약물을 사용할 가능성은 33퍼센트 낮다.
- 자주 기도하거나 종교적인 묵상을 수행한 아이들은 이른 시기에 성생활을 시작할 가능성이 30퍼센트 정도 낮으며, 성병에 걸릴 가능성은 40퍼센트 낮다.

- 종교적으로 양육된 아이들은 이후의 삶에서 더 큰 행복감을 누릴 가능성이 높다. 나아가 그들은 뚜렷한 목적 의식을 품고 다양한 봉사 활동에 참여하며, 다른 이들을 너그럽게 용서하는 삶을 살아가는 경우가 많다.[7]

물론 이런 결과들 자체가 하나님을 믿는 일이 옳고 기독교가 참되다는 것을 입증해 주는 것은 아닙니다. 하지만 우리는 종교적인 삶의 관점을 무시하면서 자녀들이 신앙 없이도 잘 자랄 수 있다고 믿어 버리기 전에, 이런 결과들을 깊이 생각해 볼 필요가 있습니다. 이 점에 관해, 에리카 코미사르는 이렇게 지적합니다.

심리 치료사로서 나는 지금 세대의 어린아이와 청소년들 가운데 우울증과 불안이 널리 퍼진 이유에 관해 종종 질문을 받곤 한다. 사실 그 현상의 가장 중요한 원인 중 하나는 우리 사회에서 종교에 대한 관심이 점점 쇠퇴한다는 데 있다. 하지만 사람들은 그 문제에 그다지 신경 쓰지 않는다.[8]

아마도 신앙이 없는 부모들은 위의 연구 결과들을 보면서 상당한 자극을 받을 것입니다. 그리고 그리스도인 부모들의 경우, (적어도 서구 세계에서) "종교에 대한 관심이 점점 쇠퇴하는" 현상은 깊은 근심거리가 되겠지요. 종교적인 양육의 유익에 관한 증거들은 점점 늘어가지만, 현 시대의 문화적인 분위기는 어린 자녀들이 점점 신앙의 토대에

하나님 없이도 잘 살 수 있지 않나요?

서 멀어지게끔 만들고 있습니다. 그렇다면 이 중대한 논쟁의 양편에 서 있는 부모와 조부모, 보호자들은 어떻게 해야 할까요?

우리 각자가 하나님에 관해 어떻게 생각하든, 저는 누구나 다음의 사실에 동의할 것이라고 믿습니다. 곧 우리 아이들이 행복하고 건강하게 살기 바라며, 목표가 뚜렷하며 선한 결실이 있는 삶을 살기를 바란다는 것이지요. 자신의 아이들에게 거짓말하기를 좋아할 부모는 없을 것입니다. 특히 자신의 가장 소중한 신념에 관해서는 더욱 그러하지요. 우리는 아이들이 삶의 진실을 깨닫게 되기를 원합니다. 이와 동시에, 그 아이들을 그럴듯한 거짓말로부터 보호하기를 바라지요. 이 점을 생각할 때, 우리는 깊은 긴장감을 품게 됩니다. 아이들이 진정으로 안전한 상태에 이르게끔 인도하기 위해서는, 지금 그들이 위험을 충분히 감수할 수 있도록 허용해야 하기 때문입니다. 우리는 일상생활의 기술을 가르칠 때에도 이런 태도가 요구된다는 것을 압니다. 아기가 걷는 법을 배울 때, 자기 몸을 제대로 지탱하지 못하고 넘어지는 일을 여러 번 겪게 마련입니다. 아이들이 자전거 타는 법을 배울 때도, 한두 번은 중심을 잃고 넘어질 위험을 감수해야 하지요. 그리고 자전거를 타 본 적이 없는 청소년들은 나중에 차를 모는 법도 익히기가 어려울 것입니다. 그러면 부모의 이런 태도는 아이들의 정신과 사상에 어떻게 적용될까요?

어떤 부모들은 자녀들을 위험한 생각들로부터 철저히 보호해야만 한다고 여깁니다. 저는 아이들이 무신론에 노출되지 않기를 원하는 기독교인 부모들이나 반대로 아이들이 기독교를 접하지 않기를 원하는 무신론자 부모들 모두에게서 이런 이야기를 듣습니다. 심지어 아이들에게 열린 마음으로 여러 종교 전통을 탐구해 보기를 권하는 부모들까지도 그런 이야기를 합니다. 이런 부모들의 경우, 자신은 각 전통을 똑같이 존중한다고 말합니다. 사실 이 부모들이 보기에 위험한 생각은 어느 한 종교가 실제로 **진리**일 수 있다는 믿음이지요. 지금 어린 자녀를 양육하는 많은 부모는 다른 이의 종교적 신념을 의문시하는 일이 오만하고 무례하며 그릇된 것이라고 교육받으면서 자란 세대입니다. 각 사람의 종교적인 신념은 사적인 영역에 속한 일이기에 함부로 그 문제에 간섭해서는 안 된다고 배운 것이지요.

이 책에서 저는 위와 다른 접근법을 제시하려고 합니다. 아이들이 다양한 생각을 접하지 못하게 막거나 모든 신념을 똑같이 존중하도록 억지로 권하기보다는 자신과 생각을 달리하는 사람들과 진실한 대화를 나눌 수 있게 도우려는 것입니다. 저는 아이들이 다른 이의 말을 귀담아듣는 법과 그 내용에 관해 적절히 질문하는 법을 배우기를 바랍니다. 우리가 믿는 바가 실제로 참되다면, 우리의 믿음은 그런 대화와 토론 가운데서도 여전히 흔들리지 않을 것이기 때문입니다.

처음에 기독교 신앙은 그 주장들에 관해 지극히 적대적이고 폭력적인 태도를 보이던 세상 속에서 생겨났습니다. 하지만 그 거센 핍박의 바람 때문에 초대 교회의 가냘픈 불꽃이 꺼져 버리지는 않았습니다. 오히려 그 바람은 신앙의 불꽃이 사방으로 퍼져 나갈 수 있게 산소를 공급해 주었지요. 그로부터 2천 년이 지난 지금도 그 불꽃은 여전히 온 세상으로 번져 나가고 있습니다(이에 관해서는 이 책 2장에서 자세히 언급할 것입니다). 하지만 저는 단순히 제가 자녀들에게 그렇게 시키기 때문에, 혹은 그저 기독교가 세상에서 가장 규모가 크며 널리 퍼진 종교라는 이유로 제 자녀들이 기독교를 믿게 되기를 바라지 않습니다. 그리고 단지 교회에 다닐 때 더 행복하고 건강한 삶을 살며, 다른 이들을 너그러이 대할 수 있게 된다는 것 때문에 기독교를 믿게 되기를 바라지도 않고요. 저는 예수님이 어떤 분인지를 제 자녀들이 스스로 살피고, 그분 자신에 관한 예수님의 메시지가 실제로 진리임을 믿게 되기를 바랍니다.

그런데 저에게 이런 소망이 있더라도, 제 아이들이 다른 선택지들을 접하지 못하게 막을 필요는 없습니다. 오히려 저는 어떤 것도 숨기지 않고 모든 사실을 투명하게 드러낼 때, 예수님의 복음이 더욱 밝게 빛난다고 믿습니다. 이 글을 읽는 여러분 가운데는 예수님을 믿지 않는 분들도 있겠지요. 아마 여러분도 자신의 신념이 다른 이들과의 대화와 토론을 견뎌 낼 수 있다는 확신을 품고 있을 것입니다. 그리고 여러분 역시 자녀와 손주, 혹은 조카나 친하게 지내는 청소년들이 있다면 그들이 이 문제에 관해 스스로 생각해 보기를 바라리라 믿습니다. 저는 이 책의 독자가 모두 그런 기회를 갖게 되기를 바랍니다. 그 일을 돕기 위해, 이 책에서는 열린 마음으로 진지한 대화를 시도해 볼 것입니다.

저는 이 책에서 몇몇 중대한 사안을 다루었습니다. 그 가운데는 인종 차별과 노예 제도, 결혼과 성생활, 성 정체성과 트랜스젠더, 낙태와 음란물, 9.11 테러나 히틀러와 스탈린, 천국과 지옥 등의 문제가 있습니다. 이 책에서 저는 청소년기에 동성에게 매력을 느낀 적 있는 제 경험을 나누었습니다(지금도 그런 충동을 겪을 때가 있습니다). 그리고 이 책에는 제 절친한 벗의 이야기도 담겨 있습니다. 그녀는 예일대학교 학부 시절에 그리스도인이 되기 전까지, 다른 소녀들을 상대로 많은 성관계를 경험한 적이 있지요. 지금 여러분의 자녀가 어떤 신념을 품었든, 또 어떤 일에 마음을 쏟고 있든 간에, 이 책이 그 아이들에게 도움이 되기를 바랍니다. 저는 자라는 아이들을 향한 공감과 관심을 품고서 이 글을 쓰려고 노력했습니다.

제 큰아이는 이제 막 열 살이 되었습니다. 저는 최대한 그 아이의 수준에 맞추어서 이 책을 써 보았지요. 하지만 아이들의 지적인 발달 속도는 저마다 매우 다릅니다. 그래서 자녀의 상태를 가장 잘 분별할 수 있는 부모가 이 책을 먼저 읽어 본 다음에 아이들에게 건네주는 것도 좋습니다. 아니면 자녀와 **함께** 이 책을 읽어 나가는 방법도 있습니다. 혹은 그 아이들이 직접 이 책을 읽는 편이 낫다고 여길지도 모르겠네요. 어떤 경우든, 이 책을 통해 여러분과 자녀들이 유익한 대화를 나누게 되기를 바랍니다.

어쩌면 이 글을 읽는 여러분은 기독교인이 아닐 수도 있겠지요. 그렇다면 저는 여러분의 자녀가 적어도 이 책을 통해 (가장 신뢰할 만한 출처들에서 나온) 최선의 기독교적인 사유 중 일부를 어느 정도 헤아리게 되기를 바랍니다. 우리가 흔히 대중매체를 통해 접하는 기독교에 관한 내용들은 최악의 정보인 경우가 많거든요. 그리고 이 글을 읽는 여러분이 예수님을 따르는 신자라면, 저는 여러분의 자녀가 이 책을 통해 그리스도의 메시지를 진지하게 받아들이는 데 도움을 얻기를 바랍니다. 그리고 그 아이들이 어려운 질문들을 회피하지 않고 담대하게 맞서 씨름하기를 소망합니다.

저는 요즘 제 아이들에게 날마다 "해리 포터" 시리즈를 읽어 줍니다. 미리 말해 두자면, 이 책에는 그 시리즈의 줄거리를 알려 주는 내용들이 가득 담겨 있습니다. 만약 여러분이 J. K. 롤링의 팬인데 자녀는 아직 그 작가의 책들을 접해 보지 않았다면, 이 책을 자녀들과 함께 읽는 일을 잠시 미루는 것도 괜찮습니다. 자녀들이 아직 "해리 포터" 시리즈를 읽을 준비가 되지 않았다면, 이 책의 내용 역시 그 아이들에게는 너무 어려울 수 있으니까요.

해리 포터가 이 세상에 마법이 존재한다는 것을 발견했을 때, 열한 살이었습니다. 아마 리처드 도킨스라면 기독교를 믿는 일은 해리 포터의 마법 세계가 실제로 있다고 믿는 것만큼이나 유치하다고 말할 것입니다. 하지만 그의 견해에 동의하지 않는 그리스도인 학자가 아주 많습니다. 그들의 연구 분야는 물리학에서 철학과 심리학, 보건 역학에 이르기까지 실로 다양합니다. 그중에는 자기 분야에서 최고 위치에 오른 이도 많지요. 저는 이 책을 읽는 청소년들이 이런 문제들을 직접 생각해 나가는 데 도움을 얻기를 바랍니다. 도킨스와 저, 그리고 대부분의 부모는 적어도 아이들이 스스로 생각하는 것이 중요하다는 점만큼은 모두 동의하고 있으니까요.

서론

「해리 포터와 아즈카반의 죄수」(*Harry Potter and the Prisoner of Azkaban*, J. K. 롤링, 문학수첩 역간)에서, 해리는 심술궂은 이모와 이모부의 집에서 막 뛰쳐나온 뒤에 불길하게 생긴 검은 개를 마주칩니다. 다행히 그는 나이트 버스(the Knight Bus)에 올라타게 되는데, 이는 길을 잃은 마법사들을 태워 주는 차량이었습니다. 하지만 이 책 전체에 걸쳐, 이 검은 개는 계속 느닷없이 등장합니다. 해리는 트릴로니 교수의 점술 수업 시간에 실험 도구로 썼던 찻잔 속에서 그 개의 모습을 봅니다. 그 개는 호그와트 마법 학교의 운동장에도 모습을 드러내지요. 심지어 해리는 퀴디치 경기장의 관람석에서도 그 개를 목격합니다. 해리는 이 개가 어디에나 있다고 상상하면서, 자신이 미쳐 가는 것은 아닌지 고민에 빠지지요. 그런데 어느 날 밤, 그 개가 해리의 절친한 친구인 론의 다리를 물고 깊은 터널 안으로 들어가 버렸습니다. 이에 해리는

하나님 없이도 잘 살 수 있지 않나요?

두려움에 떨면서도 그 개의 뒤를 쫓아갔습니다. 그 터널의 끝에 다다르자, 해리는 유령이 출몰하는 집에 있는 론을 발견합니다. 하지만 그 개는 이미 사라진 상태였지요. 그 개는 사악한 살인자인 시리우스 블랙의 모습으로 바뀌어 있었습니다. 그는 해리의 부모님을 배신해서 죽음으로 몰고 갔던 인물입니다. 이제 해리마저도 그에게 죽임을 당하려는 찰나에 있었습니다. 적어도 그 순간에 해리의 생각은 그랬습니다.

그런데 여러분이 이 책을 읽었다면, 그런 해리의 생각이 전혀 사실이 아니라는 것을 알 것입니다. 시리우스는 해리를 죽이려 한 것이 아닙니다. 오히려 그를 보호하려던 것이지요. 그리고 해리의 부모님을 배신한 것이 아니라, 시리우스 자신이 다른 이에게 배신을 당한 것이었습니다. 또 시리우스는 해리의 원수가 아니며, 오히려 그의 신실한 벗임이 드러납니다. 사실, 시리우스는 해리에게 가장 가까운 가족과도 같은 존재였습니다. 처음에 해리가 시리우스를 만났을 때, 모든 증거가 시리우스에게 불리한 상황이었습니다. 하지만 시리우스가 정말로 누구인지를 깨달았을 때, 해리의 마음과 생각은 완전히 바뀌게 되지요.

사람들이 기독교에 관해 생각할 때, 때로는 해리가 시리우스를 만났을 때 범한 것과 같은 실수에 빠집니다. 제 친구들 중 꽤 여러 명이 자신이 가장 소중하게 여기는 일들을 기독교에서 **반대한다**고 믿곤 합니다. 어떤 친구들은 인종 문제의 공정성에 관심을 쏟는데, 그들은 역사적으로 노예 제도나 인종 차별에 기독교인들이 관여해 온 모습들을 보면 기독교 자체가 인종 간의 공평한 관계를 적대시한다고 여깁니다. 또 다른 친구들은 그리스도인들이 주장하는 "예수님만이 우리를 하나님에게로 인도하는 유일한 길이 되신다"는 말은 교만한 말인 동시에 다른 종교적 신념 아래서 양육받은 이들에게 모욕감을 주는 말이라고 생각합니다. 또 어떤 친구들은 누구든지 자신이 원하는 사람과 자유롭게 교제하고 결혼할 수 있어야 한다고 믿지만, 기독교에서는 동성 간의 결혼이 옳지 않다고 가르친다고 말합니다. 그리고 또 다른 친구들 가운데는 현대 과학의 발견들에 도취된 이들이 있는데, 그들은 창조주 하나님을 믿는 일이 과학의 발견들을 신뢰하는 일과 대립한다고 여깁니다. 또 어떤 친구들은 남성과 여성이 서로 동등하다고 믿으며, 기독교에서는 여성의 위치를 깎아내린다고 생각합니다. 그리고 다른 친구들은 이 세상에 널리 퍼진 괴로움과 고통의 모습들을 보면서, 사랑이 많으신 하나님이 이 세상을 다스리신다는 말을 전혀 받아들일 수 없다고 합니다. 하지만 해리가 시리우스를 제대로 알게 되었을 때 그에 대한 생각이 완전히 바뀌었듯이, 우리가 이 문제들을 자세히 살필 때 기독교에 대한 우리의 생각 역시 달라질 것입니다.

어쩌면 누군가가 이 책을 건네주었을 때, 여러분은 '예수를 믿는 것은 정말 멍청한 일이야'라고 생각했을지도 모릅니다. 제 절친한 벗 중 하나인 레이첼도 10대 소녀였을 때 그렇게 생각했으니까요. 레이첼은 정말 **똑똑한** 소녀였습니다. 하지만 레이첼 주변에 있던 그리스도인들은 그렇지 않았지요. 레이첼은 자유로운 삶을 좋아했습니다.

하나님 없이도 잘 살 수 있지 않나요?

파티를 즐기고 술에 취하며, 온갖 로맨틱한 관계들에서 자유를 누렸지요. 레이첼은 그리스도인이 되는 것을 어리석은 일로 여겼습니다. 레이첼로서는 그들이 믿는 내용들을 믿기 위해서는 멍청한 사람이 되어야만 했으며, 기독교는 그동안 자신이 즐기던 일들을 그만두게끔 가르쳤기 때문입니다. 하지만 레이첼이 대학생이 되었을 때, 하나님은 레이첼의 마음을 완전히 바꾸어 놓으셨습니다(이 이야기는 이 책 7장에서 더 자세히 언급하겠습니다). 만약 여러분이 레이첼과 같은 생각을 품고 있다면, 저는 여러분이 이 책을 집어 든 일을 무척 기쁘게 여길 것입니다. 저는 여러분이 이 책에서 다루는 질문들에 관심을 품고, 그 문제들을 더 깊이 숙고하게 되기를 소망합니다.

아니면 여러분은 제가 청소년이었을 때 겪은 것과 비슷한 상황에 처해 있을지도 모릅니다. 저는 아홉 살 무렵, 예수님을 믿고 따라야겠다는 확신을 품게 된 일을 기억합니다. 당시 주위의 친구들은 "기독교인들은 참 이상한 사람들이야"라고 여겼지만, 저는 그들과 제가 다르다는 점을 그리 고민하지 않았습니다. 당시 제가 다니던 학교에서는 다른 학생들과 상반되는 모습으로 생활하는 것을 별 문제시하지 않았기 때문입니다(어떤 아이는 1년 동안 매일 날개 달린 옷을 입고 등교했지만, 아무도 뭐라고 하지 않았거든요!). 하지만 때로는 주변의 모든 친구와 의견을 달리해야만 한다는 것이 참 힘들었습니다. 친구들은 성경이 그저 지어낸 이야기들로 이루어져 있다고 여겼으며, 모든 종교가 똑같이 참되다고 믿었습니다. 그들은 기독교인들이 동성애자들을 혐오하며, 남성과 여성이 동등하다는 사실을 믿지 않는다고 생각했습니다. 더욱이 한 남자가 2천 년 전에 십자가에서 죽었다가 다시 살아났기 때문에 우리가 하나님에게 용서받게 되었다는 말은 그 친구들이 듣기에 정신 나간 소리 같았을 것입니다. 그리고 학교 선생님들 역시 대부분 그런 생각에 동의했지요. 그러면 그들의 생각이 옳았던 것일까요?

그 시절 이후, 저는 **오랜 시간에 걸쳐** 다양한 분야를 공부했습니다. 그리고 **놀랄 정도로 똑똑한** 사람들을 많이 만났지요. 그중에는 전 세계의 일류 대학에서 가르치는 교수들도 있었습니다. 그들 중 일부는 예수님을 믿는 일을 어리석게 여겼습니다. 하지만 또 다른 이들은 예수님을 따르는 것이야말로 우리가 할 수 있는 가장 현명한 일이라고 여겼지요. 예수님이 없는 삶은 의미가 없고 이 세상 어디에도 소망이 없다고 믿었습니다. 이 후자의 사람들은 자신이 어떻게 예수님을 믿게 되었는지에 관해 다양한 이야기를 들려주었습니다. 어떤 이들은 어릴 때부터 기독교 가정에서 자랐으며, 또 어떤 이들은 10대 시절에 그리스도인이 되었습니다. 그리고 또 다른 이들은 성인이 된 후에 예수님을 따르기 시작했지요. 이는 그들 자신이 품어 온 가장 중요한 질문들의 답이 바로 예수님에게 있음을 깨달았기 때문입니다.

이런 과정을 거쳐 예수님에게 나아오게 된 것은 단지 그들만이 아닙니다. 대개 우리는 기독교가 이미 시대에 뒤떨어진 종교이며, 서서히 소멸해 가고 있다고 여기기 쉽습니다. 하지만 실제 모습을 살필 때, 지금 전 세계에는 이전의 어느 시대보다도 많은 기독교인이 존재합니다.

제가 어릴 적에, 전문가들은 세계가 점점 현대화되고 교육받은 사

하나님 없이도 잘 살 수 있지 않나요?

람이 늘어나며 과학이 발전함에 따라 종교적인 믿음이 자연히 쇠퇴할 것이라고 예측했습니다. 하지만 그들의 생각은 빗나갔습니다. 물론 제가 태어난 나라인 영국이나 지금 살고 있는 미국 등의 서구권 국가에서, 하나님을 믿는 그리스도인의 수는 계속 줄어들고 있지만 다른 지역들에서는 그리스도인의 수가 오히려 **증가하고** 있습니다. 기독교는 여전히 전 세계에 가장 널리 퍼진 종교입니다. 지금 전 세계의 통계를 볼 때, 자신을 기독교인으로 여기는 이들의 수가 스스로를 무종교인으로 여기는 이들의 수보다 **두 배** 많다고 합니다.[1]

여러분이 커서 제 나이쯤 되었을 때, 전 세계에서 자신이 하나님을 믿지 **않는다**고 말하는 이들의 비율은 더욱 줄어들 가능성이 높습니다. 이와 반대로 자신을 기독교인으로 여기는 이들의 비율은 점점 높아질 것입니다. 지금 중국은 세계에서 가장 인구가 많은 나라입니다. 그리고 중국은 공식적으로 '무신론'의 입장을 취하고 있지요(무신론이란, 하나님이 존재하지 않는다고 여기는 것을 뜻합니다). 심지어 중국 사람들은 예수님을 따른다는 이유로 감옥에 갈 수도 있습니다. 하지만 지금 중국 교회는 매우 빠른 속도로 성장하고 있으며, 2025년에는 중국 기독교인들의 수가 미국 기독교인들의 수를 앞지르게 될 가능성이 높습니다. 그리고 일부 전문가의 경우, 2060년에 가서는 중국 인구의 절반 이상이 기독교인이 될 것이라고 말하기도 합니다![2]

물론 많은 사람이 무언가를 믿는다고 해서 그것이 곧 진리인 것은 아닙니다. 우리 각 사람은 자신이 믿는 바를 스스로 주의 깊게 숙고해 보아야 합니다. 하지만 여러분이 지금 기독교는 쇠퇴하고 있다거나 제대로 교육받은 사람들은 아무도 예수님을 따르지 않는다고 믿는 다면, 여러분은 현실의 모습을 더 자세히 들여다보아야 합니다. 하버 드대학 교수인 타일러 밴더윌레에 따르면(이 책 1장에서 이분의 견해를 다시 살펴볼 것입니다), 교육받은 이들은 누구든지 기독교에 관한 여러 증거를 살피면서 그분 자신에 관한 예수님의 주장들을 주의 깊게 숙고해 보아야 합니다. 그리고 자신이 그 주장들을 믿거나 혹은 믿지 않는 이유를 직접 설명할 수 있어야 한다는 것입니다.

만약 예수님에 관해 더 알고 싶다면, 여러분이 읽어야 할 가장 중요한 책은 바로 성경입니다. 성경은 모든 시대에 걸쳐 가장 많이 팔린 책입니다. "해리 포터" 시리즈와 마찬가지로, 성경은 모든 것을 아우르는 하나의 방대한 이야기를 들려주고 있습니다. 동시에, 성경은 여러 권의 짧은 책으로 나뉘어 있지요(총 66권에 이릅니다!). 하지만 "해리 포터" 시리즈와 달리, 성경은 영원한 생명에 이르는 길을 우리에게 알려 주려는 목적을 가지고 있습니다. 성경은 수많은 인간 저자의 손으로 기록되었습니다. 그런데 그리스도인들은 이 성경 저자 모두 하나님의 영감을 입었다고 믿으며, 우리가 이 성경을 통해 그분을 만나고 또 알아 갈 수 있다고 고백합니다. 그렇기 때문에 저는 이 책에서 성경을 자주 인용하려고 합니다. 하지만 여러분이 그 내용에 익숙하지 않더라도, 너무 염려하지는 마십시오. 제가 인용하는 성경 말씀에 대해 충분히 설명할 테니까요.

성경은 두 부분으로 나뉩니다. 그중 첫 번째 부분은 '구약'입니다. 이 구약은 유대인과 그리스도인 모두 하나님의 말씀으로 받아들이는 부분입니다. 이 부분은 예수님의 탄생 이전에 하나님과 그분의 백성 사이에서 일어난 일들에 관한 이야기를 들려주지요. 그리고 두 번째 부분은 '신약'입니다. 신약은 먼저 마태와 마가, 누가와 요한이 기록한 사복음서를 통해, 예수님의 삶과 죽으심, 부활에 관한 이야기를 들려줍니다. 그런 다음에 우리는 사도행전을 통해 초기 기독교 운동이 진행되어 간 이야기를 접하며, 그 후에는 최초의 기독교 지도자들이 당시의 몇몇 교회에 보낸 편지들을 읽게 됩니다.

성경은 인류 역사상 그 어떤 책보다도 세상을 크게 변화시켜 왔습니다. 이 책 5장에서는 성경의 가르침이 실제로 참되다고 여길 수 있는 이유를 자세히 살펴볼 것입니다. 여러분이 이미 예수님을 믿고 있든 아니든 간에, 저는 여러분이 이 책을 읽고서 성경을 스스로 읽어 보고 싶은 마음을 품게 되기를 바랍니다. 성경은 마치 고대의 보물 상자와 같아서 그 상자를 열어 볼 때, 여러분은 그 속에서 자신의 삶을 영원히 바꾸어 놓을 수 있는 놀라운 보물들을 발견하게 될 것입니다. 하지만 때로 보물 상자들은 땅속 깊은 곳에 묻혀 있으며, 우리는 그것들을 찾아내기 위해 흙을 많이 파내야만 합니다. 저는 여러분이 이 책을 읽음으로써, 때때로 사람들이 성경을 읽어 볼 마음을 아예 품지 못하도록 막는 현대 사상들을 '파낼' 삽을 얻게 되기를 바랍니다. 그리고 여러분이 이 책을 읽기 위해서는 상당한 위험을 감수하겠다는 각오를 다져야 합니다.

시리우스가 누구인지 알아내기 위해, 해리는 직접 깊은 터널 속으로 뛰어들어야만 했습니다. 이와 마찬가지로 기독교의 메시지를 이해하기 위해, 여러분은 열린 마음을 가지고 이 책의 논의 가운데로 뛰어들어야 하지요. 그렇게 할 때, 여러분은 (해리가 그랬듯이) 자신이 이제껏 살아온 세상이 거꾸로 뒤집히는 것을 경험하게 될지도 모릅니다. 그것은 실로 큰 위험을 감수하는 일이지요.

자, 이제 그 모험에 뛰어들 준비가 되었나요?

하나님 없이도 잘 살 수 있지 않나요?

이 세상에서 어떻게 최상의 삶을
살아갈 수 있을까요?

디즈니 애니메이션 〈모아나〉(*Moana*)[1]의 시작 부분에서, 모투누이 섬의 모든 사람은 행복하게 살고 있었습니다. 모아나만 빼고 말이지요. 모아나는 그 섬의 추장 딸이었지만, 그곳 생활에 잘 적응하지 못했습니다. 그녀는 모험을 갈망했기 때문입니다. 어느 날 모아나는 바닷가에 서서, 자신이 늘 "푸른 바다 저편을 바라보아 왔음"을 노래합니다. 모험을 잊고 그곳 생활에 정착하려고 애써 보기도 했지만, 별 소용이 없었습니다. 모아나의 내면에서는 그곳 사람들이 부르는 것과는 다른 노래가 울려 퍼지고 있었기 때문이지요. 모아나는 스스로에게 이렇게 묻습니다. '나는 왜 이러는 걸까?'

어쩌면 여러분도 모아나와 비슷한 감정을 느껴 보았을지 모릅니다. 그것은 곧 '나 자신이 이 세상과는 잘 어울리지 않는다'는 느낌이지요. 아마 여러분은 "해리 포터" 시리즈를 읽거나 〈모아나〉 같은 애니메이션을 볼 때, 자신이 '푸른 바다 저편을 바라보면서' 그 마법 같은 세상이 실제로 있기를 간절히 바란다는 사실을 깨달을지도 모릅니다. 제가 「반지의 제왕」(*The Lord of the Rings*, J. R. R. 톨킨, 아르테 역간)을 처음 읽었을 때 받은 느낌이 바로 그랬습니다. 저는 지금도 그 느낌에서 벗어나지 못하고, 오히려 그 느낌이 점점 **깊어지고** 있습니다. 나이가 들수록, 저는 현실 세계가 그 상상에 근거한 세계들보다도 **더욱** 마법 같은 곳이라는 점을 점점 확신하게 됩니다(이는 전능하신 하나님이 이 세계를 창조하셨기 때문입니다_옮긴이). 그리고 제가 예수님을 믿는 이유 중 하나도 바로 그 때문입니다. 지금 제 마음속에서는 이 세상 사람들이 부르는 것과는 다른 노래가 울려 퍼지고 있지요.

하지만 예수님을 따르는 일이 곧 지금 내 곁에 있는 세상을 무시하는 것을 뜻하지는 않습니다. 모아나가 먼 바다로 나아가려는 꿈을 품었을 때, 그 꿈은 마침내 자신이 속한 섬을 버리는 것으로 끝나지 않았습니다. 오히려 그 섬을 중대한 위기에서 구해 내는 일로 이어졌지요. 이 장에서 저는 다음의 내용을 설명하려고 합니다. 우리가 예수님을 따르는 것은 단순히 이 세상을 떠난 뒤에 최상의 삶을 영원히 누릴 길을 얻는 데 그치지 않는다는 것입니다. 오히려 그분을 따라갈 때, 우리는 지금 이 세상의 삶에서도 다른 이들과 함께 누리는 최상의 삶을 (예상하지 못한 방식으로) 경험하게 됩니다.

여기서 제 말뜻을 오해하지 마십시오. 예수님은 우리가 그분을 따라가는 일이 쉽지 않을 것이라고 말씀하셨습니다. 그 일은 사실 무척 힘들기 때문에, 그분은 그 일이 마치 우리 자신에 대해서 **죽는 것**과

같다고 일러 주셨지요(눅 9:23). 하지만 예수님은 또한 그분을 따르는 이들이 **진정한** 생명을 얻을 것임을 약속하셨습니다.

나는, 양들이 생명을 얻고 또 더 넘치게 얻게 하려고 왔다(요 10:10b).

이제는 예수님의 약속이 옳다는 점에 관해 다음 일곱 가지 증거를 제시해 보려고 합니다.

증거 1: 교회에 다니는 사람들은 더 행복하고 건강하게 살아갑니다!

2007년에 영국 작가 크리스토퍼 히친스(Christopher Hitchens)가 쓴 「신은 위대하지 않다」(God Is Not Great: How Religion Poisons Everything, 알마 역간)라는 책이 베스트셀러가 되었습니다. 그를 비롯한 많은 사람은 종교가 우리 삶을 망가뜨린다고 믿으며, 따라서 종교가 없다면 이 세상이 더 나아질 것이라고 여깁니다. 하지만 히친스가 그 책을 쓴 이후, 학자들은 그의 생각이 틀렸음을 보여 주는 많은 증거를 찾아냈습니다! 그리하여 적어도 일주일에 한 번은 교회에 가는 이들이 그렇지 않은 이들보다 행복하고, 건강하며, 오랜 삶을 누린다는 사실이 알려지게 되었습니다. 하버드대학교의 타일러 밴더윌레 교수는 이 주제에 관한 세계적인 전문가인데, 그에 따르면 종교는 결코 우리에게 해를 끼치지 않습니다. 오히려 매주 교회에 갈 때, 우리는 마치 마법의 물약을

들이키는 듯한 효과를 얻게 된다는 것이 그의 견해입니다.[2]

우리는 모두 야채와 과일을 많이 먹는 것이 건강에 이롭다는 것을 압니다. 그런데 학자들에 따르면, 매주 한 번 이상 교회에 가는 것 역시 그와 동일한 효과를 낸다는 것입니다.[3] 그러니 여러분이 양배추를 정말 싫어하는데 부모님이 자꾸 먹으라고 재촉하신다면, 그 대신 교회에 다니겠다고 한번 이야기해 보십시오! 또 우리는 흡연이 건강에 해롭다는 것을 압니다. 그런데 매주 교회에 가는 일은 **거의** 금연만큼이나 건강에 유익을 준다는 것입니다![4] 그리고 밴더윌레 교수에 따르면, 성장기에 교회에 다닌 아이들은 종교와 무관하게 양육받은 아이들보다 행복하게 살 뿐 아니라 더욱 뚜렷한 삶의 목표를 품게 되는 경향이 있습니다.[5]

또한 교회에 가는 것은 우리 삶에 해로운 일들을 피하는 데에도 도움이 됩니다. 지나친 음주나 마약 복용 등이 그런 일들이지요. 저는 그 이유를 충분히 이해할 수 있습니다. 사람들이 마약을 복용하는 큰 이유 중 하나는 자신을 지루하고 따분한 삶에서 벗어나게 해주는 무언가 놀라운 느낌을 맛보고 싶어 하기 때문입니다. 하지만 마약을 복용할 때, 잠깐 동안은 아주 좋은 느낌을 경험할지 모르지만, 그런 다음에는 끔찍한 고통을 겪게 됩니다. 이는 우리가 높은 건물의 옥상에서 뛰어내렸을 때, 잠시 하늘에 떠 있는 동안에는 큰 희열을 느끼더라도 마침내 땅에 부딪힐 때는 참담한 결과를 맞게 되는 것과 마찬가지입니다. 교회에서 여러 지체와 함께 예수님을 찬양할 때, 저는 가끔씩 가슴이 터질 듯한 기쁨을 맛봅니다! 하지만 그 뒤에 저는 마치 땅에 처박히는 듯한 기분을 느끼지 않으며, 오히려 잔잔하고 지속적인 행복감을 누립니다.

매주 교회에 가는 사람들이 우울증에 걸릴 가능성이 낮은 이유 중 하나도 바로 여기에 있습니다. 하지만 그렇다고 해서 그리스도인들이 절대 우울증에 걸리지 않는 것은 아닙니다. 실제로 많은 사람이 그런 어려움을 겪고 있습니다. 그리고 안타깝게도, 어떤 이들은 몹시 깊은 절망에 빠진 나머지 자살을 시도하기도 합니다(이는 그리스도인과 비그리스도인 모두 그렇습니다). 이것은 매우 가슴 아픈 일이지요. 많은 나라와 학교, 도시에서는 그런 위기에 처한 이들을 돕기 위해 자살 예방 캠페인을 벌이고 있습니다. 그런데 아마도 자살 예방 교육 강사들이 미처 알려 주지 않은 사실은, 교회에 전혀 다니지 않는 사람들이 자살할 가능성이 매주 교회에 가는 이들의 경우보다 **다섯 배나 높다**는 사실입니다.[6] 실제로 밴더윌레 교수에 따르면, 매주 종교 예식에 참여하는 것은 자살 방지를 위한 최선의 대책이 될 수 있습니다.

물론 이런 유익은 기독교의 경우에만 국한되지 않습니다. 적어도 매주 한 번씩 유대교 예식에 참여하는 이들 역시 건강과 행복의 측면에서 긍정적인 효과를 얻게 된다고 합니다. 하지만 종교와 무관한 활동에 참여하는 사람들, 이를테면 매주 한 번씩 골프를 치거나 동호회 모임에 참석하는 이들은 위의 경우와 똑같은 효과를 얻지 못하는 듯합니다. 이는 공동체로 모여서 하나님에게 예배할 때 우리 삶이 가장 풍성해지기 때문입니다. 우리는 성경에서 그런 모습을 보게 됩니다. 당시 그리스도인들은 한자리에 모여서 하나님에게 찬양과 기도를 드렸으며, 그분의 말씀을 함께 읽고 나누었습니다(예를 들어, 행 2:42; 골 3:16을 보십시오).

교회에 다니는 일에 이런 유익들이 있다고 해서, 그리스도인의 삶이 아주 손쉬운 것만은 아닙니다. 실제로는 쉽지 않은 삶이지요. 예수님은 우리가 그분을 따를 때 각자의 십자가를 져야 한다고 말씀하셨습니다(마 16:24 참조). 그리고 예수님 시대 당시에, 십자가를 짊어진 사람들은 바로 그들 자신의 처형 장소로 가는 이들이었습니다. 오늘날에도 어떤 이들은 예수님을 따를 때 **말 그대로** 죽음을 감수해야 합니다.

전 세계적으로, **날마다** 열한 명의 그리스도인이 자신의 신앙 때문에 지금도 목숨을 잃고 있습니다. 이런 그리스도인들은 장차 예수님과 함께 영원히 누리게 될 삶이 지금 이 세상에서 누릴 수 있는 삶보다 **나음**을 믿는 이들입니다. 하지만 이처럼 예수님을 따르는 삶이 쉽지 않고 위험할지라도, 그것은 지금 우리가 택할 수 있는 최상의 길이기도 합니다. (최초의 기독교 지도자 중 한 명인) 사도 바울이 빌립보의 신자들에게 편지를 썼을 때, 그는 자신의 신앙 때문에 감옥에 갇혀 처형될 위기에 놓여 있었습니다. 하지만 바울은 자신이 처한 상황 앞에서 슬퍼하지 않고, 오히려 그 신자들에게 기뻐할 것을 권면했습니다(예를 들어, 빌 1:18; 2:18; 3:1; 4:4을 보십시오).

「해리 포터와 불의 잔」(*Harry Potter and the Goblet of Fire*, 문학수첩 역간)에서, 해리는 자신에게 주어진 한 가지 과제를 완수하기 위해 물속을 오래 헤엄쳐야만 한다는 것을 알게 됩니다. 그래서 그는 '아가미 풀'

이라는 이름의 특별한 식물을 먹는데, 그것은 해리의 몸에 물고기처럼 아가미가 나게 하고 발에는 개구리처럼 물갈퀴를 돋게 해주는 풀이었습니다.[7] 해리 앞에 놓인 과제는 여전히 어렵고 위험했지만, 이제 그는 그 일을 헤쳐 나가는 데 필요한 도구들을 얻은 것이지요. 이와 마찬가지로, 그리스도인의 삶 역시 쉽지 않습니다. 하지만 그 삶 속에는 기쁨과 의미, 모험이 담겨 있으며, 우리를 지으신 하나님은 우리 삶을 풍성하게 만들어 주는 일들이 무엇인지를 아십니다. 성경의 가르침이나 타일러 밴더윌레 교수 같은 이들의 견해에 따르면, 매주 교회에 가는 일은 마치 우리 삶을 위한 아가미 풀을 섭취하는 것과 같습니다.

증거 2: 사랑은 무엇보다도 중요합니다

디즈니 애니메이션 〈겨울왕국〉(Frozen)[8]에서, 엘사의 부모님은 그녀가 위험한 얼음 마법의 능력을 갖고 있음을 알게 됩니다. 그래서 그녀를 동생 안나에게서 멀리 떼어 놓았지요. 하지만 엘사의 성장 과정에서, 그 위험한 능력은 점점 커져만 갔습니다. 결국 엘사는 그 능력을 통제하려고 애쓰던 일을 그만두고, 〈렛 잇 고〉(Let It Go)라는 유명한 노래를 부릅니다. 이제는 모든 속박을 벗어던지기로 결심한 것이지요. 그런데 영화 끝부분에서, 엘사는 자신의 능력을 적절히 다스리기 위해 필요한 것은 무제한적인 자유가 아니었다는 것을 깨닫게 됩니다.

오히려 그 일에 필요한 것은 바로 사랑이었던 것이지요. 그리고 많은 대중가요나 드라마에서 말하는 바와 달리, 우리에게 중요한 것은 그저 남녀 간의 낭만적인 사랑만이 아닙니다(이 점에 관해서는 이 책 7장에서 더 자세히 다룰 것입니다). 이 애니메이션에서 엘사가 발견한 것처럼, 가족과 친구들의 사랑 역시 우리의 행복한 삶을 위해 꼭 필요합니다.

하버드 대학교의 교수들은 지난 75년간에 걸쳐, 사람의 행복한 삶에 관한 연구를 진행해 왔습니다. 이 연구에 참여한 청년층의 경우, 자신의 행복이 명성과 부, 성공에 달려 있을 것이라고 내다보는 경향이 있었습니다. 하지만 그들의 생각은 빗나갔습니다. 실제 연구 결과에 따르면, 우리 삶을 가장 행복하고 건강하게 만들어 주는 것은 바로 가족이나 친구들과의 좋은 관계였기 때문입니다.[9]

그리스도인들에게는 사랑이 모든 일의 중심에 있습니다. 성경에서는 "하나님은 사랑이시[라]"(요일 4:8)고 말하며, 예수님은 제자들에게 "내가 너희를 사랑한 것과 같이, 너희도 서로 사랑하여라"(요 15:12)라고 분부하셨습니다. 성경에 따르면, 진정한 사랑은 하나님의 사랑에서 흘러나옵니다. 그 사랑은 그저 어떤 이에 대해 '따스한 느낌'을 품는다든지, 누군가와 '사랑에 빠지는' 일만을 의미하지 않습니다. 오히려 사랑은 다른 이를 위해 자신을 기꺼이 희생할 수 있는 마음을 가리킵니다. 실제로 성경에서는 예수님이 우리를 위해 자신의 생명을 버리셨기 때문에 우리가 사랑을 **알게** 된다고 말하지요(요일 3:16 참조).

사람들은 누구나 다른 이들에게 사랑과 인정을 받는 존재가 되기 원합니다. 그런데 성경의 놀라운 메시지는 하나님이 우리가 지닌 최악의 결함들을 아시면서도, 우리를 위해 자신의 생명을 버리실 정도로 우리를 깊이 사랑하신다는 사실입니다. 그러므로 우리가 그분을 신뢰하기만 한다면, 그분과 함께 영원히 행복한 삶을 누릴 수 있게 됩니다. 사람들은 흔히 '사랑은 이 세상에서 가장 강력한 힘'이라고 이야기하곤 합니다. 그런데 우리 그리스도인들은 그것이 말 그대로 진실임을 믿습니다.

증거 3: 다른 이들을 돕는 일은 우리 자신에게도 유익합니다

다른 이들을 돕기 위해 우리 자신의 삶을 희생하는 일은 상당히 힘겹게 느껴집니다. 하지만 예수님은 "주는 것이 받는 것보다 복이 있다"(행 20:35)는 다소 낯선 가르침을 주셨습니다. 그분은 이렇게 분부하셨습니다. "네 이웃을 네 몸같이 사랑하여라"(막 12:31). 또 그분은 온 세상의 왕이셨지만, 자신이 세상에 온 이유는 "섬김을 받으러 온 것이 아니라 섬기[기]" 위함이라고 말씀하셨습니다(막 10:44, 45 참조). 그리고 제자들에게도 그러한 삶을 살도록 명하셨습니다. 물론 다른 이들을 도울 때, 우리는 자신의 필요를 놓칠 수 있습니다. 하지만 예수님은 다음과 같이 놀라운 약속을 주셨습니다.

> 누구든지 자기 목숨을 구하고자 하는 사람은 잃을 것이요, 나 때문에 자기 목숨을 잃는 사람은 찾을 것이다(마 16:25).

예수님의 이 약속은 영생에 관한 것이었습니다. 하지만 그분의 계명들을 따를 때, 우리는 이 땅의 삶에서도 유익을 얻을 수 있습니다. 인간의 마음과 행동을 연구해 온 과학자들과 여러 전문가는 다른 이들을 돕는 것이 실제로 우리에게 유익을 준다는 사실을 발견했습니다. 예를 들어, 자원봉사는 우리의 정신과 신체 건강에 도움을 줍니다. 심지어 어떤 연구자들은 우리가 다른 이들을 돌볼 때, 그들보다도 우리 자신이 더 큰 유익을 얻는다는 점을 보여 주었습니다![10] 하지만 그렇다고 해서, 우리가 다른 이들의 필요를 우선시할 때 전혀 손해를 보지 않으리라는 뜻은 아닙니다. 만약 여러분이 예수님을 따른다면, 진정한 희생을 치러야만 할 것입니다. 하지만 우리를 지으신 분은 하나님이며, 그분은 우리가 어떻게 살아야 할지를 잘 아십니다. 결국 이기적인 삶의 태도는 우리를 비참하게 만듭니다.

우리는 영화 〈알라딘〉(Aladdin)을 보면서 이 점을 생생히 실감하게 됩니다. 사악한 자파가 마침내 지니의 램프를 손에 넣었을 때, 그는 지니가 자신을 세상에서 가장 강력한 존재로 만들어 주기를 바랐습니다. 이는 곧 자파 자신이 하나의 지니가 되는 일을 뜻했지요. 하지만 자파는 지니들이라면 누구나 자신의 주인을 섬겨야만 한다는 점을 잊고 있었습니다. 그러나 자파에게는 주인이 없었기에, 그는 그 요술 램프 속에 갇혀 버리고 맙니다. 이 이야기가 보여 주듯이, 우리가 스스로를 섬기며 경배할 때 결국에는 몹시 불행한 존재가 되고 맙니다. 그때 우리는 자유를 얻는 것이 아니라, 오히려 깊은 속박 상태에 빠지고 마는 것이지요.

하나님 없이도 잘 살 수 있지 않나요?

물론 그리스도인들도 종종 이기적인 태도를 취하곤 합니다(그중에는 저도 포함됩니다). 곧 예수님이 보여 주신 기준에 걸맞게 살지 못하는 것이지요. 본성적으로 우리는 모두 선한 사람이 아닙니다. 우리 역시 나쁜 사람들이며, 자신이 날마다 예수님에게 용서를 구해야 한다는 것을 아는 자들입니다. 하지만 종교 활동에 열심을 내는 이들이 전반적으로 비종교인들보다 관대한 삶의 태도를 취한다는 점에 관해서는 상당한 증거가 있습니다. 예를 들어, 미국의 경우, 매주 교회에 가는 이들은 그렇지 않은 이들보다 3.5배 정도 많은 돈을 기부하고 있습니다. 그리고 그들이 자원봉사에 참여하는 빈도 역시 두 배가량 높지요.[11]

증거 4: 감사하는 태도 역시 우리에게 유익을 줍니다

어린 시절에 저는 성탄절이 참 좋았지만 딱 한 가지 싫은 점이 있었습니다. 그것은 바로 어른들이 저에게 선물을 줄 때마다, 부모님이 꼭 감사 카드를 쓰도록 시키시던 일이었습니다(지금 저는 다른 가정의 아이들에게 선물을 줄 때, 그 아이들이 저에게 억지로 감사 카드를 쓰게끔 **하지 않기를** 그 부모님에게 당부합니다. 어릴 때 제가 그 일을 얼마나 싫어했는지를 생생히 기억하기 때문입니다!). 하지만 당시 제가 그 카드 쓰는 일을 싫어하지 않았더라면 어땠을까요? 오히려 제가 받은 선물들에 대해 **진심으로** 감사하는 마음을 품었다면 어땠을까요? 그랬다면 매년 찾아오는 성탄절을 더욱 즐겁게 누릴 수 있었을 것입니다. 심리학자들에 따르면, 모든 일에 감사하는 쪽을 택하는 사람들(예를 들어, 매주 감사했던 일들을 노트에 적어 두는 이들)이 그렇지 않은 이들보다 행복하고 건강하게 살아갑니다.[12]

그런데 만약 어린 시절부터 성경 말씀을 마음에 새겼더라면, 저는 이 사실을 이미 알고 있었을 것입니다. 바울은 신약의 여러 편지를 기록했는데, 그는 온갖 **힘겨운** 일을 겪었습니다. 그는 아무 잘못 없이 매를 맞고 바다에서 배가 난파되는 위기를 당했으며, 사람들의 조롱과 비웃음에 시달릴 뿐 아니라 끝내는 예수님을 따른다는 이유로 죽임을 당하기까지 했습니다. 여러분은 아마도 그가 상당히 분한 마음을 품었으리라고 여길 것입니다! 하지만 그 대신에, 그는 그리스도인들을 향해 "항상 기뻐하며 모든 일에 감사할" 것을 권면했습니다(살전 5:16, 18 참조). 이는 하나님이 이 세상을 항상 다스리고 계시기 때문입니다.

로마 교회에 보내는 편지에서, 그는 그곳의 그리스도인들을 향해 하나님을 사랑하는 이들에게는 "모든 일이 서로 협력해서 선을 이룬다"(롬 8:28)고 격려했습니다. 제 삶이 잘못되어 가는 것처럼 느껴질 때, 저는 바로 그 약속을 붙잡곤 합니다. 곧 제가 처한 상황이 좋을 때든 나쁠 때든, 환한 미소를 지을 때든 쓰라린 눈물을 흘릴 때든, 언제나 하나님이 제 삶의 이야기를 선한 쪽으로 이끌어 가고 계심을 기억하려고 애쓰는 것이지요. 그분은 가장 놀라운 재능을 지닌 작가와도 같습니다.

그리스도인들에게는 감사할 이유가 참 많습니다. 우리는 하나님이 모든 이를 창조하셨으며, 우리에게 모든 선한 것을 베풀어 주셨음을 믿습니다. 그뿐 아니라 하나님은 우리를 용서하시며, 그분과 함께 값없이 영생을 누리게 하신다는 것도 압니다. 그러니 이 세상에서 우리가 어떤 일을 겪든 간에, 우리 삶의 이야기는 지극히 행복한 결말을 맞을 수밖에 없습니다. 어린 시절에 제가 받았던 성탄절 선물들은 모두 누군가가 그 값을 지불하고서 사 준 것들이었습니다. 그런데 하나님과의 관계 회복이라는 이 선물은 이제껏 제가 받아 본 그 어떤 선물보다도 값비싼 것입니다. 예수님이 십자가에서 저를 위해 죽으심으로 그 값을 치르셨기 때문입니다. 우리 그리스도인들의 경우, 감사의 자세는 그저 학교에서 배우는 긍정적인 사고방식 같은 수준의 것이 아닙니다. 오히려 그것은 우리 삶을 창조하시고 구원하신 하나님을 향한 기쁨에 찬 응답입니다.

증거 5: 용서는 우리 자신에게도 유익합니다!

우리에게 잘못한 사람들을 용서하는 일은 힘들 수 있습니다. 그런데 예수님은 그 일을 더욱 어렵게 만드셨습니다. 한 제자가 예수님에게 나아와서, 다른 사람들을 일곱 번까지 용서해 주면 되겠느냐고 물었습니다. 이에 예수님은 이렇게 대답하셨지요. "일곱 번만이 아니라, 일흔 번을 일곱 번이라도 하여야 한다"(마 18:21, 22 참조). 또 예수님은 제자들에게 이렇게 기도하도록 가르치셨습니다. "우리의 죄를 용서하여 주십시오. 우리에게 빚진 모든 사람을 우리가 용서합니다"(눅 11:4). 그리고 십자가에 달리셨을 때, 놀랍게도 예수님은 자신의 처형을 집행하는 군인들을 용서해 달라고 기도하셨습니다(눅 23:34 참조). 하나님에게 용서받은 그리스도인들은 또 다른 이들을 용서해야만 한다는 것이 그분의 가르침이었습니다.

그리고 이 가르침 역시 우리에게 유익한 것임이 드러납니다. 이 분야의 전문가들은 용서가 우리 마음과 신체 모두에 유익을 준다는 사실을 발견해 왔습니다.[13] 물론 이것은 우리가 다른 이들에게서 상처를 받더라도 하나님이 별로 관심을 쏟지 않으신다는 뜻이 아닙니다(이 점에 관해서는 이 책 9장에서 자세히 살펴볼 것입니다). 그리고 이것은 자신의 힘을 악용해서 다른 이에게 상처를 입힌 이들이 그 힘을 계속 유지해도 된다는 뜻 역시 아닙니다. 하나님은 사랑이 많은 동시에 공정하신 분이며, 성경에서는 연약한 이들을 보호해야 한다는 점을 계속 가르치고 있습니다(예를 들어, 시 68:5을 보십시오). 하지만 하나님은 최종적인 정의를 확립하는 일이 자신의 주관 아래 있음을 우리가 기억하기를 원하십니다. 그러므로 우리가 직접 다른 사람들에게 앙갚음을 할 필요가 없는 것이지요(롬 12:19 참조). 오히려 그리스도인들은 하나님이 우리를 용서해 주신 것처럼 다른 이들을 용서하도록 부르심을 받게 됩니다.

증거 6: 끈기에는 위대한 힘이 있습니다!

J. R. R. 톨킨이 쓴 「반지의 제왕」은 제가 참 좋아하는 책 중 하나입니다. 주요 등장인물 중 하나인 샘은 호빗인데, 이들은 인간과 닮았지만 키가 작고 발에는 털이 잔뜩 나 있는 종족입니다! 샘은 부자도 아니었고, 외모가 잘생겼거나 딱히 총명한 인물도 아니었습니다. 그저 평범한 정원사일 뿐이었지요. 하지만 샘은 자신의 벗인 프로도를 무척 아꼈으며, 그와 함께 악의 반지를 파괴하는 임무를 끝까지 완수했습니다. 그 반지의 운반자로 선택된 인물은 프로도였지만, 프로도가 그 임무를 끝마치는 데에는 샘의 열정과 인내가 매우 중요한 역할을 했습니다. 그 이야기에서 샘이 한 명의 영웅이 된 것은 그에게 어떤 특출한 은사나 재능이 있었기 때문이 아닙니다. 다만 그에게 깊은 애정과 결단력이 있었기 때문이지요.

여러분은 혹시 자신이 성공적인 인생을 살기에 충분할 만큼 똑똑하고 재능이 있는지, 혹은 좋은 외모를 갖고 있는지 의문을 품어 본 적이 있나요? 아마도 누구든지 가끔씩은 자신에 관해 그런 의문을 품을 것입니다. 하지만 심리학자들에 따르면, 그들이 '끈기'(grit, 이는 샘이 그랬듯이 어려운 상황에서도 포기하지 않고 자신의 과제를 끝까지 감당하는 태도를 뜻합니다)로 지칭하는 특징은 우리의 두뇌나 재능, 외모보다 장기적인 성공에 더 큰 영향을 끼칩니다.[14]

우리는 성경에서 끈기 있게 믿음의 길로 나아가라는 부르심을 계속 접하게 됩니다. 예수님은 우리가 그분을 따르는 일이 좁고 험한 길을 걷는 것과 같다고 말씀하셨습니다(마 7:14 참조). 그리고 (예수님의 첫 제자 중 한 명인) 베드로는 그리스도인들에게 절제와 인내를 간직할 것을 권면했지요(벧후 1:6 참조). 신약의 히브리서에서는 신자들을 향해 이렇게 촉구하고 있습니다.

> 우리 앞에 놓인 달음질을 참으면서 달려갑시다. 믿음의 창시자요 완성자이신 예수를 바라봅시다. 그는 자기 앞에 놓여 있는 기쁨을 내다보고서, 부끄러움을 마음에 두지 않으시고, 십자가를 참으셨습니다(히 12:1b-2).

예수님은 우리가 그분을 따를 때 혼자 힘으로 애쓰도록 내버려 두시지 않고, 우리를 돕는 분을 보내 주겠다고 약속하셨습니다. 그분은 바로 하나님의 영이신 성령님입니다. 우리가 예수님을 구주로 영접할 때, 성령님이 오셔서 우리와 함께 거하시는 것입니다(요 14:16 참조). 그리고 프로도의 곁에 샘이 있었듯이, 하나님은 우리가 예수님을 따를 때 그 길을 함께 걸어갈 동료 그리스도인들을 보내 주십니다. 우리는 그 길을 걸으면서 자주 넘어지지만, 예수님이 이미 모든 어려움을 극복하시고 승리하셨음을 알기에 새 힘을 얻고 다시 그 길을 갈 수 있는 것입니다.

증거 7: 돈을 사랑할 때 우리는 실망하게 됩니다

알라딘이 램프를 문질렀을 때, 그의 세 가지 소원을 들어 주기 위해 지니가 나타납니다. 하지만 지니는 알라딘 자신이 무엇을 원하는지 모른다는 것을 알고 깜짝 놀라게 되지요. 지니는 대부분의 사람이 돈과 권력을 원한다고 이야기해 줍니다. 그런 다음에 알라딘에게 이렇게 충고하지요.

> 부디 그런 것들을 택하지 마십시오. 제가 장담하건대, 이 세상의 돈과 권력을 아무리 많이 갖더라도 주인님이 거기서 만족을 얻지는 못할 것입니다.[15]

우리는 흔히 돈이 많으면 행복해질 것이라고 생각합니다. 2016년에 학생들을 상대로 시행한 설문 조사에서, 82.3퍼센트의 학생들은 부자가 되는 것을 삶의 '본질적인' 목표, 또는 '매우 중요한' 목표로 여겼습니다. 하지만 상당한 액수의 돈을 벌더라도, 사람들은 더욱 많은 돈을 욕심내는 경향이 있습니다. 그리고는 계속 더 많은 돈을 갈망하게 되지요. 물론 형편이 아주 어려운 이들의 경우, 많은 돈을 얻는 것은 삶에 큰 도움이 될 수 있습니다. 하지만 전문가들에 따르면, 가족과 친구들보다 돈을 중시하는 이들은 결국 **불행한** 삶을 살게 됩니다.[16]

여기서 다시 한 번, 우리는 성경에서 이미 이 문제에 관한 지혜를 일깨우고 있음을 발견하게 됩니다. 바울은 돈을 사랑하는 일을 "모든 악의 뿌리"로 부릅니다(딤전 6:10 참조). 그리고 한 부자 청년이 예수님을 찾아왔을 때, 예수님은 그 청년이 그분의 제자가 되기 전에 먼저 가진 돈을 전부 가난한 이들에게 나누어 주어야 한다고 말씀하셨습니다. 이에 그 청년이 슬픈 마음으로 떠나갔을 때, 예수님은 부자가 하나님 나라에 들어가는 것보다 낙타가 바늘구멍을 통과하는 일이 더 쉽다고 말씀하셨습니다(마 19:16-26 참조). 지금 이 땅의 삶과 영원한 세상 모두에서, 돈을 사랑하는 일은 결국 우리를 실망시킵니다. 돈으로는 행복을 살 수 없기 때문입니다.

이 말은 우리가 열심히 일해서 돈을 벌지 말아야 한다는 뜻이 아닙니다. 바울은 그리스도인들에게 열심히 일해서 자신의 생계를 유지하며(살후 3:12 참조), 이를 통해 어려움에 처한 다른 이들을 도울 것(엡 4:28 참조)을 권면했습니다. 또 그는 그리스도인들을 격려하면서, 그들이 어떤 일을 하게 되든 간에 주님을 섬기려는 뜻을 품고 전심으로 그 일을 감당하라고 권고했습니다(골 3:23 참조). 우리는 이것 역시 탁월한 조언임을 알게 됩니다. 전문가들에 따르면, 우리가 직업을 **어떤 태도로** 수행하느냐가 그 직업이 **무엇인지**보다 우리 삶의 행복에 중요한 영향을 끼치기 때문입니다.[17]

어쩌면 여러분은 나중에 어른이 되었을 때 무언가 근사해 보이는 직업을 택하고 싶을지도 모르겠습니다. 유명한 영화배우나 축구 선수, 세계적인 의사 또는 베스트셀러 작가 등이 그런 직업들이지요. 물론 그런 직업을 얻기 위해 열심히 노력하는 것 자체가 그릇된 일은

하나님 없이도 잘 살 수 있지 않나요?

아닙니다. 하지만 유명한 영화배우나 축구 선수가 되는 것보다, (『반지의 제왕』에 나오는 샘처럼) 평범한 정원사가 되어서 주님을 섬기는 마음으로 전심을 다해 일하는 것이 더 좋을 수도 있습니다. 사실 하나님 나라에서는 겉보기에 가장 하찮아 보이는 사람들이 가장 중요한 사람들이니까요(마 20:16 참조).

우리에게 정말 필요한 것은 무엇일까요?

그러면 우리에게 참된 만족감을 주는 일은 과연 무엇일까요? 우리는 스포츠 스타나 인기 배우들을 보면서, '나도 저렇게 살면 좋겠다'는 바람을 품기 쉽습니다. 하지만 실제로 가수 테일러 스위프트(Taylor Swift)나 수영 종목 올림픽 메달리스트인 마이클 펠프스(Michael Phelps) 같은 슈퍼스타들의 이야기를 들을 때, 우리는 그들이 성공과 인기를 얻었지만 여전히 공허하고 우울한 상태에 시달리고 있음을 알게 됩니다. 이들 같은 유명 인사는 어디서나 주목을 받습니다. 그들이 거둔 성공이 곧 그들 자신의 정체성이 되며, 팬들은 그들을 숭배하기 시작하지요. 하지만 인간은 그런 존재로 지음받지 않았습니다. 행성들이 태양 주위를 공전하듯, 우리 역시 하나님을 삶의 중심에 모시고 살아가도록 지음받았습니다. 다시 말해, 우리는 각 사람이 소유하고 있는 작은 우주의 중심이 되도록 지음받지 않았다는것입니다. 무신론자인 심리학자 조너선 하이트(Jonatha Haidt)는 인간의 심리적인 필요를 이렇게 요약합니다.

식물들이 잘 자라기 위해 햇빛과 물, 비옥한 토양이 필요하듯, 우리 인
간들에게는 사랑과 일, 그리고 자신보다 큰 존재와의 관계성이 요구된
다.[18]

예수님을 따를 때, 우리는 이 세 가지를 모두 얻게 됩니다.

대니얼 헤이스팅스(Daniel Hastings)는 세계적인 우주 과학 전문가로
서, 미국 MIT에서 항공학과 우주 탐사를 가르치는 교수입니다. 그는
영국에서 보낸 10대 시절에 삶의 의미와 목적을 추구하다가 마침내
그리스도인이 되었습니다. 이 일에 관해, 헤이스팅스 교수는 이렇게
회상합니다.

제가 그동안 찾아 헤맸던 삶의 의미와 목적을 예수 그리스도께서 보여
주신다는 것을 깨달았습니다. 그때부터 지금까지, 그분은 늘 제 삶을
인도하며 이끌어 주셨습니다.[19]

모아나는 먼 바다 저편을 바라보면서, 자기 앞에 어떤 모험이 기
다릴지 생각해 보았습니다. 그리고 자신이 얼마나 멀리 나아갈 수 있
을지를 헤아려 보았지요. 이때까지 살아오면서, 저는 예수님을 따르
는 것이 참된 사랑과 기쁨, 모험을 향해 나아가는 가장 분명한 길임
을 발견했습니다. 때로 저는 여전히 스스로가 이 세상의 삶에 잘 어

울리지 않는다고 느낍니다. 하지만 그것은 예수님을 따르는 이들이라면 누구나 겪게 될 법한 느낌이지요. 이는 해리 포터가 머글들(마법을 쓰지 못하는 평범한 사람들_옮긴이)의 세계에서 자랐지만 실제로는 그곳에 속해 있지 않았듯이, 우리 역시 이 세상에 속한 이들이 아니기 때문입니다. 우리는 훨씬 마법 같은 예수님의 세계에 속한 이들이며, 그 세계는 지금 이 세상 속으로 막 침투해 오고 있습니다.

☑ 이것만큼은 꼭 이해해요!

핵심 요약

● 전문가들은 교회에 다니는 일이 우리의 정신과 신체 건강에 아주 유익하다는
  점을 발견했습니다. 매주 교회에 가는 사람들은 다음의 특징들을 보입니다.
  - 더 행복하고, 건강하며, 장수한다.
  - 우울증에 시달리거나 자살을 시도할 가능성이 낮다.
  - 마약을 복용하거나 알코올 의존증에 빠질 가능성이 낮다.
  - 자원봉사에 참여할 가능성이 크다.
  - 자신의 돈을 후하게 기부한다.

● 또한 심리학자들은 성경의 여러 가르침이 우리 삶에 실제로 유익을 준다는
  점을 발견했습니다. 그 가르침 중에는 다음의 것들이 포함됩니다.
  - 교회에 가는 일
  - 애정 어린 관계를 우선시하는 일
  - 다른 이들을 돕는 일
  - 감사하는 일
  - 다른 이들을 용서하는 일
  - 어려운 과업을 끈기 있게 감당하는 일
  - 돈을 사랑하지 않는 일

● 예수님은 우리가 그분을 따를 때 이 세상에서 쉽고 편안한 삶을 살게 될 것을
  약속하지 않으셨습니다. 오히려 그와 정반대되는 내용을 말씀하셨지요. 하지
  만 예수님을 따르면서 성경의 가르침을 좇아 살아갈 때, 우리는 지금 이 세상
  의 삶에서도 진정한 유익을 누리게 됩니다.

하나님 없이도 잘 살 수 있지 않나요?

기독교는 다양성에
반대하는 종교가 아닌가요?

3년 전, 저는 비행기 안에서 아프리카 서부 가나에서 온 열두 살짜리 소년의 옆 좌석에 앉은 적이 있었습니다. 당시 그 아이는 손목에 세 개의 밴드를 차고 있었는데, 그중 첫 번째 것에는 "동행자가 없는 어린이 승객"(unaccompanied minor)이라고 쓰여 있었습니다. 그 아이가 혼자 그 비행기에 탑승했기 때문이었지요. 두 번째 밴드에는 "친절한 마음씨를 보이십시오"라고 쓰여 있었으며, 세 번째 것에는 "예수님과 동행하십시오"라고 쓰여 있었습니다. 당시 이 소년은 가나를 떠나 미국으로 이주해 온 지 얼마 안 된 상태였습니다. 저는 그 아이에게, 가나에서 그리스도인으로 사는 것과 미국에서 그렇게 살아가는 것 사이에 혹시 어떤 차이를 느꼈는지 물었습니다. 그러자 그 아이는 이렇게 대답했지요. "아프리카에는 그리스도인이 **많았는데,** 미국에는 그렇지가 않네요." 저는 다시 왜 그렇게 생각하는지를 물었고, 그 아이는 이렇게 대답했습니다. "왜냐하면 미국 사람들은 다양성을 믿기 때문이에요."

오늘날에는 '다양성'(diversity)이라는 말이 널리 쓰입니다. 그것은 기본적으로 '서로 다름'(differentness)을 뜻하는 단어지요. 하지만 사람들은 흔히 그 말을 써서, '우리와는 다른 특성을 지닌 이들을 수용하고 환대하는 태도'를 지칭하곤 합니다. 현대인들이 기독교를 '다양성에 **반대하는** 종교'로 여기는 데에는 주로 다음의 세 가지 이유가 있습니다. 첫째, 사람들은 기독교가 기본적으로 백인 중심의 서양 종교라고 생각하곤 합니다. 사람들은 (저와 같은) 서양 백인들이 (인종적으로나 문화적으로) 다른 배경에 속한 이들을 수용하고 환대하기보다, 오히려 피해를 주고 억압하는 모습을 종종 보아 왔습니다. 따라서 그들은 기독교 역시 서양 백인들이 다른 이들에 대한 자신의 지배력을 유지하려는 하나의 방편일 뿐이라고 여기는 것이지요(우리는 이 장에서 바로 이 문제에 초점을 맞추어 살펴볼 것입니다). 둘째, 그리스도인들은 예수님이 인간을 하나님에게로 인도하는 **유일한** 길이 되신다고 믿습니다. 그런데 사람들은 이런 믿음을 곧 다른 종교에 속한 이들을 무시하는 태도로 받아들입니다(우리는 이 책 3장에서 이 문제를 이야기해 볼 것입니다). 셋째, 사람들은 그리스도인들이 또 다른 측면에서 그들과 다른 특성을 지닌 이들, 예를 들면 게이나 트랜스젠더(자신의 신체적인 성별과 심리적인 성 정체성이 불일치하는 이들_옮긴이)들을 혐오하며 배척한다고 여깁니다(우리는 이 책 7장과 8장에서 이 문제를 다루어 보려고 합니다).

사람들은 온갖 종류의 다양성을 한데 뭉뚱그려서 생각하려는 경향이 있습니다. 하지만 이 책 전체에 걸쳐, 우리는 사람들 사이에 **서로 다른 유형의** 차이점들이 존재한다는 점을 살펴볼 것입니다. 어떤 차이점은 우리가 태어난 방식 자체와 연관되어 있으며, 또 어떤 차이점은 우리가 살면서 품게 되는 느낌이나 여러 선택, 혹은 우리가 따르는 신념의 내용과 관계있습니다. 그러므로 우리는 서로 다른 종류의 차이점들을 각각 다르게 이해해야 합니다! 그런데 이 온갖 차이점을 넘어서서, 이 책에서 우리는 하나의 근본적이며 포괄적인 주제를 살펴볼 것입니다. 곧 예수님이 우리에게 다른 이들을 그저 용납하는 데 그치지 않고, 깊고 희생적이며 한결같은 마음으로 사랑하도록 명령하신다는 것입니다.

예수님이 다양성을 창조하셨습니다

요한복음의 시작 부분은 제가 참 좋아하는 성경 본문 중 하나입니다. 그 구절의 내용은 이러합니다.

> 태초에 '말씀'이 계셨다. 그 '말씀'은 하나님과 함께 계셨다. 그 '말씀'은 하나님이셨다. 그는 태초에 하나님과 함께 계셨다. 모든 것이 그로 말미암아 창조되었으니, 그가 없이 창조된 것은 하나도 없다. 창조된 것은 그에게서 생명을 얻었으니, 그 생명은 사람의 빛이었다. 그 빛이 어둠 속에서 비치니, 어둠이 그 빛을 이기지 못하였다(요 1:1-5).

우리는 본문의 이야기를 읽어 나가면서, 이 "말씀"이 바로 예수님임을 알게 됩니다. 그리고 요한의 말이 옳다면, 예수님이 친히 이 세상 속에 존재하는 다양성을 **만들어 내신** 것이지요. 곧 그분은 유럽인과 아프리카인, 아시아인과 남아메리카인을 창조하신 것입니다. 그분은 여러분과 저를 만드셨으며, 비행기에서 제 옆 좌석에 앉았던 가나 출신의 소년을 창조하셨습니다. 그분은 미국의 흑인과 백인, 원주민들을 만드셨고, 또 아시아계 미국인들을 만드셨습니다. 그리고 그분은 (저처럼) 부모님이 서로 비슷한 인종에 속한 이들뿐 아니라, 부모님이 서로 다른 인종에 속한 사람들도 만드셨지요. 제 아름다운 벗 캐서린이 그런 경우인데, 그녀의 어머니는 가나 출신이며 아버지는 한국 사람입니다. 예수님은 이 땅에 사실 때, 중동 지역에 거주하던 갈색 피부의 유대인이셨습니다. 하지만 그분은 피부색과 눈 색깔, 머리 모양과 체형이 다양한 사람들을 창조하기를 기뻐하셨지요. 예수님은 실로 자유롭고 창의적인 마음을 품으셨기에, 사람들이 다양한 모습으로 각자의 아름다움을 드러내도록 그들을 빚으셨습니다. 우리가 자신의 외모에 관해 부정적인 느낌을 받을 때, 이 사실을 기억하는 것은 큰 도움이 됩니다.

제가 시어머니를 처음 만났을 때, 그분은 제 남편이 아기였을 때의 사진들을 보여 주었습니다. 우리끼리 하는 말이지만, 당시 그의 모습은 매우 우스꽝스러워 보였습니다. 사진 속 그에게는 열다섯 겹 정도의 턱이 있었으며, 그밖에도 여러 재미난 특징이 있었거든요. 하지만 제가 그 사진들을 보고 킥킥대며 웃었을 때, 시어머니는 그리

좋아하지 않으셨습니다. 저는 그분이 낳은 아기의 모습을 보면서 웃었지만, 그분의 눈에는 그 아기가 **몹시** 귀여워 보였거든요! 하나님이 여러분을 바라보실 때에도 이와 마찬가지입니다. 그분은 여러분을 자신의 아름다운 자녀로 여기면서 몹시 기뻐하시지요. 이 점은 여러분이 스스로를 아무리 불완전한 존재로 여길지라도 그러합니다. 혹은 여러분 자신이 (다른 이들과는 무척 다른) 이상한 존재로 느껴질지라도 마찬가지지요. 우리가 신체적으로 각기 다른 특징을 가졌음에도 성경의 첫 번째 책인 창세기에서는 우리에게 놀라운 사실을 말해 줍니다. 그것은 곧 하나님이 모든 사람을 **그분 자신의 형상과 모양대로** 창조하셨다는 것입니다(창 1:26, 27 참조).

그러면 이 가르침은 무엇을 뜻하는 것일까요?

우리는 모두 하나님의 형상으로 지음받았습니다

이 글을 쓰는 지금, 저에게는 한 살 난 아들이 있습니다. 주위 사람들은 자주 그 아이가 남편과 꼭 닮았다고 이야기하곤 하지요. 다만 그 녀석은 턱이 둥글둥글하고 귀여운 아기지만, 남편은 덥수룩하게 수염 난 어른이라는 점만 **빼고** 말입니다! 우리가 하나님의 형상으로 지음받았다는 성경의 가르침이 지닌 의미의 일부분은 이처럼 자녀가 부모의 모습을 닮는 일 가운데서 찾아볼 수 있습니다. 하지만 이때 우리가 물리적으로 하나님을 닮았다고 생각해서는 **안 될** 이유가 두 가지 있습니다. 첫째로 하나님이 예수님의 인격을 통해 사람이 되시기 전까지, 그분에게는 우리가 그 모습을 **닮을 수 있는** 물리적인 신체가 없었습니다! 그리고 둘째로 하나님은 다양한 사람을 **똑같이** 그분의 형상으로 지으셨기 때문에, 우리는 그분이 어느 한 유형의 사람들하고만 닮았다고 말할 수가 없습니다. 물론 제 아들은 아기로서 자기 아빠를 꼭 닮은 모습을 하고 있을지도 모릅니다. 하지만 이 세상의 아기들은 누구나 하나님의 형상으로 지음받은 존재인 것입니다. 그 아기들이 어떤 인종과 혈통에 속했든지 간에 마찬가지입니다.

예수님은 누구든지 그분을 본 이는 곧 성부 하나님을 본 것이라고 말씀하십니다(요 14:9 참조). 바울은 예수님을 "보이지 않는 하나님의 형상"(골 1:15)인 분으로 지칭하지요. 이를 통해, 우리는 하나님의 형상됨이 지닌 의미를 좀 더 배울 수 있습니다. 물론 우리는 예수님의 신체적인 모습이 어떠했는지에 관해 거의 아는 바가 없습니다. 우리는 다만 그분의 출신 지역과 당시의 문화적 배경을 염두에 두면서, 아마 그분의 피부는 갈색이었으며 수염을 기르셨을 것이라고 추측해 볼 뿐입니다(사람들은 종종 그분의 모습을 저처럼 창백한 피부의 백인으로 묘사해 왔는데, 그것은 정확하지 않습니다). 우리는 또 이사야서의 예언을 통해, 예수님의 외모가 특별히 돋보이지는 않았으리라는 작은 암시를 접하게 됩니다(사 53:2 참조). 이처럼 우리가 그분의 신체적인 겉모습에 관해 아는 바는 적지만, 대신에 그분의 인물됨이 지녔던 특징에 관해서는 **많은** 내용을 알 수 있습니다. 곧 우리는 신약 성경의 기록을 통해, 그분이 어떤 삶을 사셨으며 어떤 생각을 품으셨는지, 또 무엇을 말씀하고 행

하나님 없이도 잘 살 수 있지 않나요?

하셨는지를 자세히 배울 수 있습니다. 이 모든 내용은 하나님이 어떤 분인지, 우리가 어떻게 그분을 닮아 갈 수 있는지에 관해 희미한 실마리를 보여 줍니다.

예수님과 달리, 우리 중 아무도 하나님을 완전히 닮은 사람은 없습니다. 하나님은 거룩한 분이지만, 우리는 모두 죄로 망가져 있기 때문입니다. 하지만 그럴지라도, 우리 인간은 **모두** 그분의 형상으로 지음받았습니다. 나이가 많든 적든, 학교 성적이 우수하든 아니든, 몸이 건강하든 그렇지 않든 간에 이 점에서는 아무 상관이 없지요. 또 남자든 여자든, 흑인이든 백인이든, 아시아인이든 중남미 출신이든, 아니면 여러 인종과 혈통이 아름답게 혼합된 사람이든 간에 아무 상관이 없습니다. 우리는 전부 하나님의 형상으로 지음받은 사람들이니까요.

예수님은 이 세상 속에 **다양성**을 창조하셨습니다. 곧 온갖 유형의 신체와 정신을 지닌 사람들을 지으신 것이지요. 그런데 하나님은 이 세상 속에 **평등** 역시 창조하셨습니다. 우리 인류가 전부 똑같이 하나님의 형상으로 지음받은 사람들이기 때문입니다. 따라서 어떤 사람들이 자신의 인종적인 배경이나 체형, 혹은 지적인 능력 때문에 다른 이들을 업신여길 때, 그들은 하나님의 계획을 거스르며 성경의 가르침을 무시하는 것입니다.

예수님은 서로의 차이를 뛰어넘는 사랑을 명령하셨습니다

사람들은 종종 서양의 백인들이 성경을 기록했다고 믿습니다. 하지만 그것은 사실이 아닙니다. 실제로 성경을 기록한 이들은 중동 지역에 거주하던 갈색 피부의 유대인들이었지요. 그리고 성경에서는 우리 자신과는 다른 유형에 속한 사람들을 사랑해야 한다고 가르칩니다. 예수님의 말씀에 따르면, 하나님이 주신 가장 중요한 계명은 첫째로 "마음을 다하고 목숨을 다하고 뜻을 다하고 힘을 다하여 주 너의 하나님을 사랑하라"는 것이었습니다. 그리고 둘째로 "이웃을 네 몸과 같이 사랑하라"는 것이었지요(막 12:29-31 참조). 한 사람이 예수님 앞에 나아와서 "그러면 누가 내 이웃입니까?"라고 물었을 때, 예수님은 '선한 사마리아인의 비유'로 불리는 한 이야기를 들려주셨습니다. 그것은 곧 (인종적으로나 문화적으로) 다른 이들에게 미움을 받는 집단에 속한 한 사람이 자신과는 다른 집단에 속한 어떤 이에게 사랑을 베푼 이야기입니다. 이처럼 예수님은 서로의 차이를 뛰어넘는 사랑을 그분이 주신 도덕적 가르침의 중심에 두신 것입니다.

예수님은 자신의 삶에서 인종과 문화 사이의 경계를 계속 허무셨습니다. 예를 들어, 당시 유대인들은 사마리아인을 혐오했지만, 그분은 우물가에 있던 사마리아 여인을 찾아가서 그녀의 친구가 되어 주셨습니다(요 4:4-26 참조). 그리고 십자가에서 숨을 거두셨다가 부활하신 뒤에, 예수님은 제자들에게 이렇게 분부하셨습니다. "가서 모든 민족을 제자로 삼아[라]!"(마 28:19)

이어 사도행전(이것은 최초의 그리스도인들에 관한 이야기를 들려주는 책입니다)에서, 우리는 제자들이 예수님의 복된 소식을 다양한 나라에 속한 사람들에게 전파하는 모습을 보게 됩니다. 곧 중동의 이란과 이라크, 튀르키예에서 시작해서 아프리카의 이집트와 리비아까지 이르는 지역에 속한 사람들이었지요(행 2:9-11 참조). 사도행전에서, 우리는 최초의 흑인 그리스도인인 한 에티오피아인에 관한 이야기를 접합니다(행 8:26-40 참조). 그리고 신약의 편지들에서는, 예수님이 (인종적으로나 문화적으로나) 다양한 배경에 속한 사람들을 한데 모으시는 모습이 나타납니다. 예를 들어, 바울은 튀르키예에 있는 그리스도인들에게 이렇게 편지했습니다.

거기에는 그리스인과 유대인도, 할례받은 자와 할례받지 않은 자도, 야만인도 스구디아인도, 종도 자유인도 없습니다. 오직 그리스도만이 모든 것이며, 모든 것 안에 계십니다(골 3:11).

바울의 이 말은 우리에게 제대로 와 닿지 않을 수도 있습니다(예를 들어, 저는 '스구디아인'들이 누구인지를 인터넷에서 검색해 보아야 했습니다. 그 결과, 그들은 시베리아 지역에 살던 유목민 전사로서 온몸에 문신 새기기를 즐겨 한 이들이었음을 알게 되었습니다!). 하지만 여기서 바울은 당시에 실제로 있던 인종과 사회, 국가상의 중요한 차이점 중 일부를 언급한 것입니다. 만약 오늘날의 미국인들에게 편지했다면, 그는 아마도 이렇게 말했을 것입니다. "이제 이곳에서는 유럽계 미국인과 아프리카계 미국인, 아시아계 미국인과 중남미계 미국인, 또는 부자와 가난한 자, 캘리포니아주 사람들과 텍사스주 사람들 사이에 아무 차별이 없습니다. 오직 그리스도께서 전부가 되시며, 또 모든 이 안에 계시기 때문입니다." 이처럼 예수님은 다양한 배경에 속한 이들을 한데 부르셔서, 세상에서 그분의 "몸"을 이루게 하십니다(고전 12:27 참조).

인류의 역사를 돌아볼 때, 모든 사람이 똑같이 귀하다는 생각이나 나라와 인종, 배경이 다른 이들을 돌보고 사랑해야 한다는 생각의 바탕에는 예수님의 가르침이 있었음을 발견하게 됩니다. 과거 로마 제국 사람들은 전혀 그런 식으로 생각하지 않았습니다. 사실 인류 역사 전체에 걸쳐, 인간이 만들어 낸 대부분의 신념 체계는 모든 사람이 똑같이 귀하다는 점을 가르친 적이 **없습니다.** 최근에 저는 영국의 역사가 톰 홀랜드(Tom Holland)가 쓴 「도미니언: 기독교가 일으킨 혁명은 어떻게 이 세상을 바꾸어 놓았는가」(*Dominion: How the Christian Revolution Remade the World*)를 읽었습니다. 홀랜드는 기독교인이 아닙니다. 하지만 그는 역사적인 증거들을 통해, 모든 사람이 (인종이나 성별, 국적과 상관없이) 동등하게 존중되어야 한다는 생각, 우리와는 다른 사람들을 사랑해야 한다는 생각을 현대인들(그들이 기독교인이든 아니든 간에)이 품게 된 것은 바로 기독교가 끼친 영향 때문임을 보여 주었습니다. 예수님은 진실로 다양성의 창시자였습니다! 그런데 또한 과거의 역사 속에서는, 서양 기독교인들이 다른 인종에 속한 이들을 혐오하고 괴롭히며 노예로 삼은 많은 사례가 있습니다. 이는 분명히 성경의 가르침에 어긋나는 일이었지요. 그렇다면 우리는 그런 일들을 어떻게 이해해야 할까요?

'우리'와 '그들'

몇 달 전, 저는 한 백인 소년과 흑인 소년이 서로를 향해 달려가서 꼭 끌어안는 영상을 보았습니다. 참 아름다운 모습이었지요. 사람들은 이 영상이 인간에게는 다른 이들을 자연스럽게 사랑하는 본성이 있다는 점을 보여 준다고 이야기했습니다. 물론 사람들의 이런 말에는 어느 정도 진실이 담겨 있습니다. 지난주에 저는 백인들이 흑인들을 상대로 끔찍한 폭력을 저질렀던 몇 가지 사례에 관해 여덟 살 난 딸아이와 이야기를 나누었습니다. 제 딸은 백인이지만, 학교에서 딸아이와 가장 친한 세 친구는 모두 흑인 아이들입니다. 그리고 딸아이는 사람들이 그저 피부색이 다르다는 이유로 어떤 이들을 차별한다는 것을 전혀 이해하지 못했지요. 하지만 이 세상에 있는 대부분의 사람은 자신과는 다른 인종에 속한 이들을 깊이 알아 갈 기회를 **얻지 못한** 채로 성장하곤 합니다. 그리고 우리 인간들에게는 자연스럽게 '우리'와 '그들'을 서로 구분 짓는 본성이 있습니다.

오랜 인류의 역사 동안, 사람들은 각기 부족을 지어 살면서 다른 부족들과 맞서 싸워 왔습니다. 물론 오늘날에는 대부분의 사람이 예전과 같이 부족을 지어 살지는 않습니다. 하지만 그럴지라도, 우리는 '내부인'과 '외부인'을 구분 지을 방법을 늘 찾아내곤 합니다. 곧 우리

가 함께 어울리고 싶은 사람들과 그렇지 않은 사람들을 나누는 것이
지요. 이때 그 기준은 좋아하는 음악이나 패션 스타일이 될 수도 있
고, 그들이 부유하거나 똑똑한지, 혹은 재밌거나 멋진 외모를 가졌는
지 등이 될 수도 있습니다. 우리는 모두 '내부인'에 속하기를 원하며,
'외부인'으로 분류되는 것을 두려워합니다. 이런 모습은 특히 중고등
학교 시절에 잘 드러나지요. 하지만 사람들은 성인이 된 후에도 그런
상태에서 잘 벗어나지 못합니다. 어른들 역시 어딘가에 소속되기 위
해 열심히 애를 쓰거든요. 사람들은 종종 인종이나 문화적인 배경에
근거해서 다른 사람들을 차별해 오곤 했습니다. 이는 특히 한 집단이
다른 이들보다 큰 힘을 가졌을 경우에 그러했지요.

　우리는 미국 역사에서 이같이 끔찍한 일들이 일어난 것을 알고 있
습니다. 예를 들어, 미국의 흑인들은 수백 년에 걸쳐 백인들의 노예
로 살아 왔습니다. 그들은 아무 대가도 없이 힘들게 일했으며, 종종
매를 맞고 학대를 당했지요. 심지어 미 대륙에 도착하기도 전에, 수
백만 명의 아프리카인이 그들을 실어 나르던 배 안에서 목숨을 잃었
습니다. 이 시기에 (제가 태어난 나라인) 영국의 상인들은 300만 명이 넘
는 아프리카인을 배에 태워 미국으로 보냈지요. 그리고 미국의 노예
제도가 폐지된 후에도, 흑인들은 백인과 동등한 권리를 얻지 못했습
니다. 그들은 백인과 같은 동네에서 함께 살 수 없었고, 같은 학교에
다니지도 못했습니다. 또 같은 화장실을 쓰지도 못했고, 버스를 탈
때에도 백인과 같은 칸에 앉을 수가 없었습니다. 이후에 백인과 법적
으로 동등한 권리를 얻고 나서도, 흑인들은 여전히 편견과 차별, 폭

력에 시달려 왔습니다. 흑인들 역시 하나님의 형상으로 지음받았으며, 그들을 위해 예수님이 친히 이 세상에 오셔서 자신의 생명을 주셨습니다. 하지만 백인들은 그런 그들의 삶을 전혀 무가치한 것처럼 다루어 온 것이지요. 이것은 하나님의 뜻을 거스르는 심각한 범죄입니다.

인류 역사에 걸쳐, 이 같은 불의에 맞서 싸워 온 많은 지도자는 그리스도인들이었습니다. 예를 들어, 영국에서 노예제 폐지 운동을 이끌었던 윌리엄 윌버포스(William Wiberforce)나, 참혹한 노예 생활에서 탈출한 이후 다른 노예들을 구출하는 일에 자신의 목숨을 걸었던 해리엇 터브먼(Harriet Tubman)의 경우가 그러했지요. 그리고 1960년대에 흑인의 민권 운동을 주도한 마틴 루터 킹 주니어(Martin Luther King Jr.) 목사나, 1989년에 미국의 앨라배마주에서 "동등한 정의 세우기"(the Equal Justice Initiative)라는 단체를 설립하고 베스트셀러인 「월터가 나에게 가르쳐 준 것」(Just Mercy, 열린책들 역간)을 집필한 변호사 브라이언 스티븐슨(Bryan Stevenson) 역시 그리스도인이었습니다. 이 지도자들은 바로 자신의 기독교 신앙에서 이런 일들의 원동력을 얻었습니다(다른 많은 이 역시 마찬가지였지요). 하지만 안타깝게도, 애초에 노예를 소유했던 많은 이 역시 스스로를 기독교인으로 여겼습니다. 그리고 흑인 민권 운동에 반대하던 많은 이나, 그 이후로 인종 차별에 관여해 온 많은 이 역시 그러했지요.

그러면 우리가 인종 문제의 공정성에 관심을 쏟을 때, 그리스도인이 되어서는 **안 되는** 것일까요? 그렇지는 않습니다. 앞서 살폈듯이,

성경은 인종 간의 차이를 뛰어넘는 사랑을 실천하기 위한 **근본 토대**가 되기 때문이지요. 그리고 이제 우리가 다루어 볼 내용 역시 또 하나의 중요한 이유가 됩니다.

흑인 교회의 기적

아마 여러분은 역사적으로 미국의 흑인들이 기독교를 따르던 백인들 밑에서 노예 생활을 하면서 학대를 당했기에, 그들은 기독교를 믿을 가능성이 **가장 낮았을 거라**고 생각할지도 모릅니다. 하지만 실상은 이와 정반대였습니다. 놀랍게도, 많은 흑인 노예가 예수님의 제자가 되었습니다. 예수님이 그들을 억압하는 자들의 편에 계신 것이 아니라, 오히려 억압받는 이들을 옹호하는 분임을 깨달았기 때문입니다. 그들은 예수님이 자신들의 고난에 관심을 쏟고 계심을 느꼈으며, 그들의 삶이 그분에게도 너무나 소중했기에 그들을 위해 기꺼이 십자가에 달리셨음을 배우게 되었습니다. 또 그들은 구약에서 하나님의 백성인 이스라엘 역시 이집트에서 오랫동안 노예 생활을 했으며, 마침내 하나님이 그 백성을 그 상태에서 건져 내셨다는 이야기를 들었습니다. 그렇기에 그들은 하나님이 자신들도 그 고난에서 건져 주시리라는 소망을 품게 되었습니다.

2019년에 나온 영화 〈해리엇〉(*Harriet*)은 흑인 여성 해리엇 터브먼의 이야기를 들려 줍니다. 그녀는 혹독한 노예 생활에서 탈출한 뒤,

하나님 없이도 잘 살 수 있지 않나요?

수백 명의 다른 흑인도 그 상태에서 벗어나도록 도운 사람이지요. 터브먼은 성경의 출애굽기에서 이스라엘 백성을 노예 상태에서 벗어나게 한 인물의 이름을 따서, '모세'라는 별명을 얻었습니다. 모세와 마찬가지로, 그녀는 다른 사람들이 노예 상태에서 탈출하도록 돕는 위험한 일을 감당하는 동안에 하나님이 자신을 인도해 주실 것을 신뢰했습니다. 그리고 노예 제도 폐지 운동을 주도한 다른 여러 인물과 마찬가지로, 해리엇 터브먼은 예수님을 향한 믿음을 자신의 인생에서 가장 중요한 일로 여겼습니다.

프레더릭 더글러스(Frederick Douglass)는 노예 제도 폐지 운동을 주도한 또 다른 인물로, 열세 살에 그리스도인이 되었습니다. 그는 당시 하나님이 자신의 마음을 어떻게 변화시키셨는지를 이렇게 회고합니다.

나는 이때 온 인류를 향한 사랑을 품게 되었다. 비록 나는 그 어느 때보다도 노예 제도를 깊이 혐오했지만, 노예 소유주들 역시 그 사랑의 대상에서 제외되지 않았다. 이때 나는 이 세상을 새로운 시각으로 보게 되었으며, 모든 이를 기독교로 회심시키는 일에 깊은 관심을 쏟게 되었다.[1]

이와 마찬가지로, 흑인 여성인 소저너 트루스(Truth Sojourner)는 당시 미국 전역을 돌아다니면서 자신이 겪은 노예 제도의 참담함을 역설했습니다. 그리고 그녀는 늘 '내가 예수님을 만났을 때 일어난 일'

을 연설의 주제로 삼았습니다.[2]

이처럼 미국의 흑인들은 스스로를 기독교인으로 여기는 백인들의 억압 아래서 혹독한 노예 생활을 하면서도 그리스도인이 되었습니다. 그리고 이 일은 미국 흑인 교회의 시초가 되었지요. 미국의 흑인 교회는 1960년대에 침례교 목회자인 마틴 루터 킹 주니어가 이끈 흑인 민권 운동에서 주도적인 역할을 했습니다. 오늘날의 경우, 미국의 흑인들 가운데서 자신을 그리스도인으로 여기는 이들의 비율은 백인들보다 10퍼센트가량 높습니다. 그리고 백인 중에서는 그저 3분의 1 정도가 매주 교회에 다니는 데 반해, 흑인의 경우에는 거의 절반가량이 매주 교회에 출석하고 있습니다.[3] 미국의 흑인 여성은 특히 그리스도인이 될 확률이 높지만, 이에 반해 백인 남성은 무신론자가 될 확률이 다른 집단들보다 높다고 합니다.[4]

그렇다면 미국 외에 다른 나라의 경우에는 어떨까요?

다양성을 이끌어 내시는 예수님

오늘날 기독교는 전 세계에서 가장 다양한 사람이 따르고 있는 믿음의 체계입니다. 현재 유럽과 라틴 아메리카, 아프리카 지역에 거의 동일한 규모의 그리스도인이 거주하고 있으며, 아시아의 교회도 빠른 속도로 성장하고 있습니다.[5] 이처럼 기독교는 그저 하나의 국가나 문화, 인종 혹은 언어권에 속한 사람들만을 위한 종교가 아닙니다. 오

하나님 없이도 잘 살 수 있지 않나요?

히려 그것은 이 세상의 모든 나라와 문화, 인종과 언어권에 속한 사람들을 위한 종교입니다! 성경의 마지막 책인 요한계시록에서, 우리는 이 세상의 마지막 때에 어떤 일들이 생겨날지를 어렴풋이 보게 됩니다. 이때에는 "각 나라와 족속과 백성과 방언에서 아무도 능히 셀 수 없는 큰 무리가 나와서" 예수님에게 다 같이 경배하게 되는 것입니다(계 7:9 참조). 만약 여러분이 그리스도인이라면, 반드시 이런 결말을 맞이하게 될 것입니다! 그리고 지금도, 이 일은 하나의 현실이 되고 있습니다.

지금 저희 집에서 매주 교회 공동체 모임을 갖는데, 이 모임에는 흑인과 백인, 아시아인이 모두 있습니다. 그리고 여기에는 가나와 에티오피아, 싱가포르와 영국, 루마니아에서 미국으로 이주해 온 이들이 있지요. 또 우리 가운데는 기독교 가정에서 자라난 이들도 있지만, 성인이 될 때까지 비그리스도인이었다가 작년에 비로소 예수님을 믿게 된 분들도 있습니다. 이처럼 우리는 서로 다른 언어를 말하면서 자랐고 지역 출신이 다양한 사람들이지만, 함께 하나의 몸을 이룹니다. 이는 우리 모두 예수님을 믿고 따르기 때문이지요. 그리고 우리의 이 모임은 전 세계에 걸쳐 존재하는 교회의 모습을 보여 주는 하나의 작은 그림과도 같습니다. 비록 지난 수세기 동안에 일부 기독교인이 인종 차별의 죄를 범해 오긴 했지만, 기독교는 인류 역사상 가장 다양한 사람이 참여해 온 신앙 운동입니다.

비행기에서 제 옆 좌석에 앉았던 가나 출신의 소년은 미국인들이 다양성을 신봉하기 때문에 미국에는 그리스도인의 수가 더 적을 것이라고 여겼습니다. 하지만 그 소년과 저 자신이야말로 기독교의 핵심에 다양성이 있음을 보여 주는 분명한 증거입니다. 그 소년은 남자이며, 저는 여자입니다. 그 아이는 가나에서 자랐지만, 저는 영국에서 성장했지요. 그 아이는 흑인이고, 저는 백인입니다. 또 그 소년은 어린아이지만, 저는 성인이지요. 하지만 둘 다 '예수님과 동행하고' 있기 때문에, 우리는 하나로 굳게 연합되어 있습니다. 그리고 그 연합은 지금 여기서뿐 아니라 앞으로도 영원히 지속되는 것입니다.

하나님 없이도 잘 살 수 있지 않나요?

- 하나님은 모든 인종과 민족에 속한 사람들을 똑같이 그분의 형상으로 창조하셨습니다.

- 예수님은 중동 지역에서 살던 갈색 피부의 유대인이셨습니다. 그분은 제자들에게, 그들 자신과는 다른 특성을 지닌 이들을 사랑하며 모든 족속을 제자로 삼으라고 명령하셨습니다.

- 인류가 모든 인간의 평등을 받아들이게 된 근본적인 이유는 예수님의 삶과 가르침 때문입니다. 그분의 삶과 가르침은 지금도 우리가 여러 인종에 속한 사람들을 존중하기 위한 최상의 토대가 됩니다.

- 그리스도인들은 종종 예수님의 명령을 따르지 못했습니다. 오히려 그들 중 일부는 다른 인종에 속한 이들을 혐오하고 학대하며 노예로 삼았습니다. 예를 들어, 수백만 명의 아프리카인이 미국에 노예로 팔려 왔지요.

- 일부 그리스도인이 이 같은 악행을 저질렀지만, 많은 흑인 노예가 그리스도인이 되었습니다. 그리고 오늘날 그들의 후손들은 미국에서 예수님을 믿게 될 가능성이 가장 높은 이들입니다.

- 인종 차별에 맞서 싸운 많은 지도자는 예수님을 향한 믿음에서 그 일의 원동력을 얻었습니다.

- 예수님은 모든 나라와 족속, 언어권에 속한 사람들을 부르셔서 그분을 따르게 하십니다.

- 오늘날 기독교는 전 세계에서 가장 다양한 사람이 따르는 믿음의 체계입니다. 현재 유럽과 라틴 아메리카, 아프리카 지역에 거의 동일한 수의 그리스도

인이 살고 있으며, 아시아의 교회도 빠르게 성장하고 있습니다.

● 기독교는 인종적이며 문화적인 다양성에 반대하지 않습니다. 오히려 기독교
  는 인류 역사상 인종적으로나 문화적으로 가장 다양한 사람이 참여해 온 신
  앙 운동입니다.

3

예수님이 저에게는
진리가 아닐 수도 있지 않나요?

2019년 2월 23일, 나이지리아 출신의 그리스도인 올루월레 일레산미 (Oluwole Ilesanmi)가 런던의 한 기차역 앞에서 지나가는 사람들에게 복음을 전하고 있었습니다. 그러자 두 명의 경찰관이 다가와서 경고했습니다. 즉시 그곳을 떠나지 않으면 체포하겠다는 것이지요.

일레산미는 이렇게 대답했습니다. "나는 이곳을 떠나지 않을 겁니다. 사람들에게 진리를 전해야 하니까요. 예수님은 유일한 길과 진리, 생명이신 분입니다!"

그러자 경찰관 중 한 명이 이렇게 말했습니다. "아무도 선생님의 말을 듣고 싶어 하지 않습니다. 사람들은 선생님이 이곳을 떠나 주기를 원합니다."

이에 일레산미는 이렇게 대답했습니다. "제 말을 듣고 싶어 하지 않는다고요? 하지만 그들이 죽은 뒤에는 제 말뜻을 깨닫게 될 겁니다. 그때에는 제 말이 옳음을 알게 될 거라고요!" 그리고 그는 마침내 체포되었습니다.

영국이나 미국 같은 서구권 나라에서, 대체로 사람들은 어떤 이가 자신을 그리스도인이라고 밝히는 것을 문제 삼지 않습니다. 그가 다른 사람들의 삶에 참견하지만 않는다면 말이지요. 그렇기에 "예수님이 저에게는 진리예요"라고 말할 수 있습니다. 하지만 일레산미가 그랬듯이 예수님이 (각자의 문화나 인종, 종교적인 신념과 상관없이) 전 세계의 모든 사람을 위한 길과 진리, 생명이라고 선포할 경우(요 14:6 참조), 그것은 무례한 일로 받아들여집니다.

그렇다면 우리는 이 일을 어떻게 이해해야 할까요? 과연 예수님이 저에게는 참되지만, 여러분에게는 그렇지 않을 수도 있을까요?

방 안의 코끼리

몇 달 전, 저는 어떤 차의 범퍼 스티커에 이런 문구가 적힌 것을 보았습니다. "내가 믿는 하나님은 어느 한 종교에 담기기에는 너무 큰 분입니다"(My God is too big for any one religion). 사람들이 자기 차에 이런 스티커를 붙일 때, 그들이 전하고자 하는 메시지는 이런 것입니다. '당신이 하나님을 믿는 것은 좋습니다. 하지만 어떤 한 종교가 참되고 다른 종교들은 그렇지 않다는 말은 오만하고 무지한 것입니다.' 때로 사람들은 이 관점을 설명하기 위해 코끼리에 관한 하나의 예화를 들곤 합니다.

　그 예화에서는 한 코끼리가 눈먼 이들이 사는 마을로 걸어 들어
갑니다. 마을 사람들은 그 낯설고 기이한 동물을 접하고서 깊은 경이
감에 사로잡히지요. 그중 한 사람이 코끼리의 다리를 만져 본 다음
에, 그 동물의 생김새는 한 그루의 나무를 닮았다고 말합니다. 또 다
른 이는 코끼리의 귀를 만져 보고서, 그 동물의 모습이 마치 넓은 부
채와 같다고 말하지요. 그리고 세 번째 사람은 코끼리의 코를 만지고
서, 그 동물의 생김새가 뱀과 흡사하다고 말합니다. 그러고는 곧 이
들 사이에서 말다툼이 벌어지게 됩니다. 이 마을 사람들은 코끼리의
각기 다른 부분을 만졌으며, 저마다 그 기이한 동물에 관한 진실의
일부분을 발견했습니다. 하지만 그들의 눈이 멀었기에, 그들은 코끼
리의 실제 모습을 제대로 볼 수가 없습니다. 따라서 그들은 이 각각
의 진실이 어떻게 하나의 전체를 이룰 수 있는지를 미처 헤아리지 못
한 것입니다. 이와 마찬가지로, 사람들은 서로 다른 종교들이 저마다
하나님에 관한 진리의 일부분을 간직하고 있다고 주장합니다. 그리고
어느 한 종교도 그 진리를 온전히 보존하고 있지는 못한다고 말합니
다. 이런 이유로, 그들은 우리가 어떤 종교가 옳은지를 놓고 논쟁해
서는 안 된다고 말합니다. 우리는 그저 각 종교들로부터 다양한 교훈
을 얻어야만 한다는 것입니다. 이같이 모든 종교에 똑같이 귀를 기울
일 때, 하나님에 관한 진리를 온전히 파악할 수 있다는 것이 그들의
주장입니다. 하지만 이 코끼리에 관한 예화나 그것을 통해 제시되는
사람들의 주장에는 몇 가지 문제점이 있습니다.

첫째로, 이 예화에서 마을 사람들은 전부 눈이 멀어 있습니다. 오직 이 이야기를 들려주는 사람만이 사물의 참모습을 볼 수 있는 상태에 있지요. 만약 여러분이 기독교인과 무슬림, 불교도와 힌두교도, 그리고 유대인에게 나아가서 이렇게 조언한다고 생각해 보십시오. "여러분이 이 세상의 실제 모습을 깨닫는다면, 지금 붙잡고 있는 것이 진리의 일부분에 지나지 않음을 알게 될 거예요!" 이 말은 그들 각자의 입장을 존중하는 것처럼 들릴 수도 있지만, 사실은 전혀 그렇지 않습니다. 이 경우에 여러분은 기독교인과 무슬림, 불교도와 힌두교도, 그리고 유대인 모두 눈이 멀어 있으며, 오직 **여러분만이** 사물의 참모습을 볼 수 있다고 말하는 것이 되니까요!

그리고 둘째로, 코끼리에 관한 예화는 자신이 품어 온 종교적 신념을 바꾼 이들의 경우를 적절히 설명해 주지 못합니다. 제 친구인 프레빈 세튜패티가 그런 경우지요. 그는 힌두교 집안에서 자라났지만, 미국의 코넬대학교에 다닐 때 예수님을 따르기 시작했습니다(지금은 그곳의 교수로 있습니다).[1] 또 제 친구인 마크 셰퍼드 역시 그런 경우입니다. 그는 유대교 집안에서 자랐지만 10대 시절에 무신론자가 되었고, 하버드대학교에 재학 중일 때 예수님을 따르기 시작했지요(그 역시 지금 그 대학의 교수로 있습니다).[2] 이제 프레빈과 마크는 자신이 양육받은 종교적 전통이 중요한 부분에서 잘못되었다고 믿으며, 오직 예수님만이 길과 진리, 생명이 되신다고 말할 것입니다. 다만 그럴지라도, 그리스도인들이 '다른 종교들은 모든 면에서 잘못되었다'고 믿는 것은 아닙니다. 기독교는 유대교의 토대 위에서 생겨났으며, 유대인과 그

하나님 없이도 잘 살 수 있지 않나요?

리스도인은 구약 성경의 가르침을 공유하고 있습니다. 그렇기에 마크는 자신이 양육받은 유대교의 여러 신념에 동의할 수 있지요. 하지만 이와 동시에, 그는 예수님이 우리를 하나님에게로 인도하는 유일한 길이 되심을 믿는 것입니다. 힌두교의 경우에는 기독교와의 공통점이 훨씬 적습니다. 그렇기에 프레빈은 신에 대한 힌두교의 많은 신념이 그릇되다고 말할 것입니다. 하지만 프레빈 자신이 그 속에서 자라온 인도 문화의 전통을 더 이상 아끼지 않는 것은 아닙니다. 그는 자신이 속한 문화적 전통을 소중히 간직할 뿐 아니라, 그 전통을 자녀들에게 가능한 한 많이 물려주기를 원하고 있습니다. 우리가 앞서 2장에서 살폈듯이, 여러 다양한 문화권에 속한 사람들이 예수님의 제자가 될 수 있습니다. 그러므로 각자의 문화적 배경에 따라, 그리스도인들은 다양한 음식을 먹고 제각기 다른 옷을 입으며 서로 다른 언어를 말하고 서로 다른 음악을 즐길 수 있는 것이지요. 하지만 프레빈과 마크, 올루월레 일레산미의 경우처럼, 여러 문화권에 속한 그리스도인들은 모두 예수님이 유일한 길과 진리, 생명이심을 믿습니다. 그리고 그분을 통하지 않고서는 아무도 하나님에게로 나아갈 수 없음을 고백하는 것이지요(요 14:6 참조).

모든 종교가 똑같이 참되다는 생각이 지닌 세 번째 문제점은 바로 그 종교들의 가르침이 서로 충돌한다는 데 있습니다. 그것도 그저 사소한 측면에서 어긋나는 것이 아니라, 지극히 중대한 부분에서 그렇습니다. 이 점에 관해 한 가지 중요한 예를 들어 보겠습니다.

기독교 신앙의 중심에는 예수 그리스도께서 십자가에서 죽으셨으며 사흘 뒤에 다시 살아나셨다는 고백이 있습니다. 만약 이 고백이 틀렸다면, 기독교 자체가 그릇된 것이 되지요. 이에 관해 바울은 이렇게 말합니다.

> 그리스도께서 살아나지 않으셨다면, 여러분의 믿음은 헛된 것이 되고, 여러분은 아직도 죄 가운데 있을 것입니다(고전 15:17).

달리 말해, 부활이 없다면 기독교는 아무 쓸모 없는 종교가 된다는 것입니다. 그런데 기독교와 **가장 많은** 공통점을 지닌 다른 두 주요 종교, 곧 유대교와 이슬람교를 살필 때, 우리는 그 종교에 속한 이들이 이 기독교의 중심 고백에 동의하지 않음을 알게 됩니다. 유대인들은 예수님이 십자가에서 죽으신 뒤 계속 그 상태로 남았다고 여깁니다. 그리고 무슬림들은 예수님이 정말 십자가에서 숨을 거두신 것이 아니라 그저 그런 것처럼 보였을 뿐이며, 그 이후에 곧 하늘로 올라가셨다고 믿지요. 하지만 그리스도인들은 예수님이 실제로 십자가에서 죽으시고 다시 살아나셨다고 믿습니다(예를 들어, 고전 15:3, 4을 보십시오).

한 사람의 그리스도인으로서, 저는 예수님이 실제로 다시 살아나셨다고 믿습니다. 그리고 그 믿음을 뒷받침해 줄 증거들 역시 충분하다고 생각하지요. 비록 지금 그 일을 (의심의 여지가 없을 정도로) 명백히 입증하기는 어려울지라도 말입니다. 하지만 우리 모두가 확실히 알 수 있는 사실이 한 가지 있습니다. 예수님이 정말 죽은 자들 가운

하나님 없이도 잘 살 수 있지 않나요?

데서 다시 살아나셨든지, 혹은 그렇지 않든지 둘 중 하나라는 것입니다. 만약 2천 년 전의 유대 땅으로 돌아가서 예수님의 무덤 바깥에 카메라를 설치해 놓을 경우, 우리는 두 가지 모습 중 하나를 목격하게 될 것입니다. 그것은 바로 예수님이 그 무덤 바깥으로 다시 걸어 나오시거나, 혹은 그렇지 않거나 하는 모습이지요. 이에 반해, 우리가 **받아들일 수 없는** 것은 바로 **기독교와 이슬람교, 유대교 모두** 예수님을 바르게 이해하고 있다는 주장입니다. 그분은 부활하신 이 우주의 왕으로서 죄와 사망을 물리치셨든지, 또는 그렇지 않든지 둘 중 하나이기 때문이지요. 우리가 성경을 살필 때, 예수님이 그분 자신에 관해 주장하신 내용들은 충격적인 것으로 다가옵니다. 그런데 사실 그 내용들은 지금 이 시대만큼이나 1세기 당시에도 충격적으로 들렸을 것입니다.

들어맞지 않는 퍼즐 조각

예수님이 이 세상에 계셨을 때, 당시 지중해 세계에는 오늘날보다 더 많은 종교가 있었습니다. 현대에는 전 인류의 75퍼센트가 다음 네 종교 중 하나에 속해 있습니다. 기독교(31퍼센트), 이슬람교(24퍼센트), 힌두교(15퍼센트), 불교(7퍼센트)입니다. 하지만 예수님이 태어나셨던 당시에 사람들은 온갖 종류의 신과 여신을 믿었습니다. 유일신론자(오직 한 분의 하나님이 계신다고 믿는 이들)의 수는 매우 적었으며, 대부분은 다신론자(많은 신이 있다고 믿는 이들)였습니다. 여러분이 만약 "퍼시 잭슨과 올림포스의 신" 시리즈(한솔수북 역간, 그리스 신화를 주제로 삼은 미국의 판타지 소설_옮긴이)를 읽었다면, 당시 그리스 로마 사람들이 믿고 따르던 신과 여신들 중 몇몇에 관해 알고 있을 것입니다. 그러니 예수님의 제자들이 그분을 그저 또 하나의 신으로 고백했다면, 당시의 문화적인 분위기에 쉽게 적응할 수 있었을 것입니다. 이때 예수님은 그저 수많은 신과 여신으로 이루어진 큰 퍼즐의 한 조각에 불과한 분이 되었을 테니까요!

하지만 예수님의 제자들은 그렇게 말할 수가 없었습니다. 이는 예수님이 스스로를 그저 **하나의** 신에 불과한 존재로 지칭하지 않으셨기 때문입니다. 오히려 그분은 자신이 **유일하신** 하나님, 곧 인간의 육신을 입고 오신 참 하나님임을 밝히셨습니다. 그분은 마치 우리가 아무리 그 끝부분을 구부려서 욱여넣으려고 애를 써도 잘 들어맞지 않는 퍼즐 조각과 같은 분이셨지요.

오늘날 대부분의 사람은 **많은** 신이 있다고 믿지 않습니다. 하지만 우리 사회의 많은 사람은 인간이 하나님에게로 나아가는 데 여러 길이 있다고 생각하며, 저마다 그분의 존재를 다양하게 이해하고 받아들일 수 있다고 여깁니다. 그리고 어떤 사람에게는 예수님이 진리일 수 있지만, 또 다른 사람에게는 아닐 수도 있다고 보는 것이지요. 심지어 어떤 이들은 예수님이 스스로를 하나님으로 여기지 **않았으며,** 그분은 다른 종교 지도자들과 마찬가지로 그저 좋은 스승이었을 뿐이라고 주장하기도 합니다. 하지만 예수님의 말씀이 당시 사람들에게

하나님 없이도 잘 살 수 있지 않나요?

충격을 주었던 이유는 바로 그분 자신이 **하나님임**을 밝히셨기 때문입니다.

예수님 당시의 유대인들은 오직 하나님만이 사람의 죄를 용서하실 수 있다는 것을 알고 있었습니다(막 2:7 참조). 그런데 예수님은 **그분 자신이** 우리 죄를 용서할 수 있다고 주장하신 것입니다(막 2:5, 10 참조). 당시 일부 유대인은 마지막 때에 하나님이 그분의 신실한 백성을 죽음에서 다시 일으키실 것이라고 믿었습니다. 그런데 예수님은 이렇게 말씀하셨습니다. "**나는** 부활이요 생명이니"(요 11:25). 또 유대인들은 오직 하나님이 하늘과 땅을 다스리는 권세를 갖고 계심을 믿었습니다. 그런데 예수님은 하늘과 땅의 모든 권세가 자신에게 주어졌다고 말씀하셨습니다(마 28:18 참조). 이처럼 그분 자신의 말씀에 비추어 볼 때, 예수님은 그저 한 분의 좋은 스승 또는 여러 신이나 종교적인 길 가운데 하나일 뿐인 존재가 될 수 없습니다. 이는 예수님이 "나는 길이요, 진리요, 생명이다"(요 14:6)라고 선포하셨으며, 그분을 본 이는 곧 하나님을 본 것이라고 가르치셨기 때문입니다(요 14:9 참조). 일레산미가 런던의 기차역을 오가는 이들에게 전하려고 한 것은 바로 이 메시지였습니다. 그런데 일레산미는 왜 굳이 그들에게 그 메시지를 전해야만 했을까요? 그 경찰관들이 요구한 것처럼, 그저 일레산미 자신의 일에만 신경 쓸 수는 없었을까요?

배가 가라앉고 있습니다

유명한 영화 〈타이타닉〉(*Titanic*)은 거대한 여객선 타이타닉호의 침몰에 관한 실제 이야기에 잭과 로즈라는 두 젊은이의 사랑 이야기를 덧입혀서 보여 주고 있습니다. 당시 모든 사람은 그 배가 굉장히 크고 튼튼하며 현대식으로 만들어졌기 때문에 결코 가라앉지 않을 것이라고 믿었습니다. 1912년, 수천 명의 사람이 그 배를 타고 영국에서 출발해서 미국에 이르는 항해에 나섰습니다. 그런데 그 배는 대서양 한가운데서 거대한 빙산과 충돌했으며, 마침내 깊은 바다 속으로 가라앉고 말았습니다.

영화 속에서 로즈는 배의 값비싼 일등실에 있었지만, 잭은 저렴한 삼등 객실에 머물렀습니다. 하지만 이 둘은 우연히 만나서 사랑에 빠지게 되지요. 그리고 함께 갑판에 있는 동안, 그들은 배가 거대한 빙산에 충돌하는 모습을 목격하게 됩니다. 잠시 후, 로즈는 그 배를 설계한 인물과 이런 대화를 나눕니다.

로즈   앤드루스 씨! 조금 전에 그 빙산을 보았어요. 그런데 선생님도 그 일을 이미 알고 계신 것 같네요. …… 어떻게 된 일인지 제발 말씀해 주세요!

토머스 앤드루스   이 배는 가라앉게 될 겁니다.

로즈	정말인가요?
토머스 앤드루스	네, 그렇습니다. 한 시간쯤 후에, 이 배는 전부 대서양 밑바닥에 있게 될 겁니다.[3]

영화의 이 시점에서, 타이타닉호에 타고 있던 대부분의 승객은 자신들이 탄 배가 곧 가라앉게 되리라는 것을 전혀 모르고 있었습니다. 그들은 그저 즐거운 저녁 시간을 보내고 있을 뿐이었지요. 악단은 흥겨운 노래를 계속 연주했으며, 맛있는 음식과 음료들이 부지런히 제공되고 있었습니다. 하지만 로즈만은 그 사실을 알았습니다. 그녀는 또한 앤드루스를 통해, 그 배에 있는 구명보트는 모든 승객이 타기에 충분하지 않다는 것도 알고 있었지요. 앤드루스는 로즈에게 이렇게 당부했습니다.

이 사실을 꼭 알려야 할 사람들에게만 조용히 말해 주십시오. 저는 사람들을 공황 상태에 빠뜨리고 싶지 않습니다. 그리고 얼른 구명보트가 있는 곳으로 가세요. 기다리면 안 됩니다. 예전에 제가 구명보트에 관해 이야기한 내용들을 기억하시지요?[4]

10대 시절에, 저는 리코 타이스(Rico Tice)라는 설교자가 이렇게 설명하는 것을 들은 적이 있습니다. "예수님의 메시지가 옳다면, 지금 우리는 모두 타이타닉호에 탄 승객과 같습니다." 예수님은 그분이 베푸시는 구원을 받아들이지 않을 경우, 장차 모든 이가 하나님의 심판에 직면하게 될 것이라고 경고하십니다. 이는 그 배의 승객들이 구명보트로 달려가지 않을 경우 바닷속에 가라앉고 말 운명에 처해 있던 것과 같지요. 런던의 기차역에서 일레산미의 말을 무시하고 지나치던 사람들 역시 그 승객들과 같은 상황에 있습니다. 그들은 그저 평범한 일상을 이어 갈 뿐, 자신이 어떤 위험에 처해 있다고는 전혀 생각하지 않기 때문입니다. 그리고 그리스도인들은 영화 속에서 로즈가 처해 있던 것과 비슷한 상황에 있습니다. 그녀는 모든 승객이 치명적인 위기에 빠져 있음을 알았습니다. 그리고 그녀가 사람들에게 알려 주기만 했다면, 그들은 구명보트로 달려갈 기회를 얻을 수 있었을 것입니다. 그런데 이 부분에서, 예수님은 영화 속의 앤드루스와는 달랐습니다. 예수님은 "이 사실을 꼭 전해야 할 사람들에게만 조용히 알리라"고 하지 않으셨거든요. 그분은 "이 소식을 모든 이에게 전파하라!"고 분부하셨습니다(마 28:18-20 참조). 그리고 예수님은 "이 모든 사람을 구하기에 충분할 만큼의 구명보트가 없다"고도 하지 않으셨습니다. 오히려 그분은 "나를 믿는 사람은 죽어도 살[게 될 것이다]"(요 11:25)라고 말씀하셨지요. 예수님이 바로 우리의 구명보트이십니다. 그분은 자신에게로 나아오는 모든 이를 능히 받아 주실 수 있는 분이지요. 그러니 그리스도인들이 사람들을 향해 이렇게 호소하는 것은 무례하고 사랑 없는 행동이 아닙니다. "지금 이 세상은 심판 아래 있습니다. 예수님에게로 나아오십시오!" 오히려 그렇게 하지 **않는** 것이 무례하고 사랑 없는 일입니다!

만약 여러분이 예수님을 믿고 따른다면, 이 문제에 관해 어떻게 반응해야 할까요? 혹시 우리는 일레산미처럼 거리에 서서, 지나가는 사람들에게 예수님이 길이고 진리이며 생명이심을 전파해야 할까요? 아니면 우리는 학교 복도를 돌아다니면서, 마주치는 사람들마다 '이 세상이 심판 아래 있으니 구명보트이신 예수님에게로 달려가야 한다'고 당부해야 할까요? 과연 성경은 이 일에 관해 어떤 지침을 주고 있을까요?

예수님은 제자들에게 가서 모든 족속을 제자로 삼으라고 분부하셨습니다(마 28:19 참조). 물고기들이 자연스럽게 헤엄치면서 움직이듯이, 그리스도인 역시 자신의 믿음을 다른 이들에게 전해야 합니다. 때로 그 일을 위해서는 일레산미처럼 거리로 나가야 할 수도 있습니다. 하지만 더 많은 경우에는 사람들이 우리를 인격적으로 알고 신뢰할 때, 비로소 예수님에 관한 우리의 메시지를 깊이 경청하게 될 것입니다.

로즈가 타이타닉호의 모든 승객에게 그 배가 가라앉고 있다는 사실을 알리려 했다고 상상해 보십시오. 이때 그녀는 배 곳곳을 뛰어다니면서 그 소식을 크게 외칠 수도 있었을 것입니다. 그랬다면 많은 사람이 그녀의 목소리를 들었겠지요. 하지만 그들은 그저 로즈를 정신 나간 사람으로 여기고서 그 말을 무시했을지도 모릅니다. 만약 처음 보는 이들이 자신의 말을 믿기를 원한다면, 로즈는 먼저 자신을 소개하고 그 사람들을 좀 더 알아 가면서 차분히 말을 건네는 편이 나을 것입니다. 그러고는 자신이 본 것과 앤드루스에게 들은 내용을 설명하는 것이지요. 그런 다음에 그녀는 그 사람들을 향해, 가족과 친구들에게 이 사실을 알리라고 요청할 수 있을 것입니다. 이와 마찬가지로, 그리스도인들도 먼저 주위 사람들을 알아 가고 그들의 이야기에 귀를 기울이는 편이 더 나을 때가 많습니다. 이를 통해 그들이 무엇을 믿으며 그 이유가 무엇인지를 파악하고, 그들에게 사랑을 베풀면서 예수님의 메시지를 전해 주는 것이지요. 사람들에게는 자신이 신뢰하는 이의 말을 가장 깊이 새겨듣는 성향이 있기 때문입니다.

그리고 성경에서는 우리가 아직 예수님을 따르지 않는 이들에게 말을 건네는 방식에 관한 지침 역시 제시하고 있습니다. 베드로는 예수님을 가장 열렬히 따르던 제자 중 한 명이었습니다. 그는 그리스도인들이 예수님을 믿는 이유를 늘 사람들에게 알려 줄 준비가 되어 있어야 한다고 이야기했지요. 이때 베드로는 우리가 "온유와 두려움"으로 그들에게 말을 건네야 한다고 당부했습니다(벧전 3:15 참조).

또 바울은 우리가 다른 이들을 설득해서 예수님을 믿게끔 인도해야 한다고 권면했습니다(그는 마침내 예수님을 만나기 전까지 그리스도인들을 몹시 미워했으며, 그들을 붙잡아서 감옥에 가두려고 돌아다니던 사람이었습니다. 이 일에 관해서는 사도행전 9장을 보십시오). 하지만 이때 우리는 오직 예수님의 사랑에 이끌려서 그 일을 행해야 한다는 것이 그의 입장이었지요(고후 5:11-14 참조). 예수님의 제자로서, 우리는 사람들에게 마치 우리 자신이 그들보다 나은 위치에 있다고 말하는 듯한 인상을 주어서는 안 됩

하나님 없이도 잘 살 수 있지 않나요?

니다. 바울은 예수님이 죄인들을 구원하기 위해 이 세상에 오셨다고 선포했으며, 스스로를 그중에서도 **가장 나쁜** 죄인으로 여겼습니다(딤전 1:15 참조).

우리가 그리스도인이 되는 것은 곧 자신이 가망 없는 죄인임을 인정하는 것과 같습니다. 자신이 다른 이들보다 낫다고 여기지 않는 것이지요. 하지만 이 세상이 정말 하나님의 심판 아래 있다면, 사람들에게 그 실상을 알리고 유일한 구명보트이신 예수님에게로 인도하는 것은 오만한 일이 아닙니다. 오히려 그렇게 하지 않는 것이야말로 사랑 없는 행동이지요.

영국 법에 따르면, 일레산미는 처음부터 체포 대상이 아니었습니다. 따라서 곧 풀려났지요. 하지만 지금 다른 여러 나라의 경우, 예수님만이 유일한 길이심을 전한다는 이유로 많은 사람이 실제로 체포되며 심지어 처형당하고 있습니다. 그들이 이 일에 자기 목숨을 건 이유는 다른 이들 역시 예수님을 믿고 그분 안에서 영생을 발견할 기회를 얻게끔 하기 위해서입니다. 저는 가끔씩 예수님을 향한 저 자신의 믿음을 다른 이들에게 전하기 힘들 때가 있습니다. 그들이 그 말을 듣고서 불쾌감을 느끼거나, 저를 오만하고 무지한 사람으로 여길까 봐 두렵기 때문입니다. 그리고 더 이상 저와 친하게 지내려 하지 않을까 봐 염려되기도 합니다. 하지만 제가 그 친구들을 정말 사랑한다면, 그들에게 진리를 꼭 알려 주어야만 합니다. 예수님은 유일한 길이요, 진리이며 생명이시기 때문입니다.

☑️ 이것만큼은 꼭 이해해요!

- 모든 종교를 통해 하나님에게 나아갈 수 있다는 말은 그 종교들을 존중해 주는 것처럼 들리지만 실제로는 그렇지 않습니다. 이는 그렇게 말하는 사람들이 어떤 종교의 진리 주장도 진지하게 받아들이지 않기 때문입니다.

- 세상의 주요 종교들은 중요한 문제들에 관해 서로 입장을 달리하고 있습니다. 예를 들면, 예수님이 실제로 부활하셨는지 여부가 그런 문제입니다.

- 2000년 전에 실제로 벌어진 일은 예수님이 부활하셨든지 그렇지 않든지 둘 중 하나입니다. 이것은 역사적인 사실에 관한 문제이기에, 그저 각자의 관점이나 견해에 달린 것이 될 수 없습니다. 따라서 모든 종교가 다 옳을 수는 없지요.

- 예수님은 그저 자신이 또 하나의 신적인 존재라고 주장하지 않으시고, 인간의 육신을 입고 오신 **유일하신** 하나님임을 선포하셨습니다. 예수님은 하늘과 땅을 다스리는 권세를 소유하셨으며, 우리 죄를 용서할 권한을 갖고 계십니다.

- 만약 예수님이 우리를 하나님에게로 인도하는 유일한 길이 되시며 우리 그리스도인들에게 그분 자신의 메시지를 온 세상에 알릴 임무를 주셨다면, 다른 이들에게 그 소식을 전하지 않는 것은 무례하며 사랑 없는 행동이 됩니다.

- 예수님의 메시지를 다른 이들에게 전할 때, 우리는 온유와 두려움을 품고 그들을 사랑하는 마음으로 해야 합니다.

- 그리스도인이 되는 것은 곧 스스로를 선한 사람으로 여기는 일을 뜻하지 않습니다. 오히려 우리는 자신이 가망 없는 죄인임을 고백하며, 오직 예수님에게만 소망을 두게 됩니다.

하나님 없이도
착하게 살 수 있지 않나요?

디즈니 애니메이션 〈주먹왕 랄프〉(*Wreck-It Ralph*)의 한 재미난 장면에서, 랄프는 오락실 게임기에서 악역을 맡은 캐릭터들을 위한 자조 모임(자신들의 공통된 문제를 함께 이야기하면서 격려와 도움을 주고받는 모임_옮긴이)에 참석합니다. 랄프는 부드러운 마음을 가진 거인으로, "다 고쳐 펠릭스"라는 오락실 게임에서 악당 역할을 맡고 있습니다. 지난 여러 해 동안, 다른 게임에서 악역을 맡은 캐릭터들은 이 모임에 랄프를 계속 초대해 왔습니다. 하지만 랄프는 이제껏 그 모임에 참석하지 않았지요. 그들과 달리, 랄프는 실제로 악당이 되기를 **원하지 않았기** 때문입니다. 오히려 그는 선한 인물이 되고 싶었지만, 자신이 속한 게임 안에서는 계속 악역을 맡아야만 했습니다. 자조 모임이 끝날 무렵, 그 캐릭터들은 모두 일어서서 손을 잡고 〈나쁜 놈이라도 괜찮아〉(*The Bad Guy Affirmation*)라는 노래를 함께 부릅니다.

나는 나쁜 놈이야. 하지만 그건 좋은 일이지.

영영 좋은 놈이 못 되겠지만, 그것도 나쁘지 않아.

지금 이 모습 그대로가 좋거든.[1]

그들이 손을 잡고 이 노래를 부르는 장면은 매우 우스꽝스럽게 다가옵니다! 하지만 이 장면은 우리에게 몇 가지 중요한 질문을 던져 주기도 합니다. '선과 악 사이의 **차이점**은 어디에 있지?' '누가 그 일을 결정하지?' '선과 악이 실제로 있는 걸까, 아니면 그저 우리 스스로 그일을 결정해야 하는 걸까?'

이때 여러분은 이렇게 의문을 제기할지도 모르겠습니다. "잠깐만요! 누구나 당연히 선과 악의 차이점을 알고 있지 않나요? 기독교인이든, 무슬림이나 힌두교인, 또는 무신론자든 간에, 기본적인 문제들에 관해서는 모두 동의할 수 있다고 생각해요. 선한 일은 곧 모든 사람을 동등하게 대하거나 고통받는 사람들을 돌보는 일, 다른 사람들을 사랑하고 아무에게도 해를 끼치지 않는 일들이지요. 그리고 악한일은 인종 차별이나 약자를 괴롭히는 일, 전쟁을 벌이거나 아기들을 살해하는 일 같은 것들이잖아요. 이건 쉬운 문제 아닌가요?"

이처럼 우리는 그 답이 아주 분명하다고 생각할 수 있습니다. 하지만 시간을 거슬러 올라가서 예수님 당시의 시대를 살펴보면, 이 문제가 그렇게 간단하지 않음을 발견하게 됩니다.

하나님 없이도 잘 살 수 있지 않나요?

고대 로마 제국의 모습

예수님 시대에는 영화관 같은 것이 없었습니다. 대신에 **원형 극장**들이 있었지요. 이곳은 오늘날의 축구 경기장처럼 생긴 거대한 야외 건물인데, 그곳에 수천 명의 사람이 모여서 여러 가지 볼거리를 즐기곤 했습니다. 당시에 가장 인기 있던 볼거리 중 하나는 검투사들의 시합이었습니다. 오늘날 사람들이 축구 경기나 액션 영화 관람을 즐기듯, 당시 로마인들도 그 시합을 무척 좋아했지요. 그런데 이 검투 시합의 경우에는 사람들이 **실제로** 죽어 나갔습니다.

만약 여러분이 축구 경기를 보러 갔는데 어떤 선수가 경기 중 **실제로** 목숨을 잃었다면 어떻게 될까요? 아마 그때에는 관계자들이 경기를 즉시 중단시킬 것입니다. 그리고 여러분은 다시는 축구 경기를 보고 싶지 않은 마음이 들지도 모르겠습니다. 그런데 예수님 시대에 사람들이 그런 시합을 보러 간 이유는 바로 그 검투사들이 죽는 모습을 **직접 보고자 했기** 때문이었습니다. 그들은 그 모습이 재미있다고 여긴 것이지요. 당시 그 시합에서 목숨을 잃은 검투사들은 대부분 노예나 전쟁 포로 출신이었으며, 그렇기에 아무도 그들의 죽음을 슬퍼할 정도로 마음을 쏟지 않았습니다. 당시 로마인들은 모든 인간의 생명이 소중하다고 생각하지 않았습니다. 물론 그들도 자기 가족이나 친구, 그리고 자신과 동일한 집단에 속한 사람들에 대해서는 애착을 품었습니다. 하지만 노예나 포로, 그리고 다른 나라 출신의 사람들은 그들 자신과 **상관없는** 사람들로 여겼습니다. 그렇기에 로마인들은 그

검투사들이 죽어 가는 모습을 바라보면서 즐거워할 수 있던 것이지요. 이는 마치 오늘날 우리가 액션 영화의 전투 장면을 시청하는 것과 비슷했습니다.

당시 사람들은 남자가 여자보다 중요하며 노예 제도에는 아무 문제가 없다는 점, 각 가정의 자녀와 아기는 소중한 인격체라기보다 하나의 소유물에 가깝다는 점에 관해 전반적으로 동의했습니다. 만약 여러분에게 원하지 않는 아기가 생길 경우, 그 아기를 집 바깥 어딘가에 내어 버려도 별 문제가 되지 않았지요(이는 특히 그 아기가 여자 아기이거나 장애가 있을 경우에 그러했습니다). 당시에는 여러분이 그런 일을 행한다고 해서 아무도 나쁘게 생각하지 않았습니다. 혹시 누군가가 그 아기를 발견해서 데려다가 노예로 키울 수도 있었지만, 그렇지 않으면 그 아기는 그저 숨을 거둘 수밖에 없었습니다. 당시에는 그런 관행을 금지하는 법이 전혀 없었습니다. 아기들은 부모의 소유물일 뿐이었고, 그렇기에 부모 자신의 마음에 들지 않으면 집 바깥에 내다 버릴 수도 있었습니다.

하지만 그럴지라도, 당시 사람들이 선과 악에 아예 관심을 두지 않은 것은 아닙니다. 고대 로마인들에게도 도덕적인 규칙들이 있었습니다. 예를 들어, 그들은 자신의 명예나 전투에 용감히 임하는 자세, 그리고 로마 제국을 향한 충성심 등을 값지게 여겼지요. 하지만 그들의 신념 체계가 우리와는 달랐기에, 그들이 따르던 도덕 규칙들 역시 우리의 것과는 달랐습니다. 그렇다면 우리는 무고한 사람들의 죽음을 즐겁게 구경하는 일이 옳지 않다는 점이나 남자와 여자가 똑같이 존귀하다는 점, 가난한 이들을 돌보아야 한다는 점과 갓난아기를 집 바깥에 버려두어서는 안 된다는 점을 어떻게 받아들이게 된 것일까요? 인류의 역사를 살필 때, 그 대답은 오직 하나입니다. 우리는 바로 예수님을 통해 그 일들을 배우게 된 것이지요.

예수님은 모든 이의 생명을 소중히 여기셨습니다

당시 부모들이 어린 자녀와 갓난아기들을 데리고 예수님 앞에 나아왔을 때, 제자들은 그 부모들을 쫓아 보내려 했습니다. 제자들은 예수님이 그런 아이들을 상대할 만큼 하찮은 분이 아니라고 여긴 것이지요. 하지만 예수님은 그런 제자들의 행동을 제지하셨습니다. 그러고는 그 아이들을 품에 안고서 축복해 주셨지요. 예수님은 누구든지 어린아이와 같은 믿음을 품지 않으면 결코 하나님 나라에 들어가지 못할 것이라고 말씀하셨습니다(마 19:13-15; 막 10:13-16; 눅 18:15-17 참조). 이처럼 어린아이와 갓난아기들은 예수님이 보시기에 소중한 존재였습니다.

　예수님의 시대 당시, 나병에 걸린 사람들은 다른 이들로부터 멀리 떨어진 곳에서 살아야만 했습니다. 이는 나병이 매우 끔찍한 질병이었으며, 전염력이 높다고 여겨졌기 때문입니다. 누구나 그 병에 걸릴 수 있기 때문에, 아예 그 환자들의 몸을 만져서도 안 되었습니다. 하지만 예수님은 나병 환자들의 몸을 만지셨을 뿐 아니라 그 병을 고쳐 주셨습니다(마 8:1-4 참조). 그분은 병든 자와 버림받은 이들 역시 소중하게 여기셨습니다.

또 예수님은 유대인이셨는데, 당시의 유대인들은 사마리아 사람들을 몹시 혐오했습니다. 하지만 예수님은 한 사마리아인이 도덕적인 귀감으로 등장하는 이야기를 들려주셨으며, 이 이야기는 그분의 말씀을 듣던 이들에게 큰 충격을 주었습니다(눅 10:25-37 참조). 그리고 그분은 한 사마리아 여인의 벗이 되어 주셨습니다. 그리하여 그 여인은 주위의 모든 사마리아 사람에게 그분의 이야기를 전파하게 되었지요(요 4:1-42 참조). 이처럼 예수님은 다양한 인종과 문화에 속한 사람들을 소중히 여기셨습니다.

자신의 사역 동안에, 예수님은 아무도 신경 쓰지 않는 사람들을 계속 돌보아 주셨습니다. 병든 자와 가난한 자들, 다른 인종에 속한 사람들, 여자와 어린아이들, 그리고 다른 이들이 보기에는 너무 죄가 커서 하나님에게 사랑받지 못할 것이라고 여겨지던 이들이 바로 그런 사람들이었습니다. 예수님은 그런 사람들을 보살피고 환대하셨습니다. 그리고 제자들에게도 똑같이 행하도록 가르치셨지요. 역사상 최초로 병원을 세운 이들이 그리스도인이었던 이유가 바로 여기에 있습니다. 그곳에서는 가난한 환자들이 보살핌을 받을 수 있었습니다. 그리고 그리스도인들이 다른 이들이 버린 아기들을 데려다가 돌보기 시작한 이유도 바로 예수님의 이 가르침 때문이었습니다. 그리고 그 가르침 때문에, 그리스도인들은 다른 가난한 그리스도인들뿐 아니라 아직 예수님을 믿지 않는 가난한 이들까지 보살피기 시작한 것입니다.

하나님 없이도 잘 살 수 있지 않나요?

4세기의 로마 제국 황제였던 율리아누스는 누군가에게 이 일에 관해 불평하는 편지를 쓴 적이 있습니다. 그리스도인들이 이런 선행들을 실천하면서, 로마의 전통적인 신들을 숭상하는 이들이 상대적으로 악해 보이게 되었기 때문입니다! 당시 로마 신화에 나오는 신들은 가난한 이들에게 전혀 신경을 쓰지 않았으며, 따라서 그 신들의 추종자들이 그런 태도를 취하는 것 역시 놀라운 일이 아니었습니다.

그리고 오늘날에도, 아기들을 죽게 내버려 두거나 다른 인종에 속한 이들을 미워하는 일, 가난하고 병든 이들을 돌보지 않는 일이 그릇된 것이라고 여기는 이유는 그저 그런 생각들이 명백한 도덕적 원리이기 때문이 아닙니다. 오히려 그 이유는 예수님의 가르침 때문입니다. 그분의 가르침은 선과 악에 대한 우리 사회의 생각들에 깊은 영향을 끼쳐 왔습니다. 그리고 예수님을 우리 생각 속에서 제외시킬 경우, 이런 일들을 그릇되게 여길 이유를 전부 잃게 됩니다.

이 책 2장에서, 영국의 역사가 톰 홀랜드가 쓴 「도미니언: 기독교가 일으킨 혁명은 어떻게 이 세상을 바꾸어 놓았는가」에 관해 이야기한 바 있습니다. 그 책에서 홀랜드는 역사적인 증거들을 살피면서, 옳고 그름에 관한 우리 사회의 신념이나 모든 인간의 동등한 가치에 대한 믿음이 기독교를 통해 생겨났음을 보여 주었지요. 그런데 홀랜드가 기독교를 믿지 않는 역사가들 중에서 이 점을 언급한 유일한 학자는 아니었습니다. 2014년, 이스라엘의 역사가인 유발 노아 하라리(Yuval Noah Harari)가 「사피엔스: 유인원에서 사이보그까지, 인간 역사의 대담하고 위대한 질문」(Sapiens:a brief history of humankind, 김영사 역간)

이라는 베스트셀러를 출간했습니다. 하라리에 따르면, 모든 사람이 도덕적으로 똑같이 존귀하다는 생각이나 모든 이에게 '인권', 곧 기본적인 삶을 보호받을 권리가 있다는 생각은 그저 기독교가 만들어 낸 허구일 뿐이라는 것입니다(여기서 하라리는 기독교의 견해를 허구로 여기지만, 그런 생각들이 생겨난 일 자체는 기독교 때문임을 인정하고 있습니다_옮긴이).[2] 하라리는 하나님의 존재를 믿지 않는 이로서, 다음과 같이 주장하고 있습니다.

> 인간에게는 자연권이 없으며, 이는 거미나 하이에나, 침팬지에게 그런 권리가 없는 것과 마찬가지다.[3]

만약 기독교가 거짓이며 우리를 그분의 형상으로 창조하시고 이웃을 내 몸같이 사랑하라고 말씀하시는 하나님이 계시지 않는다면, 아마도 하라리의 말이 옳을 것입니다. 이때 우리는 모든 사람이 똑같이 소중하기에 그들의 인권을 마땅히 보호해야 한다고 여길 근거를 잃게 됩니다. 그리고 인종 차별의 부당함을 지적할 근거도 사라지지요. 또한 갓난아기들을 집 바깥에 내어 버려서는 안 된다고 호소할 근거 역시 없어지고 맙니다. 만약 하나님이 계시지 않는다면, 이런 일들은 모두 각 사람의 생각과 취향에 달린 문제가 되고 마니까요. 이때 이 일들은 더 이상 누구나 수긍하고 받아들여야 할 보편적인 진리가 아니게 되는 것입니다.

아마 여러분은 애니메이션에서, 어떤 등장인물이 낭떠러지 위를 빠르게 달려간 나머지 허공 속에서도 계속 앞으로 나아가는 장면을 본 적이 있을 것입니다. 그 장면에서, 그는 갑자기 자기가 허공에 떠 있음을 깨닫습니다. 그런 다음에 그의 얼굴빛은 공포에 사로잡히고, 마침내 깊은 절벽 아래로 추락하게 되지요. 우리가 예수님을 믿지 않으면서도 인권의 존재만은 여전히 받아들일 경우, 바로 이와 비슷한 상황에 처하게 된다고 할 수 있습니다. 이때 우리는 마치 허공에 떠 있는 듯한 상태에 놓이는 것이지요.

아직 태어나지 않은 아기들도 사람인가요?

아기들의 생명에 대한 우리 사회의 가치관을 살필 때, 우리는 모든 사람이 똑같이 존귀하다는 기독교의 믿음이 서서히 무너져 가는 모습을 보게 됩니다. 앞서 살폈듯이, 예수님은 아기들에 대한 당시의 가치관을 바꾸어 놓으셨습니다. 예수님은 아기들을 그저 부모들이 집 바깥에 내다 버릴 수 있는 하나의 소유물로 간주하지 않으시고, 한 사람의 귀중한 인격체로 여기면서 존중하신 것입니다. 모든 인간이 하나님의 형상으로 지음받았기 때문에, 그리스도인들은 아직 태어나지 않은 아기들 역시 지극히 소중한 존재라고 믿습니다. 그리고 이 점은 그 아기들이 엄마의 태내에서 막 생겨나기 시작한 단계에서도 마찬가지입니다. 하지만 오늘날 많은 사람은 여성들이 자신의 태내에 있는 아기들의 생명을 중단시킬 수 있는 권리를 지녀야만 한다고 여깁니다(이 일은 '낙태'로 알려져 있습니다). 그들은 '여성의 선택권을 옹호한다'(pro-choice)는 명분을 내세우면서, 임신과 출산, 양육이 여성들의 삶에 상당한 고통과 어려움을 가져온다고 주장합니다. 따라서 여성들은 자기 몸을 가지고서 어떻게 할지를 선택할 권리를 지녀야 한다는 것이지요.

물론 일반적인 측면에서, 우리는 여성들에게 자기 몸을 어떻게 할지 선택할 권리가 있다는 데 마땅히 동의합니다. 또한 여성들이 때로는 아기를 낳아서 키우기가 너무나도 힘들 정도로 절망적인 상황에 처할 수 있다는 것 역시 사실입니다. 이런 상황에 처한 여성들에게는 적극적인 돌봄과 지원, 도움의 손길이 필요하지요. 그러나 안타깝게도, 그런 도움의 손길을 기대할 수 없다고 여겨서 낙태를 선택하는 경우가 많습니다. 하지만 이와 동시에, 자신의 선택이 다른 이들의 삶에도 영향을 줄 경우에는 자신의 자유에 제약이 부과되어야만 한다는 점 역시 인정해야 합니다. 예를 들어, 저에게는 여러분의 얼굴에 주먹을 날리기로 선택할 권리가 없습니다. 만약 제가 주먹을 날린다면, 저는 제 몸을 가지고서 어떻게 할지를 스스로 선택하는 것이 되겠지만, 그 일은 여러분의 몸에 해를 끼치고 말 것입니다. 그리고 여러분이 벼랑 끝에 간신히 매달려 있는데, 제가 그 위에서 여러분의 손을 꼭 붙잡아 주는 상황을 한번 생각해 보십시오. 이때 저에게는 그 손을 선뜻 놓아 버릴 권리가 없습니다. 설령 여러분의 손을 붙잡아 주려다가 제 팔이 다칠지라도 말이지요. 오히려 또 다른 도움의 손길이 올 때까지, 가능한 한 오랫동안 그 손을 붙들어 주어야만 할

하나님 없이도 잘 살 수 있지 않나요?

것입니다.

낙태를 둘러싼 논쟁의 핵심에 놓인 질문은 '아직 태어나지 않은 아기도 하나의 인격체인가' 하는 것입니다. 그 아기의 권리 역시 산모의 권리와 마찬가지로 존중되어야 하는지 여부에 관한 것이지요. 그리스도인들은 이 질문에 '그렇다'고 답합니다. 이는 아직 태어나지 않은 아기들 역시 인간 존재이기 때문입니다. 그 아기들은 하나님의 형상으로 지음받았으며, 따라서 그 아기들의 생명 역시 소중하고 마땅히 보호받아야 합니다. 설령 그 아기들의 생명을 보존하기 위해 그어머니가 고된 임신과 출산의 과정을 겪어야만 할지라도 말이지요. 로마 제국의 그리스도인들이 신생아를 집 바깥에 내버려 두어도 괜찮다는 사람들의 생각에 처음으로 이의를 제기했듯이, 오늘날의 그리스도인들은 어머니의 자궁 속에 있는 아기들을 제거해도 괜찮다는 사람들의 생각에 이의를 제기하고 있습니다.

한편 어떤 이들은 이렇게 주장합니다. "임신 초기에 여성의 자궁 속에 있는 것은 아기가 아닙니다. 그것은 그저 하나의 세포 덩어리일 뿐입니다." 그러나 우리가 태아의 발달 과정을 자세히 살필 때, 어느 한 시점에서 다음과 같이 선언할 수 없음을 알게 됩니다. "어제까지 그것은 하나의 세포 덩어리일 뿐이었지만, 이제는 드디어 보호받을 가치가 있는 한 사람의 인격체가 되었습니다."

어떤 이들은 아기들이 어머니의 자궁 바깥에서도 생존할 수 있게 될 때부터만 그 아기들을 하나의 인격체로 인정해 줄 수 있다고 주장합니다. 하지만 아기들은 그 시기 이전부터 이미 외부의 소리를 듣고 자신의 손가락을 빨 수 있는 상태가 됩니다. 그리고 의학이 발전함에 따라, 점점 아기들이 어머니의 자궁 바깥에서도 생존할 확률이 높아졌습니다. 따라서 그 사람들이 제시한 것은 하나의 절대적인 구분점이 될 수 없는 것이지요. 그리고 각 나라에서 시행되는 의료 서비스의 수준에 따라, 그 시점은 저마다 다르게 나타날 수 있습니다.

또 다른 이들은 아기가 실제로 태어난 때부터만 그 아기를 한 사람의 인격체로 여길 수 있다고 주장합니다. 하지만 임신 말기에 어머니의 자궁 속에 있는 아기의 상태는 예정일보다 일찍 태어난 아기의 상태와 전혀 다르지 않습니다. 지금 열여섯 살인 제 조카가 그런 경우인데요. 그 아이는 너무 일찍 태어난 나머지 자기 아빠의 결혼반지가 그 아이의 팔꿈치에 꼭 들어맞을 정도였습니다. 그러니 출산이 이 문제의 기준점이 된다는 말 역시 적절하지 않은 것이지요.

제가 여러분만 한 나이였을 때, '여성의 선택권을 옹호하는' 이들은 자궁 속의 아기를 제거하는 일이 신생아를 살해하는 것과는 **다르다**고 강변했습니다. 그런데 지금 어떤 이들은 심지어 아기가 태어난 뒤에 그 생명을 빼앗는 일까지 별 문제가 없다고 억지 주장을 펼칩니다. 만약 그 아기에게 장애가 있거나, 부모들이 더 이상 그 아기를 원하지 않는다고 결정할 경우에 그러하다는 것이지요.[4]

어떤 이들은 낙태에 반대하는 이들(이런 입장에 선 사람들은 '생명을 옹호하는'[pro-life] 이들로 불립니다)이 여성의 삶에 무관심하다고 여깁니다. 하지만 제 생각은 다릅니다. 지금 서구 세계에서 낙태로 목숨을 잃는 아기 중 절반은 여자아이입니다. 그리고 (예수님의 가르침이 아직 큰 영향을

하나님 없이도 잘 살 수 있지 않나요?

끼치지 못한) 중국과 인도의 경우, 이런 식으로 목숨을 잃는 아기들 가운데 여자아이의 비율은 절반을 훌쩍 넘지요.[5] 나아가 이 책 7장에서 살펴볼 것과 같이, 혼인 서약 바깥에서 이루어진 성관계로 계획되지 않은 임신을 하는 경우도 많습니다. 그리고 그 일은 여성들의 행복과 건강에 부정적인 영향을 끼치곤 하지요.

만약 모든 사람을 그분의 형상으로 창조하신 하나님이 계시지 않다면, 아직 태어나지 않은 아기들은 그저 **아무 가치가 없는** 세포 덩어리에 불과할 것입니다. 그런 하나님이 계시지 않다면, 여러분과 저 역시 그런 세포 덩어리에 불과할 뿐입니다. 유발 노아 하라리가 말했듯이, 그때에는 (거미나 하이에나와 마찬가지로) 우리의 생명을 존중받을 아무 권리가 없을 것입니다. 또는 미국의 유명한 텔레비전 드라마 〈하우스〉(*House M.D.*)의 등장인물인 하우스 박사가 말했듯이, 그때 우리는 그저 "유통 기한이 임박한 세포들로 가득 찬 쓰레기봉투"에 불과한 존재가 되는 것입니다.[6]

제 친구인 세라 어빙-스톤브레이커는 호주의 한 대학에서 역사학을 가르치는 교수입니다. 저와 세라는 영국 케임브리지대학교의 박사과정에서 처음 만났습니다. 당시 그녀는 확신에 찬 무신론자였지요. 하지만 모든 사람에게 보편적인 인권이 있다는 점이나 신생아들이 동물보다 귀중한 존재라는 점에 대한 자신의 믿음을 무신론이 뒷받침해 주지 않는다는 것을 깨달았을 때, 세라는 과연 무신론이 진리인지 여부를 의심하기 시작했습니다. 그리고 연구를 계속해 나가면서, 그녀는 놀랍게도 보편적인 인권과 평등에 대한 믿음, 곧 어린아이와 가난한 이들, 병든 자들까지도 돌봄과 존중의 대상이 되어야 한다는 믿음이 역사적으로 기독교에서 유래했다는 사실을 발견한 것입니다. 그리하여 세라는 처음으로 기독교의 가르침들을 진지하게 숙고해 보기 시작했습니다. 그리고 마침내 예수님이 진리이심을 깨달았을 때, 그녀의 세상은 완전히 뒤집혔지요. 그때부터 세라는 그분을 따르기 시작했습니다.

그러면 우리의 원수들에게는 어떻게 대해야 할까요?

「해리 포터와 죽음의 성물」(*Harry Potter and the Deathly Hallows,* 문학수첩 역간)에서는 해리와 그 친구들이 힘겨운 선택 앞에 서게 됩니다. 당시 해리와 론, 헤르미온느는 '필요의 방' 안에 있었습니다. 이곳은 호그와트 마법 학교의 어떤 학생이 무언가를 필요로 할 때 나타나는 방이었지요. 그런데 해리의 가장 지독한 원수인 드레이코 말포이 역시 그 방 안에 있던 것입니다. 그때 말포이의 패거리 중 하나가 헤르미온느를 죽이려 하다가 실수로 저주받은 불길을 일으켰습니다. 그리고 그 불길은 그 방 전체로 거세게 번져 나갔지요. 이에 해리와 친구들은 마법 빗자루를 타고서 급히 그 방을 탈출하려 했습니다. 그런데 그때 그들은 말포이와 그 패거리들이 불길 속에 갇힌 것을 보게 됩니다. 이제 해리는 둘 중 하나를 선택해야 했습니다. 빗자루를 타고 날아서 무사히 그 방을 빠져나가거나, 아니면 그 원수를 구하기 위해 자기

하나님 없이도 잘 살 수 있지 않나요?

목숨을 걸어야 하는 것이었지요. 결국 해리는 말포이를 구하는 쪽을 선택했습니다.

여러분이 예수님을 따르든 그렇지 않든 간에, 이 장면을 접한 순간에는 해리와 그 친구들에게 상당한 존경심을 품게 될 것입니다. 만약 말포이와 그 못된 패거리들이 불에 타 죽게끔 내버려 두었더라도, 우리는 해리와 그 친구들을 탓하지 않았을 것입니다. 하지만 그들은 그 원수들을 구해 내기 위해 자신의 목숨을 걸었으며, 우리는 그 행동에 깊은 존경심을 느끼게 됩니다. 그런데 여러분은 자신이 왜 이런 마음을 품게 되는지를 생각해 본 적이 있나요? 여기서도 그 대답은 바로 예수님에게 있습니다.

한번은 예수님이 제자들을 가르치다가, 다음과 같이 온 세상을 뒤흔드는 놀라운 말씀을 주셨습니다.

'네 이웃을 사랑하고, 네 원수를 미워하여라' 하고 말한 것을 너희는 들었다. 그러나 나는 너희에게 말한다. 너희 원수를 사랑하고, 너희를 박해하는 사람을 위하여 기도하여라. 그래야만 너희가 하늘에 계신 너희 아버지의 자녀가 될 것이다(마 5:43-45a).

사실 친구들을 사랑하는 것은 그리 어렵지 않습니다. 해리와 론, 헤르미온느 중에 어느 하나가 위기에 처했을 때, 다른 두 사람이 나타나서 위험을 무릅쓰고 그 친구를 구해 내는 것은 그리 놀라운 일이 아니지요. 대부분의 도덕 체계는 우리 자신의 편에 속한 사람들을 사랑하고 그들을 위해 기꺼이 희생을 감수해야 한다는 생각에 토대를 두고 있습니다. 그런데 예수님은 그 생각을 완전히 뒤집으셨습니다. 곧 우리를 **미워하는** 이들까지도 사랑하고 그들을 위해 희생해야 한다고 가르치신 것이지요. 그리고 예수님은 그저 그 내용을 제자들에게 가르치시는 데 그치지 않으셨습니다. 그분은 그 일을 직접 실천하셨던 것입니다!

앞서 1장에서 살펴보았듯이, 로마 군인들이 그분을 십자가에 못 박았을 때 예수님은 하나님에게 그들을 용서해 주시기를 기도하셨습니다(눅 23:34 참조). 그뿐 아니라, 예수님이 이 세상에 오셔서 십자가에서 죽으신 **이유**도 바로 그분의 원수인 우리에게 사랑을 베푸시려는 데 있었지요. 로마의 첫 그리스도인들에게 보낸 편지에서, 바울은 이렇게 설명하고 있습니다.

의인을 위해서라도 죽을 사람은 거의 없습니다. 더욱이 선한 사람을 위해서라도 감히 죽을 사람은 드뭅니다. 그러나 우리가 아직 죄인이었을 때에, 그리스도께서 우리를 위하여 죽으셨습니다. 이리하여 하나님께서는 우리들에 대한 자기의 사랑을 실증하셨습니다(롬 5:7, 8).

만약 여러분이 예수님을 믿지 않는다면, 이 말이 다소 의아하게 여겨질지도 모르겠습니다. '우리가 예수님을 안 믿는다고 해서, 그분의 **원수**가 되는 것은 아니지 않나요?' 하지만 성경에 따르면, 지금 사람들은 실제로 그분의 원수가 된 상태에 있습니다(롬 5:10 참조). 이는

하나님 없이도 잘 살 수 있지 않나요?

사람들이 그들을 지으시고 사랑을 베푸시며, 그들의 모든 필요를 채워 주시는 하나님에게서 등을 돌린 채로 살아가고 있기 때문입니다 (롬 3:10-12 참조). 그것이 바로 "우리는 모두 죄인이다"라는 말에 담긴 의미입니다. 해리를 괴롭혔던 그 패거리와 마찬가지로, 우리는 모두 스스로 만들어 낸 불길 속에서 목숨을 잃어야 할 형편에 처해 있었습니다. 하지만 예수님은 우리를 외면하지 않으셨지요. 그분은 (해리와는 달리) 그저 목숨의 위협을 감수하는 데 그치지 않으셨습니다. 예수님은 우리를 구원하기 위해 자신의 생명을 친히 버리셨습니다.

이때 여러분은 이렇게 되물을 수도 있을 것입니다. "네, 정말 다른 사람들을 미워하는 것이 옳지 않다고 여기게 된 이유가 예수님 때문일 수도 있겠네요. 또 우리의 원수들을 사랑하며 그들을 위해 희생하는 일이 도덕적으로 선하다고 생각하게 된 이유 역시 그분 때문일 수도 있겠고요. 그분이 이처럼 위대한 가르침을 전파하셨으니, 그리스도인들이라면 그 교훈들을 옳고 그름의 기준으로 삼을 수도 있겠습니다. 하지만 예수님이 그리스도인들뿐 아니라 다른 모든 사람 역시 좇아야 할 옳고 그름의 기준이 되신다고 여겨야 할 이유는 어디에 있나요? 다른 문화와 종교적인 전통에 속한 사람들의 경우, 그들 스스로 선과 악을 결정할 수 있어야 하지 않을까요?"

참혹했던 화요일

2001년 9월 11일 화요일, 네 대의 미국 여객기가 납치되었습니다. 박스 자르는 칼을 지닌 남자들이 그 여객기들의 조종석을 장악하고서 자신들의 뜻대로 조종하기 시작했습니다. 비행기들이 이렇게 공중에서 납치되는 것은 매우 드문 일입니다(우리가 납치될 비행기에 탑승할 확률보다 차라리 번개에 맞을 확률이 높습니다). 하지만 그날에는 '알카에다'로 불리는 이슬람교 테러 집단에 속한 자들이 그 비행기들을 납치했습니다. 당시에 그들이 원한 것은 돈이 아니었습니다. 그들은 뉴욕과 워싱턴 DC로 비행기를 몰고 가서 그 도시들의 중요한 건물들에 충돌시키려 했습니다. 그들은 이를 통해 많은 사람이 목숨을 잃기를 원했으며, 그 일을 저지르기 위해 기꺼이 자신들의 목숨을 버리려 한 것입니다.

아마도 여러분은 사악한 누군가가 많은 수의 무고한 사람을 죽이려 드는 모습을 상상해 볼 수 있을 것입니다. 그런 자들의 동기는 재물이나 권력을 얻으려는 데 있을 수도 있겠지요. 인류의 역사는 이런 사례들로 가득합니다. 하지만 이 비행기들을 납치한 자들은 자신들이 이 세상에서 재물과 권력을 얻지 못하리라는 것을 알고 있었습니다. 오히려 자신들의 목숨을 잃게 되리라는 것도 알고 있었지요. 그럼에도 그들이 그 비행기들을 건물들에 충돌시킨 이유는, 자신들이 믿는 신이 그리하기를 원한다고 여겼기 때문입니다. 그리고 그 신이 내세의 삶에서 자신들에게 값진 보상을 줄 것이라고 믿었지요. 만약 어떤

하나님 없이도 잘 살 수 있지 않나요?

군인이 중요한 전투에서 자신의 목숨을 희생할 경우, 우리는 그를 영웅으로 여길 것입니다. 그리고 이 세상에 있는 대부분의 무슬림(이 중에는 이슬람교를 믿는 저의 친구들도 포함됩니다)은 그 비행기 납치범들의 생각에 **동의하지 않았지만,** '알카에다'에 속한 자들만은 그들을 영웅으로 떠받들며 칭송했습니다. 이처럼 그 납치범들이 사람들을 죽이고 자신들도 죽는 쪽을 택한 이유는 그것이 자신들의 신을 섬기는 길이라고 믿었기 때문이지요.

그러면 그 납치범들이 자신들의 신을 이같이 신실하게 따랐기에, 그들이 저지른 일 역시 옳은 것이 된다고 말할 수 있을까요? 전혀 그렇지 않습니다! 그들이 행한 일은 실로 참혹한 범죄였습니다. 그 일로 인해 수천 명의 무고한 사람이 목숨을 잃고, 수만 명의 사람이 그들의 죽음을 깊이 슬퍼하면서 아픔을 겪었거든요. 하지만 옳고 그름의 기준이 각 사람의 종교적인 신념에 따라 바뀔 수 있다고 한다면, 우리는 그 납치범들이 **그릇된** 일을 저질렀다고 말할 수 없게 될 것입니다. 그들은 그저 자신들이 믿는 대로 행했을 뿐이니까요.

그러면 종교가 우리 삶을 악화시키는 것 아닌가요?

어떤 이들은 이 9.11 테러 같은 일들을 보면서, 종교 자체가 그런 문제들의 근원임이 틀림없다고 여기곤 합니다. 물론 이제까지 여러 전통에 속한 이들이 자기가 믿는 종교의 이름으로 끔찍한 일들을 저질러 온 것은 사실입니다. 그중에는 기독교인들 역시 포함되지요. 유명한 물리학자 스티븐 와인버그(Steven Weinberg)는 이 점에 관해 이렇게 말한 바 있습니다.

> 만약 이 세상에 종교가 없다면, 선한 이들은 그저 선한 일을, 악한 이들은 악한 일을 행하게 될 것입니다. 하지만 선한 이들이 악한 일을 저지르기 위해서는 종교의 영향력이 필요합니다.[7]

9.11 테러는 사람들이 자신의 종교적인 신념 때문에 **실제로** 참담한 일들을 일으킬 수 있음을 보여 주었습니다. 그러니 우리는 자칫 종교 자체가 그런 문제들의 근본 원인이라고 여기기 쉽습니다. 하지만 인류 역사의 증거들을 살펴보면, 실상은 그와 다르다는 것을 발견하게 됩니다.

첫째로, 우리는 각 종교마다 서로 다른 내용을 가르친다는 점을 염두에 두어야 합니다(물론 때로는 여러 전통의 도덕적인 교훈 가운데 겹치는 부분이 있기도 합니다). 지난 1948년, 한 국제 위원회에서 세계 인권 선언문을 발표했습니다. 그 선언문은 모든 종교에 속한 이들이 함께 동의하고 채택할 수 있는 기본적인 도덕 규칙으로 작성된 것이었지요. 하지만 일부 이슬람교 국가에서는 그 선언문의 내용을 받아들이지 않았습니다. 그리고 1982년, 당시의 유엔 주재 이란 대사였던 사이드 라자디-코라사니(Said Rajadie-Khorassani)는 이렇게 불평했습니다.

하나님 없이도 잘 살 수 있지 않나요?

그 선언문은 유대-기독교의 전통을 세속적인 방식으로 재해석한 것일 뿐입니다. 우리 무슬림들은 그 내용을 그대로 따를 수가 없습니다.[8]

둘째로, 역사가 톰 홀랜드가 지적했듯이, 스티븐 와인버그 같은 무신론자들까지도 궁극적으로는 기독교의 기준들에 근거해서 선과 악을 판단하고 있습니다. 모든 인간은 평등하다든지 우리의 원수들에 대해서도 선을 행할 도덕적 책임이 있다는 것, 그리고 가난한 이와 약자, 억눌린 자들을 특별히 돌볼 의무가 있다는 것 등이 바로 그런 기준들입니다.

그리고 셋째로, 일반적으로 적극적인 종교인들이 다른 이들을 더 존중하며 배려한다고 여길 만한 증거들이 있습니다. 예를 들어, 매주 종교 예식에 참여하는 미국인들은 종교가 없는 이들보다 (범죄 같은) 나쁜 일들을 저지를 가능성이 **더 적다**고 합니다. 그리고 (기부나 자원봉사 같은) 선한 일들을 행할 가능성은 **더 높다**는 것이지요.[9]

넷째로, 지난 100년간의 인류 역사를 돌아볼 때, 우리는 하나님을 전혀 믿지 않는 이들이 실로 참혹한 일을 무수히 저질러 왔음을 발견하게 됩니다. 예를 들어, 무신론적인 공산주의를 좇는 이들은 이제까지 수천만 명에 이르는 사람을 학살해 왔습니다. 러시아와 중국의 공산주의 정부들은 육백만 명의 유대인을 학살한 나치 독일의 독재자 아돌프 히틀러(Adolph Hitler)보다도 많은 수의 사람을 죽게 만들었습니다. 실제로 이 공산주의 체제의 지도자들은 인류 역사상 존재한 어떤 종교적인 국가의 통치 아래서보다도 많은 사람의 목숨을 앗아갔습니다. 이는 공산주의의 핵심 이념이 모든 이로 하여금 동등한 삶을 누리게 하려는 데 있음에도 그러했던 것입니다. 그리고 이것은 그저 지나간 일이 아닙니다. 바로 지금도, 중국 정부는 백만 명이 넘는 위구르족 무슬림들을 과거에 나치 독일이 만들었던 유대인 집단 수용소와 비슷한 시설에 가두어 두고 있습니다.

나아가 하나님이 계시지 **않는다면,** 우리는 수백만 명의 무고한 사람을 학살하는 일이 (참되고 절대적인 의미에서) **그릇된** 것이라고 말할 수 없게 됩니다. 그 경우, 우리는 그저 '유통 기한이 임박한 세포들로 가득한 쓰레기봉투'에 불과하기 때문입니다. 이때에는 옳고 그름 같은 것들이 사라지고, 오직 서로 충돌하는 각자의 생각만이 남게 되지요. 무신론자인 작가 리처드 도킨스는 이 세상을 바라보면서, 만약에 하나님이 없다면 당연히 그렇게 느낄 법한 방식으로 그 우주의 모습을 서술하고 있습니다.

이 세상에는 본질적으로 어떤 의도나 목적도, 어떤 선과 악도 존재하지 않는다. 이곳은 그저 맹목적이며 무자비한 무관심으로 가득한 세상일 뿐이다.[10]

만약 도킨스의 말대로 하나님이 계시지 않는다면, 선과 악 같은 것은 존재하지 않습니다. 그리고 인간은 (거미나 하이에나, 침팬지와 마찬가지로) 자신의 인격을 존중받을 아무 권리를 지니지 못한 존재가 될 뿐입니다.

하나님 없이도 잘 살 수 있지 않나요?

하지만 예수님의 놀라운 주장들, 곧 그분 자신이 어떤 분임을 선포하신 그 말씀들이 참이라면 어떨까요? 이때 그분은 그저 2천 년 전에 활동하시면서 몇 가지 위대한 도덕적 가르침을 남긴 스승 정도에 그치지 않습니다. 오히려 이 우주의 창조주가 되시는 것이지요. 그분은 중력의 법칙과 도덕 법칙들을 모두 만드셨으며, 여러분과 저를 창조하셨습니다. 따라서 그분은 옳고 그름을 결정할 유일한 권한을 지닌 존재가 되십니다.

생각해 보면, 이것은 정말로 좋은 소식입니다. 만약 아무에게도 선악의 기준(지금 이 사회뿐 아니라 각 사람의 신념과 문화, 혹은 여러 역사적인 시대를 넘어 온 세상에 적용되는 기준)을 규정할 권한이 없다면, 우리는 애니메이션 〈주먹왕 랄프〉 속에 담긴 세계의 모습보다도 끔찍한 세상 속에 갇혀 버리게 되기 때문입니다. 〈주먹왕 랄프〉 속에 담긴 세계의 경우, 적어도 못된 일을 저지른 악당들은 이렇게 노래할 수 있었습니다. "나는 나쁜 놈이야. 하지만 그건 좋은 일이지. 영영 좋은 놈이 못 되겠지만, 그것도 나쁘지 않아. 지금 이 모습 그대로가 좋거든."[11] 하지만 하나님이 계시지 않을 때, 우리는 선과 악, 또는 옳고 그름 자체가 아예 존재하지 않는 세상 속에 갇히고 맙니다. 그때 이 세상에는 그저 맹목적이며 무자비한 무관심만이 남게 될 뿐이지요.

핵심 요약

- 예수님은 모든 사람의 생명을 소중히 여기셨습니다. 그 가운데는 갓난아기와 가난하고 병든 자, 심지어는 각 사람의 원수까지 포함되었지요. 그분의 도덕적인 가르침들은 온 세상을 바꾸어 놓았습니다.

- 하나님이 계시지 않다면, 아직 태어나지 않은 아기들은 그저 세포 덩어리에 불과할 것입니다. 그리고 이 경우, 여러분과 저 역시 하나의 세포 덩어리에 불과할 뿐입니다.

- 사람들은 자기가 믿는 신의 이름으로 끔찍한 일들을 저지르면서도 자신들의 행동이 옳다고 확신할 수 있는 것이 사실입니다. 하지만 하나님이 계시지 않는다면, 우리는 이런 그들의 행동이 정말로 그릇된 것이라고 말할 수도 없게 될 것입니다.

- 만약 이 우주를 창조하신 하나님이 계시지 않는다면, 보편적인 옳고 그름 역시 존재하지 않을 것입니다. 그때 우리는 그저 서로 다른 견해들을 품게 될 뿐이지요. 하지만 창조주 하나님이 실제로 계신다면, 그분에게는 우리가 어떻게 행해야 할지를 우리에게 명령하실 권한이 있습니다.

- 역사상 많은 이가 종교의 이름으로 참담한 일들을 범하기는 했지만, 종교 자체를 없애려 드는 일은 바람직하지 않습니다. 공산주의는 무신론적인 신념 체계로서 모든 인간의 삶을 평등하게 만들려는 데 그 의도가 있습니다. 하지만 지난 100년 동안, 그 사상은 인류 역사상 존재했던 다른 어떤 신념 체계보다도 많은 이의 목숨을 앗아갔습니다.

- 미국의 경우, 교회 다니는 이들은 그렇지 않은 이들보다 후히 베풀고 나누는 동시에 범죄율은 낮은 경향을 보이고 있습니다.

● 오늘날 대부분의 사람이 옳고 그름을 판단하는 도덕 기준은 근본적으로 기독교에서 유래했습니다(이는 그들이 그리스도인이든 무신론자든 간에 마찬가지입니다). 우리가 그 기독교의 토대를 제거할 경우, 이 세상에는 옳고 그름이나 선악을 판별할 기준이 전혀 남지 않게 됩니다. 이때에는 우리 삶과 행동 자체가 아무 의미를 지니지 않게 되는 것입니다.

5

성경이 참되다는 걸
어떻게 믿지요?

영화 〈알라딘〉에서 주인공 알라딘이 지니를 처음 만났을 때, 그는 믿을 수 없다는 듯이 혼잣말을 합니다. "지금 내가 뿌연 연기 속에 있는 푸른 거인과 이야기하고 있는 거야?" 이때 지니는 알라딘에게 이렇게 대답하지요.

저는 거인이 아니라 지니입니다. 둘 사이에는 큰 차이점이 있지요. 거인들은 진짜로 있는 것이 아니거든요.[1]

이런 지니의 말은 터무니없기에 재미있게 들립니다. 굳이 따지자면, 요술 램프에서 불쑥 튀어나와서 우리의 소원을 들어주는 존재가 있다고 여기기보다는 차라리 덩치가 무척 큰 인간들이 있다고 믿는편이 **더 쉽기** 때문이지요! 우리는 〈알라딘〉에 나오는 것 같은 공상

하나님 없이도 잘 살 수 있지 않나요?

적인 이야기들을 즐겁게 감상할 수 있지만, 그 이야기들이 실제로 **참되다**고는 전혀 믿지 않습니다. 그런데 어떤 이들은 우리가 성경 역시 이런 식으로 대해야 한다고 여깁니다.

성경은 수천 년 전에 기록되었으며, 그 속에는 상당히 놀라운 주장들이 담겨 있습니다. 성경에서는 이 우주를 창조하신 하나님이 계신다고 선포합니다. 또 그 하나님이 바로 여러분과 저 같은 사람들을 위해, 자신의 아들이신 예수님을 이 세상에 보내셔서 십자가에 달려 죽게 하셨다고 말씀하지요. 그리고 성경에서는 예수님이 여러 기적을 행하셨으며, 마침내 죽은 자들 가운데서 다시 살아나셨다고 주장합니다. 그뿐 아니라 이제는 예수님이 하나님의 영이신 성령 안에서 그분을 따르는 모든 이와 함께 거하시며, 장차 모든 일의 심판자이자 왕으로서 이 세상에 다시 오신다고 합니다. 이런 성경의 주장들은 매우 놀라운 성격을 띠며, 우리가 그 내용을 믿고 받아들이기 위해서는 상당한 증거가 필요합니다. 하지만 그저 미련하고 어리석은 사람들만이 그 주장들을 믿고 따르는 것은 아닙니다. 실제로 이 세상에서 가장 두뇌가 명석한 사람들 중에도 성경의 가르침을 진리로 믿고 따르는 이들이 있습니다.

이 장에서 우리는 예수님에게 초점을 맞출 것입니다. 그리고 그분에 관한 성경의 가르침을 믿고 받아들이기에 충분한 증거가 **있음**을 살펴보려고 합니다. 이 장에서는 또한 성경이 다양한 방식으로 우리에게 진리를 말씀하고 있다는 사실 역시 다루어 볼 것입니다. 성경의 표현 방식이 이처럼 다양하기에, 그 내용을 바르게 파악하기 위해서는 세밀한 관심을 쏟아야 합니다.

예수님은 실존 인물인가요?

어떤 이들은 과연 예수님이 실존 인물이었는지에 관해 의문을 제기하기도 합니다. 하지만 진지한 역사가들은 그분이 역사상 실제로 계셨던 분이라는 점에 모두 동의하고 있습니다. 이 점에 관해서는 성경 **바깥의** 증거들 역시 존재하는데, 그중에는 그리스도인들을 불쾌하게 여겼던 이들이 남긴 글들도 포함되어 있습니다. 그 증거들에 따르면, 예수님은 1세기에 활동한 유대인 교사였습니다. 그분은 티베리우스 황제의 통치기(주후 14-37년)에, 본디오 빌라도(주후 26-36년의 유대 총독)의 지시 아래서 로마인들에 의해 십자가에 못 박히셨지요. 당시 그리스도인들은 예수님이 메시아(이는 하나님이 약속하신 왕을 뜻합니다)이심을 믿었으며, 그분에게 경배했습니다. 그리고 우리는 (마태와 마가, 누가와 요한이 쓴) 네 권의 복음서를 통해 예수님의 생애에 관한 이야기들을 접하게 되는데요, 그 속에는 당시 그분이 활동하셨던 시대와 장소에 관해 온갖 세부 사항이 정확히 담겨 있습니다.[2] 그렇기 때문에, 하나님을 전혀 **믿지 않는** 역사가들까지도 예수님이 실존 인물이라는 점에 관해서는 모두 동의합니다.

복음서들은 오랜 시간이 지난 뒤에 기록되었는데 믿을 만한가요?

지금 우리에게는 복음서들에 대한 최초의 사본들(원본을 다시 베껴 쓴 문서_옮긴이)이 남아 있지 않습니다. 우리에게 남아 있는 것은 그 복음서들의 사본들을 다시 베껴 쓴 사본들의 사본들뿐이지요. 하지만 그것은 전혀 놀라운 일이 아닙니다. 혹시 여러분은 그리스 로마 역사를 공부해 본 적이 있나요? 그렇다면 여러분이 배운 내용의 대부분은 당시 사람들이 기록한 원본을 베껴 쓴 사본들에 대한 사본들, 또 그 사본들에 대한 사본들에 근거하고 있을 것입니다. 그리고 지금 우리에게는 당시의 다른 여러 중요한 인물(이 중에는 예수님 시대에 로마 제국을 통치한 티베리우스 황제도 포함됩니다)의 생애를 기록한 문서보다, 예수님의 생애를 기록한 복음서들에 관해 훨씬 많은 사본상의 증거들이 남아 있습니다.

  예수님의 시대 당시에, 대부분의 사람은 글을 읽고 쓸 줄 몰랐습니다. 그때에는 컴퓨터나 프린터가 없었고, 이메일도 없었지요. 사람들은 대부분 어떤 일을 귀로 듣고서 배웠습니다. 그리고 어떤 스승을 따르는 유대인 제자(또는 학생)들은 그 스승의 가르침들을 마음속으로 전부 외워서 간직하곤 했습니다. 이는 마치 여러분이 좋아하는 가수의 노래 가사나 감명 깊게 본 영화의 대사들을 외워서 익히는 것과 마찬가지지요(올해 열아홉 살인 제 조카는 애니메이션 〈모아나〉의 노래 가사들을 전부 외우고 있답니다. 다만 제게 그 이유는 묻지 마세요!).

  예수님에게는 그분이 택하신 열두 제자 외에도 수많은 추종자가 있었습니다. 그들은 그분과 늘 동행했지요. 수천 명이 넘는 사람이 그분의 가르침을 들었고, 그분이 행하시는 기적들을 보았습니다. 그리고 죽음에서 부활하신 후, 예수님은 제자들을 향해 온 세상에 자신의 메시지를 전파하라고 분부하셨습니다(마 28:18-20 참조). 처음에 제자들은 단지 자신들의 말로써 이 임무를 수행했습니다. 하지만 최초의 증인들이 하나둘씩 세상을 떠나기 시작하면서, 마침내 예수님의 생애를 기록한 네 개의 문서가 만들어지게 된 것입니다. 마태복음과 마가복음, 누가복음과 요한복음이 그 문서들이지요.

　「예수와 그 목격자들」(Jesus and the Eyewitnesses, 새물결플러스 역간)이라는 책에서, 세계적인 신약학자 리처드 보컴(Richard Bauckham)은 이 복음서들이 목격자들의 증언에 기초해서 만들어졌다는 증거들을 제시하고 있습니다. 그에 따르면, 복음서의 저자들은 그 문서를 기록할 때 함께 대화를 나눈 이들의 이름을 종종 언급하고 있습니다. 그러니 당시에 복음서를 읽은 사람들은 그 문서의 정확성을 검증하기 위해 누구에게 찾아가서 물어봐야 할지를 알 수 있었다는 것이지요. 그 저자들의 주장은 마치 다음과 같았습니다. "만약 제 말을 믿지 못하겠다면, 가서 아무개에게 물어보십시오. 그 사람은 그 일을 직접 눈으로 목격했답니다!"[3] 전문가들은 마가복음이 가장 먼저 기록되었을 것으로 여깁니다. 아마도 예수님이 십자가에서 돌아가신 때로부터 35-45년 정도 지난 다음에 그 문서가 만들어졌으리라는 것이 그들의 생각이지요. 어쩌면 여러분이 듣기에는 이 수십 년의 시간이 상당히 길게 느껴질 수도 있을 것입니다. 하지만 과연 그것이 우리로 하여금

하나님 없이도 잘 살 수 있지 않나요?

예수님에 관한 마가의 기록을 신뢰하기 어렵게 만들 정도로 긴 시간일까요?

제 아이들은 제 할아버지의 어린 시절 이야기들을 즐겨 듣곤 합니다. 아이들이 가장 좋아하는 이야기는 제 할아버지가 어릴 때 수영 시합에 나갔던 일에 관한 것입니다. 제 할아버지의 별명은 '맥'이었는데, 시합이 시작되었을 때 할아버지의 친구들은 이렇게 소리치면서 응원했습니다. "맥, 힘내!"(Come on Mac!) 하지만 당시 할아버지는 물속에서 정신없이 헤엄치고 있었기 때문에, 친구들이 이렇게 소리치고 있다고 여겼습니다. "맥, 돌아와!"(Come back!) 그래서 할아버지는 동작을 멈춘 뒤, 다시 출발점을 향해 헤엄쳐 가기 시작했습니다! 이것은 약 70년 전에 일어난 일입니다. 제 할아버지는 어머니가 어렸을 때 그 이야기를 들려주셨고, 제가 어릴 적에도 그 이야기를 들려주셨지요. 그리고 이제는 제 아이들에게도 그 이야기를 들려주고 계십니다. 그 이야기의 내용은 오랜 세월이 흐르는 동안에도 전혀 달라지지 않았습니다. 그런데 그것은 예수님이 십자가에서 돌아가신 뒤 마가복음이 기록되기까지의 기간보다 **두 배**는 오래된 과거 일에 대한 이야기입니다.

혹시 여러분의 부모님이 지금 30,40대 정도의 나이인가요? 그러면 부모님에게 어린 시절에 겪은 일들을 이야기해 달라고 부탁드려 보세요. 그런 다음에 그 일들이 실제로 있었다고 **확신하시는지**, 아니면 너무 오래전 일이라서 제대로 기억하시기가 어려운지를 한번 여쭈어 보기 바랍니다. 또는 여러분의 할아버지나 할머니께, 여러분의 부모님이 어렸을 때 있었던 일들을 들려 달라고 부탁드려 볼 수도 있습니다. 이는 예수님이 제자들에게 말씀을 가르치시던 때와 복음서들이 기록된 때 사이의 시간 간격이 바로 그 정도이기 때문입니다.

제 할아버지의 수영 시합 이야기는 재미있긴 하지만 중요한 일은 아니었습니다. 그날 그 자리에 있던 다른 사람들은 아마도 그 일을 잊어버렸을 것이며, 자신의 손주들에게 그 이야기를 들려주지도 않았을 것입니다. 하지만 예수님의 가르침과 그분이 행하신 일들은 **정말로** 중요한 것이었습니다. 당시 수많은 사람이 그분의 말씀을 듣고 그분이 일으키신 기적들을 보았지요. 예수님은 많은 사람의 삶을 바꾸어 놓으셨으며, 그중 많은 이는 목숨의 위협을 감수하면서 그분의 메시지를 다른 이들에게 전파하려고 했습니다. 복음서들의 기록 목적은 예수님의 삶과 사역을 직접 목격한 이들이 세상을 떠난 뒤에도, 그분에 관한 이야기들이 정확히 전해지게끔 하려는 데 있었습니다. 예수님을 따르던 이들은 그 이야기들의 내용이 변질되기를 원하지 않았습니다. 이는 그 이야기들이 매우 중요했기 때문입니다.

사람들이 그저 예수님에 관한 이야기들을 지어냈을 수도 있지 않나요?

제 딸의 친구 중 한 명은 자기 형이 높은 건물 위에서 뛰어내려도 전혀 다치지 않는다고 자랑하곤 합니다. 물론 그 아이 자신도 실제로는 그렇지 않음을 알 것입니다. 그저 친구들의 관심을 끌려고 그렇게 말

하나님 없이도 잘 살 수 있지 않나요?

하는 것이지요. 그런데 어떤 이들은 복음서의 저자들 역시 사람들의 관심을 끌기 위해 예수님에 관한 이야기들을 지어냈을 뿐이라고 생각합니다. 하지만 이런 그들의 생각에는 몇 가지 문제점이 있습니다.

첫째로, 복음서들의 내용 가운데서 가장 터무니없게 들리는 주장은 바로 예수님이 부활하셨다는 것입니다. 만약 여러분이 따르는 영웅이 죽음에서 다시 살아났다고 주장할 때 사람들의 관심을 끌거나 많은 돈을 벌 수 있다고 믿는다면, 실제로 그런 이야기를 지어낼 수도 있을 것입니다. 하지만 그렇게 주장할 때 사람들이 여러분을 **죽이려** 든다면, 아마 그 일을 멈추지 않을까요? 당시 예수님을 따르던 이들 가운데는 그 메시지를 전한다는 이유로 매를 맞고 죽임당한 사람이 많습니다.

둘째로, 복음서들에 기록된 이야기들 가운데는 제자들의 상황에서 정말로 **난처한** 것이 많았습니다. 당시 베드로는 예수님을 가장 가까이에서 따르던 제자 중 한 명이었으며, 초대 교회의 핵심 지도자였습니다. 그리고 지금 전문가들은 마가복음이 예수님에 관한 베드로의 회상에 근거해서 기록되었다고 봅니다. 그 복음서에서 마가는 다른 제자들이 다 예수님을 버리고 도망칠지라도 자신만은 그리하지 않겠다고 베드로가 굳게 약속한 일을 들려줍니다(막 14:29-31 참조). 여기까지는 베드로에게도 바람직한 기록이었지요. 그런데 마가는 거기에 그치지 않고, 예수님이 로마 군인들에게 붙잡히신 날 밤에 베드로가 그분을 전혀 모른다고 세 번씩이나 힘주어 말한 일 역시 기록하고 있습니다!(막 14:66-72 참조) 만약 제가 베드로였다면, 사람들이 그 일을 알게 되기를 원하지 않았을 것입니다. 다만 그것이 실제로 일어난 일이었으며, 예수님의 이야기를 진실하게 전하는 일이 베드로 자신에 대한 사람들의 평가보다 중요하다고 여길 경우에만 그 사실을 전해 주었겠지요. 하지만 저는 그런 이야기를 스스로 지어내거나, 다른 이들이 그 이야기를 지어내서 온 세상에 퍼뜨리게끔 만들지는 **않았을** 것입니다!

셋째로, 어떤 이들은 초대 교회 당시에 시간이 흐르면서 예수님에 관해 점점 터무니없는 이야기들이 생겨나게 되었다고 주장합니다. 하지만 예수님에 관해 기록된 가장 이른 시기의 글들(신약의 일부 편지들이 바로 이 글들입니다)에서는 그분의 부활에 관해 이야기하고 있습니다. 이것은 예수님이 행하신 가장 놀라운 기적이었지요. 만약 당시에 시간이 지나면서 사람들이 예수님의 이야기를 점점 부풀리기 시작했다면, 우리는 가장 터무니없게 들리는 이야기가 가장 마지막에 생겨났을 것이라고 여길 수 있습니다. 하지만 예수님이 부활하셨다는 주장은 가장 이른 시기의 글들 가운데 이미 나타나 있습니다. 그리고 예수님이 정말로 부활하셨다면, 그분이 사람들의 병을 고치신 일이나 물 위를 걸으신 일, 폭풍우를 잠잠하게 만드신 일을 믿는 것 역시 말도 안 되는 일은 아닙니다.

그런데 당시 제자들은 예수님이 죽음에서 다시 살아나셨다고 **믿었지만,** 실제로 애초에 예수님은 숨을 거두신 적이 없었다면 어떻게 해야 할까요?

하나님 없이도 잘 살 수 있지 않나요?

예수님이 실제로 숨을 거두시지 않았을 수도 있지 않나요?

고전적인 희극 영화 〈프린세스 브라이드〉(*The Princess Bride*)에서, 주인 공 웨슬리는 고문을 받아 거의 죽기 직전 상태에 몰립니다. 그때 친 구들이 그를 구해 내서 '기적의 맥스'라는 마법사에게 데려가지요. 맥 스는 웨슬리의 심각한 상태를 자세히 살핀 뒤, 친구들을 이렇게 안심 시킵니다.

> 여기 있는 그대들의 친구는 **거의** 죽은 상태에 있을 뿐이라네. **거의** 죽 은 사람과 **완전히** 죽은 사람 사이에는 큰 차이가 있지. …… 거의 죽은 사람의 경우, **조금은** 살아 있는 것이거든. [4]

그리고 맥스가 준 기적의 약 덕분에, 웨슬리는 다시금 소생해서 자신의 원수들과 맞서 싸우게 되지요.

어떤 이들은 예수님이 십자가에 못 박히신 뒤에 **완전히** 숨을 거두 시지 않고, 그저 **거의** 죽은 상태에 있었을 뿐인지도 모른다고 여깁니 다. 그러고는 며칠 뒤에 다시 의식을 되찾으셨다는 것이지요. 하지만 당시의 로마 군인들은 처형을 제대로 집행하는 방법을 알고 있었습니 다. 그리고 그들은 종종 자신이 (하나님에게서 온) 메시아라고 주장하는 이들을 십자가에 못 박아 처형하곤 했습니다. (예수님을 처형하는 데 쓰인) 십자가 형틀은 그 위에 달린 이들의 고통을 극대화하도록 고안된 장 치였습니다. 그리고 십자가에 달린 이들을 그저 **거의** 죽은 상태에 놓아두지 않고, **완전히** 숨을 거두게끔 하려는 것이 그 장치의 목적이었지요.

우리는 이 책 3장에서, 2천 년 전에 실제로 일어난 일은 예수님이 죽음에서 부활하셨든지 그렇지 않든지 간에 둘 중 하나임을 살폈습니다. 그리고 세계의 각 종교들은 이 점에 관해 서로 다른 견해를 취한다는 점을 다루어 보았지요. 그러면 과연 기독교의 가르침이 옳으며, 예수님이 정말로 죽었다가 다시 살아나셨다고 말하기에 충분한 증거들이 있는 것일까요?

예수님의 부활을 뒷받침하는 증거들이 있나요?

2020년 3월, 제 아이들이 다니던 학교에서는 코로나19 바이러스 때문에 학생들의 등교를 중단시켰습니다. 상점들도 문을 닫았고, 각종 운동 경기 역시 취소되었지요. 그리고 교회들도 더 이상 모여서 예배를 드릴 수가 없었습니다. 지금 저는 그로부터 몇 달이 지난 뒤에 이 글을 쓰고 있는데, 그동안 수십만 명의 사람이 그 바이러스 때문에 목숨을 잃었습니다. 만약 2019년에 누군가가 앞으로 이런 일들이 닥쳐올 것이라고 말했다면, 저는 그 말을 믿지 않았을 것입니다. 그 말은 너무나도 터무니없게 들렸을 것이기 때문이지요.

처음에 코로나19 바이러스는 지구상의 어느 한 지역에서 생겨난 듯합니다. 그런데 그 바이러스는 각 사람에게서 사람에게로 퍼져 나가서, 마침내 온 세상에 가득 퍼지게 되었습니다. 제가 이 글을 쓰는 지금, 수억 명의 사람이 코로나19 바이러스 때문에 이전과는 전혀 다른 삶을 살아가고 있습니다. 그리고 수십만 명에 이르는 사람이 그 바이러스 때문에 목숨을 잃었지요. 현미경 없이는 그 바이러스의 모습을 포착할 수 없지만, 그것이 실제로 있다는 증거는 전 세계 어디에서나 찾아볼 수 있습니다. 예수님의 부활에 관해서도 이와 유사한 증거들이 존재합니다. 하지만 코로나 바이러스가 전 세계로 퍼져 나가는 일이 죽음의 두려움을 심어 주는 참담한 소식인 데 반해, 예수님이 부활하셨다는 메시지는 우리에게 생명을 가져다주는 정말 놀라운 소식입니다.

당시 예수님의 제자들은 그분의 부활을 전혀 기대하지 않았습니다. 예수님이 십자가에서 돌아가신 뒤, 그들은 깊은 낙심과 두려움에 빠져 있었지요. 앞서 보았듯이, 예수님을 가장 열렬히 따르던 제자 베드로는 그분이 체포당한 뒤에 몹시 겁을 먹은 나머지 자신이 그분을 안다는 사실조차 부인했습니다. 그런데 예수님의 죽음 이후 사흘이 지났을 때, 그분을 따르던 몇몇 여인은 그분이 **살아 계신** 모습을 직접 보았다고 증언했습니다(마 28:1-10; 막 16:1-11; 눅 24:1-12; 요 19:11-18을 보십시오). 한편 그 당시 사람들은 여자들이 말하는 내용을 그다지 진지하게 받아들이지 않았습니다. 그러니 만약 누군가가 무언가 그럴듯한 이야기를 꾸며 내려 한다면, 여자들을 그 일에 대한 최초의 목격자로 삼아서는 안 되었지요. 그것은 마치 지금 이 시대에 여러분이 꾸며 낸 이야기를 전하면서, "어떤 애들한테서 그 소식을 들었어"라고 말하는 일과 같을 것입니다. 그러므로 복음서들에서 그 여인들이 예수님의 부활을 최초로 목격했다고 기록한 이유는 오직 실제 사실이 그러했기 때문입니다. 그리고 만약에 로마와 유대의 당국자들이 예수님의 시체를 사람들 앞에 가져다가 보여 주었다면, 그들은 그분이 실제로 부활하지 않았음을 쉽게 입증할 수 있었을 것입니다. 하지만 그들은 그리하지 않았습니다.

예수님의 열두 제자는 앞서 생명의 위협이 닥쳐왔을 때 두려움에 떨면서 그분을 저버린 이들이었습니다. 그런 그들이 자신들의 목숨을 걸고서 예수님의 부활을 선포하는 이들로 변화되기 위해서는 하나의 기적이 필요했습니다. 그리고 그 기적은 실제로 일어났지요. 그 후 예수님을 따르는 남녀 추종자들이 부활의 메시지를 힘써 전하기 시작했으며, 마침내 그 메시지가 온 세상에 널리 퍼지게 되었습니다. 그들은 예수님이 우리 죄를 위해 죽으심으로 우리가 받아야 할 징벌을 대신 감당하셨다는 것, 그리고 우리에게 새 생명을 주시기 위해 죽은 자들 가운데서 다시 살아나셨다는 것을 선포했습니다. 지난 2천 년 동안, 이 새 생명은 각 사람에게서 사람에게로 확산되어 왔습니다. 이는 사람들이 예수님의 복된 소식을 듣고 그분을 영접함에 따라 이루어진 일이었지요. 바이러스와 달리, 우리는 현미경으로 그 새 생명을 관찰할 수는 없습니다. 그리고 예수님의 부활이 실제로 일어났다는 것을 일체 의심의 여지가 없도록 완벽히 입증할 수도 없지요. 하지만 우리는 그 메시지가 전파된 결과들이 온 세상 곳곳에서 드러나는 모습을 볼 수 있습니다. 그리고 만약 이 우주를 창조하시고 우리에게 생명을 주신 하나님이 **실제로 계신다면**, 그분이 누군가를 죽음에서 다시 살리실 수 있다고 믿는 것도 전혀 터무니없는 일은 아닐 것입니다.

성경은 예수님이 죽은 자들 가운데서 **실제로** 부활하셨다고 말씀합니다. 곧 그분의 신체가 다시 살아난 것이지요. 그분은 자신의 제자들과 함께 걷고 말씀을 나누셨으며, 그들과 함께 음식을 드셨습니다. 그리고 우리가 그리스도인이 되기 위해서는 이 일이 실제로 일어난 사실임을 믿어야만 하지요. 이처럼 예수님이 실제로 부활하셨음을 믿는다고 고백하면, 사람들은 저에게 이렇게 질문하기도 합니다. "그러면 성경의 모든 내용을 문자적인 의미대로 받아들이시는 건가요?" 이것은 매우 중요한 질문이며, 이에 대해서는 상당히 흥미로운 대답을 제시할 수 있습니다.

우리는 늘 성경을 문자적인 의미 그대로 받아들여야 하나요?

애니메이션 〈겨울왕국〉에서, 안나는 한스 왕자와 함께 〈사랑은 열린문〉(*Love Is an Open Door*)이라는 노래를 부르면서 서로를 향한 감정을 표현합니다. 안나가 살아온 대부분의 시간 동안, 그녀의 언니 엘사는 자신의 방문을 굳게 닫고서 한 번도 열어 주지 않았습니다. 하지만 한스 왕자가 나타났을 때, 안나의 삶에 변화가 찾아온 것이지요. 여기서 안나는 하나의 은유(또는 언어로 된 그림)를 써서 자신의 마음을 나타내고 있습니다. 곧 한스 왕자를 만났을 때, 마치 그녀 앞에 놓인 삶의 문이 활짝 열린 듯이 느낀 것입니다.

사람들은 관심이 가는 일들에 관해 이야기할 때, 종종 은유법(어떤 사물을 다른 무언가에 빗대어 나타내는 표현법_옮긴이)을 쓰곤 합니다. 문자적인 언어(사실을 있는 그대로 전달하는 표현법_옮긴이)의 경우와 마찬가지로, 우리는 은유를 써서 진실을 전할 수 있습니다. 하지만 반대로 거짓말을 할 수도 있지요. 안나는 〈사랑은 열린 문〉이라는 노래를 부를 때, 자신의 마음속에 담긴 진실을 말했습니다. 그러나 이야기가 계속 진행되면서, 한스는 그렇지 않음이 드러나게 되지요. 두 사람은 모두 같은 은유법을 사용했습니다. 하지만 한 사람은 그것을 써서 자신의 속마음을 드러낸 반면에, 다른 사람은 거짓말을 했지요. 그리고 문자적인 언어의 경우에도, 우리는 그것을 써서 진실을 전할 수 있지만 반대로 거짓말을 할 수도 있습니다. 그러니 우리가 문자적인 언어를 쓰든, 은유를 쓰든 간에 그로 인해 우리가 전하는 내용의 진실 여부가 달라지는 것은 아닙니다. 다만 그 내용의 표현 방식이 달라질 뿐이지요.

복음서들을 읽을 때, 우리는 예수님이 종종 은유법을 써서 진리를 말씀하신 것을 발견하게 됩니다. 예를 들어, 예수님은 이렇게 말씀하셨습니다.

나는 선한 목자이다. 선한 목자는 양들을 위하여 자기 목숨을 버린다 (요 10:11).

하나님 없이도 잘 살 수 있지 않나요?

예수님은 **문자적인 의미에서** 한 사람의 목자가 아니었으며, 여러 마리의 양을 위해 자신의 생명을 내려놓지도 않으셨습니다. 오히려 그 '양'들은 곧 그분의 백성인 우리를 가리키는 것이었지요. 그리고 자신의 양들을 정성스레 아끼고 돌보는 목자처럼, 예수님도 우리를 깊이 사랑하시는 것입니다. 그렇기에 예수님은 우리를 위해 자신의 생명을 기꺼이 버리셨습니다.

또 예수님은 이렇게 말씀하셨습니다.

내가 생명의 빵이다. 내게로 오는 사람은 결코 주리지 않을 것이요, 나를 믿는 사람은 다시는 목마르지 않을 것이다(요 6:35).

이 말씀은 물론 예수님 자신이 실제로 우리가 먹고 마시는 떡과 물이라는 뜻이 아닙니다. 다만 우리가 그분에게로 나아가는 일이 날마다 음식을 먹고 마시는 일만큼이나 반드시 필요하다는 것이지요.

또 예수님은 제자들에게 이렇게 말씀하셨습니다.

나는 포도나무요, 너희는 가지이다(요 15:5a).

물론 예수님은 **문자적인 의미에서** 하나의 나무가 아니십니다! 다만 이 말씀 속에는 이런 뜻이 담겨 있는 것이지요. '포도나무 가지가 그 줄기에 이어져 있듯이, 너희 삶 역시 나에게 밀접히 연결되어 있어야 한다.' 복음서들에서는 예수님이 은유를 써서 진리를 말씀하시는 다른 여러 사례를 찾아볼 수 있습니다. 그러니 성경을 읽을 때, 우리는 어떤 본문 말씀이 혹시 은유가 아닌지를 살피기 위해 주의를 기울여야 합니다.

또한 예수님은 여러 이야기를 들려주셨습니다. (이 책 2장에서 다룬) 선한 사마리아인의 비유가 그 한 가지 예입니다(눅 10:25-37 참조). 그것은 예루살렘에서 여리고로 가던 길에 강도를 만나 거의 죽게 된 상태에 있던 한 사람에 관한 이야기입니다. 예수님이 그 이야기를 말씀하신 이유는 그런 일이 **실제로** 있었기 때문이 아니었습니다. 다만 그분은 다음의 교훈을 일깨우기 위한 하나의 예화로서 그 이야기를 들려주신 것입니다. '너희의 이웃을 사랑하는 일에는 인종과 문화, 종교적 배경이 다른 낯선 이들을 사랑하는 일 역시 포함된다. 심지어 너희의 원수들까지도 사랑해야 한다.'

대부분의 경우, 성경에서 은유나 비유를 써서 진리를 전달할 때에는 그 사실을 분명히 알아볼 수 있습니다. 그리고 우리는 성경의 여러 부분을 각기 다른 방식으로 읽어 가야 합니다. 예를 들어, 구약의 시편은 수많은 시와 노래를 한데 모은 책입니다. 그리고 우리가 한 편의 시를 음미할 때, 과거에 실제로 있던 일들을 다룬 역사책을 읽어 나갈 때와는 다른 태도를 취하게 되지요. 몇몇 성경 본문의 경우, 그리스도인들은 그 구절을 문자적으로 읽어야 할지 여부를 놓고 저마다 의견을 달리 하기도 합니다. 그러니 어떤 말씀의 내용을 문자적인 의미로 받아들여야 하는지를 분간하는 일이 **늘** 쉬운 것만은 아니지요. 다만 대부분의 경우에는 그리 어렵지 않습니다.

하나님 없이도 잘 살 수 있지 않나요?

이같이 성경에서는 종종 이야기와 은유를 통해 교훈을 제시합니다. 하지만 그렇다고 해서, 우리가 믿고 받아들이기 어려운 성경의 내용들을 전부 하나의 지어낸 이야기나 은유로 간주해 버릴 수 있는 것은 아닙니다. 앞서 살폈듯이, 성경은 예수님이 **실제로** 죽음에서 부활하셨음을 분명히 밝히고 있습니다. 그리고 우리가 이 부활의 메시지를 믿지 않는다면, 그분을 따르는 자들이 될 수 없습니다. 그뿐 아니라, 예수님은 은유법을 써서 가장 중요한 몇몇 진리를 가르치고 계십니다. 예를 들어, 그분은 이렇게 말씀하셨습니다.

좁은 문으로 들어가거라. 멸망으로 이끄는 문은 넓고, 그 길이 널찍하여서, 그리로 들어가는 사람이 많다. 생명으로 이끄는 문은 너무나도 좁고, 그 길이 비좁아서, 그것을 찾는 사람이 적다(마 7:13, 14).

그렇기에 어떤 분들이 "당신은 성경의 내용들을 문자적으로 믿고 따르나요?"라고 질문할 때, 저는 그저 "예"나 "아니요"로 대답하지 않습니다. 그때 저는 먼저 "성경의 어떤 부분들은 문자적인 의미로 받아들이도록 의도되지 **않았다**"고 설명하지요. 하지만 그 다음에, 저는 "성경에 있는 다른 많은 부분의 경우에는 바로 그런 의도에서 기록되었다"고 이야기합니다. 예를 들어, 예수님이 실제로 죽음에서 부활하셨다는 성경의 가르침이 그런 경우입니다.

두뇌가 명석한 사람들도 성경을 믿고 따를 수 있나요?

제 친구인 로즈 피카드는 미국 MIT의 교수입니다. 그곳은 과학 분야에서 전 세계적으로 가장 우수한 대학 중 하나지요. 로즈는 컴퓨터 과학자로서, 인간의 감정을 인식하고 모방할 수 있는 놀라운 로봇들을 설계하고 있습니다. 10대 시절에, 로즈는 '자부심에 찬 무신론자' 였습니다. 당시 그녀는 성경이 '허황되고 정신 나간 내용들로 가득하다'고 여겼지요. 그때 한 친구가 그녀에게 성경을 직접 읽어 보라고 권면해 주었습니다. 성경이 인류 역사상 가장 널리 보급된 책이기에, 로즈는 한 번 그렇게 해 보기로 했습니다. 그런데 막상 성경을 읽어 나가면서, 그녀는 큰 충격을 받았습니다. 그녀는 당시의 일을 이렇게 회상합니다. "성경을 펼쳤을 때, 그 내용이 제 삶을 변화시키기 시작했어요." 마침내 로즈는 예수님이 정말로 하나님의 아들이심을 확신하게 되었습니다. 그분은 친히 십자가에서 죽으심으로, 그녀에게 참되고 영원한 생명을 가져다주신 것입니다.

그리고 제 친구인 이안 허친슨 역시 MIT의 교수입니다. 로즈와 마찬가지로, 이안 역시 기독교 가정에서 자라지 않았습니다. 그는 대학 시절에 몇몇 총명한 친구에게 예수님의 메시지를 전해 들은 뒤에 그리스도인이 되었지요. 2018년에 그는 「과학자가 기적을 믿을 수 있는가?」(*Can a Scientist Believe in Miracles?*)라는 책을 썼습니다. 이 책에서, 그는 오랜 세월에 걸쳐 자신의 학생들에게 받아 온 기독교에 관한 수십 가지 질문에 답하고 있습니다.[5] 그 책에 실린 가장 중요한 질문 중

하나님 없이도 잘 살 수 있지 않나요?

하나는 바로 이것입니다. "과학자가 부활을 믿을 수 있는가?" 이에 대해, 이안은 분명히 "그렇다"고 답하지요!

성경을 믿고 따르는 일은 그저 미련하고 우둔한 사람들만을 위한 것이 아닙니다. 그 일은 요술 램프 속 지니나 거인들의 존재를 믿는 것과는 다르거든요. 이 세계에서 가장 두뇌가 명석한 사람들 가운데도 성경을 믿는 이들이 있으며, 그중에는 과학과 역사, 철학과 신학을 가르치는 교수들도 포함됩니다. 첫 제자들이 자신들의 목숨을 걸고서 예수님의 메시지를 전하던 것과 마찬가지로, 이들 역시 그 메시지에 자신들의 삶을 걸고 있습니다.

☑ 이것만큼은 꼭 이해해요!

핵심 요약

- 그들 자신이 기독교인이든 아니든 간에, 역사가들은 예수님이 실존 인물이었다는 점을 모두 인정하고 있습니다. 1세기 당시의 비기독교적인 자료들에서는 예수님이 유대의 종교적인 스승이었으며, 사람들이 그분을 메시아로 믿었음을 분명히 언급합니다. 그분은 주후 26–36년 사이에 로마인들에 의해 십자가에 못 박혀 죽으셨으며, 신적인 존재로 경배되었습니다.

- 신약 성경의 복음서들에는 예수님의 생애에 관한 이야기들이 담겨 있습니다. 그 복음서들은 그분의 삶과 사역을 직접 목격한 이들이 그 일을 생생히 기억하는 동안에 기록되었으며, 그 속에는 그분이 활동하시던 당시의 시대와 장소에 관한 여러 세부 사항이 포함되어 있습니다.

- 예수님의 첫 제자들이 그분에 관한 이야기들을 지어냈다고 여기기는 어렵습니다. 복음서들에 담긴 몇몇 이야기의 경우는 당시 교회를 이끌던 지도자들의 처지에서 매우 난처한 것들이었습니다. 그러니 그들 스스로 그런 이야기들을 지어내지는 않았을 것입니다. 그리고 예수님이 죽음에서 부활하셨다는 자신들의 메시지가 거짓임을 알면서도 그 메시지를 선포하기 위해 기꺼이 목숨을 걸었을 리가 없습니다.

- 지금 우리가 예수님의 부활을 전혀 의심의 여지가 없을 정도로 명백히 입증하기는 어렵습니다. 하지만 그 일에 대한 다른 설명들(예를 들면, 그분이 실제로는 십자가에서 숨을 거두지 않으셨다거나 제자들이 그 이야기를 지어냈을 뿐이라는 주장)은 거의 이치에 닿지 않습니다.

- 겁에 질려 있던 소수의 제자가 마침내 온 세상을 바꾸어 놓은 그 신앙 운동을 일으키기 위해서는 하나의 기적이 필요했습니다.

- 만약 이 우주를 창조하신 하나님이 계신다면, 그분이 예수님을 죽음에서 다시 살리셨음을 믿는 것 역시 터무니없는 일이 아닙니다.

- 성경을 충실히 읽는 일이 늘 그 내용을 문자적인 의미로 받아들이는 것을 뜻 하지는 않습니다. 예수님은 종종 문자적이지 않은 표현법(은유와 이야기들)을 써서 중요한 진리들을 말씀하셨습니다. 하지만 성경 가운데는 독자들이 그 의미를 문자적으로 받아들이게끔 하려는 의도로 기록된 부분 역시 많습니다. 한 예로, 예수님이 죽음에서 부활하셨다는 성경의 가르침이 그러합니다.

- 이 세계에서 가장 두뇌가 명석한 이들 가운데도 성경이 진리임을 믿는 사람 들이 있습니다. 그중에는 탁월한 과학자들 역시 포함됩니다.

기독교가 틀렸다는 것이
과학적으로 입증되지 않았나요?

애니메이션 〈모아나〉에서 주인공 모아나가 반신(半神)적인 존재인 마우이를 찾아갔을 때, 그는 모아나를 자신의 팬으로 착각합니다. 그는 유명한 노래 〈괜찮아〉(You're welcome)를 부르면서, 모아나가 사는 세상이 창조될 때 자기가 얼마나 많은 일을 했는지를 뽐내지요. 그는 자신이 모든 자연 현상을 설명할 수 있다고 주장합니다. 태양과 땅, 하늘과 파도, 그리고 코코넛 나무들의 기원까지 자신의 영웅담을 가지고서 설명해 줄 수 있다고 했지요.[1] 하지만 모아나는 여기에 그리 깊은 인상을 받지 못했습니다. 그리고 저의 많은 친구 역시 그런 창조 이야기들을 진지하게 받아들이지 않습니다. 그들은 과학으로 자연 현상들을 설명하는 편을 선호하지요.

오늘날 많은 이가 창조 이야기를 믿고 따르는 일과 과학적 사고를 신뢰하는 일이 **대립한다고** 여깁니다. 그들은 이렇게 생각하지요. '과거의 사람들은 이 세상이 어떻게 생겨나게 되었는지를 설명하기 위해 신화들을 지어내야만 했어. 하지만 지금 우리에게는 과학이 있지. 그렇게 꾸며 낸 이야기들은 더 이상 필요하지 않아.'

그런데 성경은 하나님이 이 세상을 창조하신 이야기로 시작됩니다. 별들부터 불가사리들에 이르기까지, 모든 만물을 그분이 친히 지으셨다는 것이지요. 과연 우리에게는 아직도 그 이야기가 필요할까요? 과학적 사고는 창조주 하나님의 존재를 **부인하는** 일에 그 토대를 두어야 하는 것이 아닌가요? 그리고 그리스도인들은 늘 과학의 발전에 저항해 오지 않았나요? 이 장에서, 우리는 이런 질문들을 다루어 보려 합니다. 여러분은 어쩌면 그 대답을 듣고서 깜짝 놀랄지도 모릅니다.

유일하신 하나님

고대의 모든 문명에는 이 자연 세계의 존재를 설명하기 위한 각자의 방식이 있었습니다. 대부분 그것은 신들이나 (마우이 같은) 반신적인 존재들이 인간과 비슷한 모습으로 어떤 일을 행한 것에 관한 이야기들이었지요. 어떤 창조 이야기는 이 세상이 신들 사이의 싸움을 통해 생겨났다고 말합니다. 그리고 어떤 이야기는 인간이 신들의 노예로 지음받았다고 말하기도 하지요. 하지만 성경의 가장 앞부분인 창세기에서 서술되는 창조 이야기는 독특한 성격을 띠고 있습니다. 그 이야기에서는 이 세상이 많은 신의 싸움을 통해 생겨났다거나, 어떤 중요한 신이 다른 신들과 맞선 결과로 생겨났다고 말하지 않습니다. 오히려 성경에서는 유일하신 하나님이 온 하늘과 땅을 창조하셨다고 선포하지요. 하나님은 자신의 말씀으로 이 세상을 창조하셨으며, 인간을 "그분 자신의 형상"으로 지으셨습니다(창 1:27 참조).

오늘날 대부분의 사람은 자신을 기독교인이나 무슬림, 또는 유대교인으로 여깁니다. 그리고 이 종교들은 모두 유일하신 하나님이 계신다고 가르치지요. 하지만 성경의 첫 번째 책이 기록되었을 당시, 대부분의 사람은 **많은** 신이 존재한다고 믿었습니다. 오늘날 많은 신이 존재한다는 개념이 우리에게 낯설게 들리듯이, 당시에 유일하신 창조주 하나님이 계신다는 생각은 그들에게 낯설게 다가왔을 것입니다. 하지만 유일하신 하나님이 이 세상을 지으시고 인간을 그분의 형상으로 만드셨다는 성경의 가르침은 오늘날 우리가 당연하게 받아들이는 여러 일의 토대가 됩니다. 그리고 그 일들 가운데는 과학적 탐구 역시 포함되지요.

근대 과학의 창시자는 그리스도인들이었습니다

과학적 신념은 하나님을 향한 믿음과 대립하지 않습니다. 오히려 최초의 근대 과학자들이 과학적 방법론을 만들어 낼 수 있던 것은 그들이 성경의 창조주 하나님을 믿었기 때문이지요. 하나님은 이 세상 만물을 주관하실 뿐 아니라 놀라운 지성을 갖고 계시며, 모든 일을 온전히 자유롭게 행하시는 분이기 때문입니다. (재미있게도, 과학 방법론의 발전에 크게 기여한 두 인물은 '베이컨'이라는 성을 갖고 있습니다!)(프랜시스 베이컨[Francis Bacon]과 로저 베이컨[Roger Bacon]_옮긴이)

과학자들은 이 우주의 법칙들을 알아내려고 노력합니다. 그들은 먼저 자연 세계에서 어떤 일이 발생하고 있음을 파악하고, 이렇게 질문하지요. "그런 일이 생겨나는 이유는 무엇일까?" 그런 다음, 그들은 그 이유를 설명하기 위해 '가설'로 불리는 하나의 이론을 세웁니다. 그러고는 실험을 통해 그 가설이 과연 옳은지를 검증하지요. 과학자들은 자연의 모든 현상이 다른 무언가에 의해 생겨난다고 믿으며, 이런 인과 관계가 이 세상 어디서나 같은 방식으로 나타난다고 여깁니다. 이는 이 우주가 변함없는 규칙들을 좇아 일관성 있게 움직이고 있기 때문이라는 것이지요.

오늘날 우리는 이런 과학 탐구의 과정에 이미 익숙하기에, 과연 그런 전제들이 옳은지에 관해 별 의문을 품지 않습니다. 하지만 최초의 과학자들이 '이 우주를 움직이는 일관된 법칙들이 있다'고 여긴 이유는 바로 그런 법칙들을 창조하신 하나님의 존재를 믿었기 때문입니다. 그들은 성경을 통해 유일하신 하나님이 계심을 배웠습니다. 그 하나님은 이 우주를 질서 있게 창조하셨으며 자신의 뜻을 쉽게 바꾸지 않으시는 분, 불변하며 한결같으신 분이지요. 그러므로 그 과학자들은 그분이 이 세상 어디서나 같은 방식으로 작용하는 법칙들에 근거해서 우주를 창조하셨으며, 그 법칙들은 시간이 흘러도 결코 바뀌지 않을 것이라고 추정한 것입니다.

만약 이 세상에 여러 신이 있었다면, 우리는 각 지역마다 서로 다른 법칙들이 있으리라고 여기게 되었을 것입니다(이는 각 나라의 법률이 서로 다른 것과 비슷합니다). 그리고 우리는 특정한 시대에 어떤 신이 어떤 지역을 다스리는지에 따라, 각 지역을 주관하는 법칙들이 달라지리라고 여기게 되었을 것입니다. 그러나 유일하신 하나님이 온 세상을 다스리신다면(그분은 처음부터 이 세상을 주관해 오셨으며 앞으로도 늘 그리하실 것입니다), 우리는 그 법칙들이 모든 시대의 모든 장소에서 똑같으리라고 기대할 수 있습니다. 그리고 최초의 과학자들은 성경을 통해, 하나님이 온전히 자유로우신 분임을 알게 되었습니다. 곧 하나님에게 어떤 일을 행하도록 지시하는 다른 존재가 전혀 없다는 것이지요. 그러니 하나님이 이 세상 속에 심어 두신 법칙들을 찾아낼 수 있는 유일한 방법은 직접 그 세상 속으로 나아가서 사물들을 관찰하는 일밖에 없던 것입니다!

저에게 이런 일들을 처음 설명해 준 사람은 프린스턴대학교의 철학 교수인 한스 핼버슨(Hans Halvorson)이었습니다. 그는 전 세계에서 과학의 본성을 숙고하는 일에 가장 탁월한 전문가 중 한 명이지요. 그리고 한 사람의 그리스도인이기도 합니다. 한스에 따르면, 처음에 사람들이 과학을 탐구하기 시작한 이유는 그들이 성경의 하나님을 믿었기 때문이었습니다. 그리고 오늘날에도, 창조주 하나님의 존재를 믿는 이들은 무신론자들보다 과학 탐구를 위한 더 나은 근거를 갖고 있다는 것입니다. 한번 생각해 보십시오. 만약 처음에 이 우주의

하나님 없이도 잘 살 수 있지 않나요?

법칙들을 창조하신 하나님이 계시지 **않다면**, 우리는 과학 탐구가 제대로 작동하는 이유에 관해 최종적인 설명을 찾지 못하게 됩니다. 그 경우에 이 우주는 그저 우연히, 아무 이유 없이 생겨나게 되었을 뿐이니까요. 이때 우리는 그저 이렇게 말할 수밖에 없겠지요. "과학적 탐구가 제대로 작동한다는 게 참 다행이지요. 그렇지 않습니까?"[2]

물론 세상에는 하나님을 믿지 않는 탁월한 과학자도 많이 있습니다. 실제로, 현대의 과학자들 가운데는 다른 일반인들의 경우보다 하나님을 믿는 이들의 비중이 **상당히 낮은** 경향이 있습니다. 아마도 이는 하나님을 향한 믿음이 과학과는 모순된다고 여기는 사람이 많기 때문일 것입니다. 하지만 지금 세계적으로 뛰어난 과학자들 가운데 하나님을 **믿는** 이가 많다는 것 역시 사실입니다. 그리고 지난 400년 간의 역사를 돌아볼 때, 우리는 여러 획기적인 과학적 사실을 발견해 내는 일에서 그리스도인들이 중요한 역할을 감당해 왔음을 알게 됩니다. 그중에는 이 우주의 기원에 관해 놀라운 설명 방식을 마련해 낸 일 역시 포함되지요.

우주의 탄생

지금으로부터 거의 100년 전, 로마 가톨릭교회의 신부였던 조르주 르메트르(Georges Lemaître)가 터무니없게 들리는 하나의 이론을 제시했습니다. 당시 대부분의 과학자는 이 우주가 늘 존재해 왔다고 믿었습니다. 하지만 르메트르의 가설은 바로 우주의 시초가 있다는 것이었지요. 그는 이 우주 전체가 대단히 뜨겁고 밀도가 높은 하나의 점에서 시작되었을 것이라고 제안했습니다(그는 이 점을 '우주를 품은 달걀'이라고 불렀습니다). 그런 다음에는 그 우주가 그 점으로부터 믿을 수 없을 만큼 빠른 속도로 팽창해 나갔으리라는 것이지요. 이제 여러분이 손으로 달걀 하나를 쥐고 있다고 생각해 보십시오. 그리고 그 달걀 속에 이 우주 전체가 담겨 있다고 상상해 보기 바랍니다. 그것은 마치 요술 램프 속에 지니가 산다는 말보다도 터무니없는 소리로 들리겠지요! 하지만 지금까지 수많은 과학자가 진행한 여러 실험을 통해, 이 '빅뱅' 이론이 실제로 우주의 시초에 있었던 일을 적절히 설명해 주는 듯하다고 입증되어 왔습니다.

처음에 조르주 르메트르가 자신의 이론을 발전시켰을 때, 많은 과학자는 그 견해를 받아들이지 않았습니다. 그들에게는 그 이론이 너무나도 말이 안 되는 것처럼 여겨졌기 때문입니다. 그리고 그 이론은 하나님이 아무것도 없던 상태에서 이 우주를 창조하셨다는 성경의 가르침과 매우 흡사하게 들렸습니다. 바로 그 이유 때문에, 당시의 무신론자인 과학자들은 그 이론의 거짓됨을 입증하려고 애쓰기도 했지요. 그중에는 유명한 물리학자였던 프레드 호일(Fred Hoyle)도 포함되는데, 그는 르메트르의 생각을 조롱하기 위해 그 이론에 '빅뱅'(Big Bang, '쾅 하는 소리가 크게 났다'는 뜻_옮긴이)이라는 이름을 처음으로 붙인 사람입니다. 혹시 여러분이 리처드 도킨스와 같은 대중적인 무신론자들의 책을 읽는다면, 아마도 현대 과학이 이미 하나님을 향한 믿음의 자리를 대체했으며 기독교인들은 늘 과학의 발전에 저항해 왔다고 믿게 될 것입니다. 하지만 빅뱅 이론의 역사는 실제 사실이 그것과는 정반대였음을 알려 줍니다.

여기까지 우리는 그리스도인들이 근대 과학을 **창시했다**는 점, 그리고 이 우주의 기원을 파악해 낸 최초의 인물 중 한 사람도 그리스도인이었다는 점을 살펴보았습니다. 하지만 '(이런 일들을 제외한) **대부분의 경우에** 그리스도인들이 과학의 발전에 저항해 왔다'는 주장은 사실이 될 수 있을까요? 이제는 과학자들의 방식을 써서(여러 사례를 통해 이 주장의 진위 여부를 다루어 본다는 의미_옮긴이), 그 주장이 과연 옳은지를 한번 검증해 보겠습니다.

갈릴레오 갈릴레이

무신론자들은 종종 기독교인들이 과학의 발전을 거부한 중요한 사례로 갈릴레오 갈릴레이(Galileo Galilei) 시대에 있던 일을 들곤 합니다. 당시의 과학자들은 이미 수백 년에 걸쳐, 태양이 지구 주위를 돈다고 가르쳐 온 상태였습니다. 이런 그들의 생각은 고대 그리스의 철학자 아리스토텔레스(Aristoteles)가 남긴 글에 토대를 둔 것이었지요. 그러나 갈릴레이는 지구가 태양 주위를 돈다고 주장한 최초의 인물 중 한 명이었습니다. 1633년, 로마 가톨릭교회는 갈릴레이를 이단으로 규정했습니다(이는 성경에 어긋나는 일들을 믿거나 가르치는 것을 뜻합니다). 오늘날 많은 사람은 당시 갈릴레이가 가톨릭교회로부터 심한 고문을 받았다고 믿으며, 이 일을 기독교인들이 성경의 가르침을 문자적으로 따르기 위해 과학의 발전에 반대한 하나의 명백한 사례로 여깁니다. 하지만 갈릴레이 이야기에 대한 이 해석에는 몇 가지 문제점이 있습니다.

첫째, 갈릴레이도 한 사람의 그리스도인이었습니다. 그러니 이것은 무신론을 좇는 한 과학자가 그리스도인들의 반발에 부딪힌 사례가 아니지요. 갈릴레이는 지구가 태양 주위를 돈다는 개념이 성경의 가르침에 어긋나지 않는다고 주장했습니다. 실제로 처음에 (로마 가톨릭교회의 수장인) 교황은 그의 과학적 작업들을 후원했습니다. 이후에 그가 교황과 충돌하게 된 것은 갈릴레이의 일부 신학적 주장들 때문이었지요.

둘째, 당시에 로마 가톨릭교회는 갈릴레이를 감옥에 가두거나 고문하지 않았습니다. 이것은 현재 널리 퍼진 이야기지만, 사실이 아닙니다. 당시 그는 자신의 집 밖으로 나올 수 없었으나 감옥에 갇히지는 않았습니다. 그리고 그가 고문을 당했다는 증거 역시 남아 있지 않습니다.

그리고 셋째, (갈릴레이 자신도 지적했듯이) 그리스도인들은 갈릴레이가 지구가 태양 주위를 돈다고 주장하기 전부터 이미 수백 년 동안 성경의 여러 부분을 문자적이지 않은 방식으로 이해해 왔습니다. 갈릴레이 같은 과학자들이 새로운 모델을 제안하기 전까지 중세 교회는 아리스토텔레스의 모델을 채택해 왔는데, 성경의 내용들을 엄격한 의미에서 문자적으로 받아들일 경우에는 사실 그 모델 역시 그릇된 것이 됩니다. 성경에서는 지구가 움직이지 않는다고 말씀할 뿐 아니라 (예를 들어, 시 93:1 참조), 그것이 견고한 기둥들 위에 서 있다고 선포하기 때문입니다(삼상 2:8 참조). 하지만 그렇다고 해서 성경의 가르침 자체에 문제가 있는 것은 아닙니다. 시편에서는 늘 은유법을 사용하며, 사무엘상 2장에 있는 한나의 노래에서도 우리는 그녀가 은유법을 쓰고 있음을 헤아릴 수 있기 때문입니다.

그러므로 갈릴레이의 이야기는 그리스도인들과 과학자들이 대립한 일에 관한 것이 아닙니다. 오히려 그것은 한 명의 그리스도인 과학자가 성경과 과학의 관계를 놓고 다른 그리스도인들을 상대로 논쟁한 이야기지요. 그리고 과학의 역사를 한번 자세히 공부해 보십시오. 그러면 '기독교와 과학이 대립한' 여러 유명한 이야기의 경우에, 실제로는 논쟁의 양쪽 모두에 그리스도인들이 있었다는 것을 발견하게 될 것입니다.

아인슈타인이 흠모한 인물들

알베르트 아인슈타인(Albert Einstein)은 탁월한 물리학자로서, 20세기의 가장 유명한 과학자 중 한 명입니다. 아인슈타인은 그리스도인이 아니었습니다. 그는 서재에 자신이 가장 흠모하는 과학자 세 사람의 초상화를 걸어 두곤 했는데, 아이작 뉴턴(Albert Einstein, 1642-1727)과 마이클 패러데이(Michael Faraday, 1791-1867), 제임스 클러크 맥스웰(James

Clerk Maxwell, 1831-1879)이 바로 그들이었습니다. 그런데 이 세 사람 모두 하나님을 열렬히 믿고 따르던 그리스도인이었습니다.

아이작 뉴턴은 인류 역사상 가장 많은 영향력을 끼친 과학자 중 한 명입니다. 그는 중력과 운동의 기본 법칙들을 알아낸 인물이지요. 그는 예수님이 **완전한** 하나님임을 믿지 않았기에, 온전한 의미의 그리스도인은 아니었습니다. 하지만 그는 기독교의 하나님이 이 우주를 창조하셨음을 굳게 믿었으며, 과학보다 하나님에 관해 많은 글을 남겼습니다!

마이클 패러데이는 역사상 가장 위대한 실험 과학자 중 한 명입니다. 그는 전자기학을 깊이 연구한 인물로 잘 알려져 있지요. 과학 분야에서 어떤 현상이나 법칙에 자신의 이름이 붙여지는 것은 매우 큰 영광입니다. 그런데 '패러데이 상수'와 '패러데이 효과', '패러데이의 유도 법칙'과 '패러데이의 전기 분해 법칙'은 모두 그의 이름을 따서 만들어졌지요. 그는 열성적인 그리스도인이었으며, 과학과 종교의 관계에 깊은 관심을 가지고 있었습니다.

제임스 클러크 맥스웰 역시 천재적인 과학자입니다. 그는 전기와 자기, 빛 사이의 관계를 파악해 냈지요. 그는 복음주의적인 장로교 그리스도인이었으며, 나중에 스코틀랜드 교회의 장로가 되었습니다. 맥스웰은 청소년 시절에, 이미 성경의 많은 구절을 암송했습니다.

그런데 탁월한 과학자인 동시에 하나님을 믿는 그리스도인이던 이들 가운데는 아인슈타인이 흠모하던 이 세 인물만 있는 것이 아닙니다. 역사적으로 다른 많은 사례를 찾아볼 수 있는데요, 그중에는

하나님 없이도 잘 살 수 있지 않나요?

근대 화학의 창시자 중 한 사람인 로버트 보일(Robert Boyle, 1627-1691)이 있습니다. 또 완두콩을 연구한 뒤 '유전학'으로 불리는 과학의 영역을 개척한 그레고어 멘델(Gregor Johann Mendel, 1822-1884)이나, 지구의 나이가 엄청나게 오래되었음을 최초로 발견한 과학자 중 한 명인 켈빈 경(William Thomson, 1824-1907)도 있습니다. 그리고 미국의 선구적인 농업 화학자이자 농학자, 식물학자였던 조지 워싱턴 카버(George Washington Carver, 1860년대-1943) 역시 빼놓을 수 없는데요, 그의 연구 성과들은 미국의 농업 경제 환경을 완전히 바꾸어 놓았습니다. 더욱이 카버의 부모가 노예 출신이었기에, 그의 업적은 한층 놀랍게 다가옵니다.

하지만 오늘날의 경우에는 어떨까요? 과연 지금도 그리스도인 과학자들이 각자의 분야에서 주도적인 역할을 할 수 있을까요? 물론입니다!

지금 학계에서 주도적으로 활동하는 그리스도인 과학자들

프랜시스 콜린스(Francis Collins) 박사는 지금 전 세계에서 가장 영향력 있는 과학자 중 한 사람입니다. 그는 인류 역사상 최초로 사람 몸의 DNA(이는 신체가 어떻게 자라는지를 알려 주는 세포 속의 지시 체계입니다)를 해독해 낸 연구팀을 이끈 인물이지요. 현재 그는 미국 국립 보건원의 연구 소장이며, 코로나 바이러스의 백신 개발을 위한 각종 연구를 주관하고 있습니다. 콜린스 박사는 기독교 가정에서 자라지 않았습니다. 그리고 예일대학교에서 공부하던 시절에는 스스로를 무신론자로 여겼지요. 그는 학업을 마친 뒤, 한 병원에서 의사로 근무하게 되었습니다. 그곳에서 그는 수많은 사람이 고통을 겪고 세상을 떠나는 모습을 보면서, 진정한 삶의 의미에 관해 고민하게 되었습니다. 그런데 하루는 한 환자가 예수님을 향한 자신의 믿음을 콜린스 박사에게 들려준 뒤, 이렇게 질문했습니다. "선생님은 무엇을 믿고 계신가요?"[3] 그리고 그 이후에 그는 마침내 그리스도인이 되었습니다.

조앤 센트렐라(Joan Centrella)는 미국 항공우주국(NASA)의 천체 물리학 연구 담당 부국장입니다. 그녀는 (우주에서 가장 신비스러운 현상 중 하나인) 블랙홀 연구 분야의 세계적인 전문가입니다. 센트렐라는 이미 정상급 과학자가 되고 난 이후에 기독교를 받아들이게 되었습니다. 여러 종교를 찬찬히 살펴보고 난 뒤에 내린 결정이었지요. 그녀는 이때의 일을 이렇게 설명합니다.

저는 그리스도를 따르는 쪽을 선택했습니다. 그분의 말씀들이 제게는 매우 본질적인 의미에서 참된 것으로 다가왔기 때문입니다.[4]

MIT의 콩징(Jing Kong) 교수는 중국에서 무신론자로 자랐습니다. 그러다가 미국의 스탠포드대학교에서 대학원 공부를 하던 중에 그리스도인이 되었지요. 지금 그녀는 MIT의 전기 공학 교수로 있습니다. 그녀는 자신의 신앙을 이렇게 고백합니다.

제가 진행하는 연구들은 하나님이 기뻐하시는 일들을 감당하기 위한 하나의 방편일 뿐입니다. …… 이 세상을 바라보면서 그분이 어떤 식으로 이 모든 것을 창조하셨는지를 생각할 때, 저는 깊은 경이감을 느낍니다.[5]

대니얼 헤이스팅스는 우주 과학 분야의 세계적인 전문가이며, 미국 MIT에서 항공학과 우주 탐사를 가르치는 교수입니다(우리는 1장에서 이분의 이야기를 살펴보았지요). 그는 영국에서 보낸 10대 시절에 그리스도인이 되었습니다. 그는 자신의 신앙을 이렇게 표현합니다.

저는 먼저 이 우주를 창조하신 하나님이 계시다는 것을 고백하고 싶습니다. 그리고 그분은 비인격적인 신이 아닙니다. 하나님은 우리를 사랑하시며, 우리와 가까이 교제하기 원하신다는 것을 뚜렷이 말씀하셨습니다. …… 그렇기에 우리 삶의 목적은 그분과의 친밀한 교제 가운데서 발견되는 것이지요.[6]

러셀 코번(Russell Cowburn)은 영국 케임브리지대학교의 물리학 교수입니다. 그는 나노 기술 분야의 세계적인 전문가지요(이는 지극히 작은 크기의 물질을 다루는 기술을 뜻합니다!). 그런데 이처럼 작은 물질들을 연구하는 가운데서, 지극히 크신 하나님을 향한 그의 믿음이 더욱 깊어졌습니다. 그는 신앙과 과학의 관계를 이렇게 설명합니다.

과학에 대해 더 많이 이해한다고 해서 하나님이 더 작아지지는 않는다. 과학에 대한 이해가 깊어질수록 하나님의 창조 활동을 더 세밀하게 볼 수 있다[7]

지금 전 세계에 걸쳐, 수많은 그리스도인 과학자가 다양한 분야의 전문가로 활동하고 있습니다. 최초의 근대 과학자들과 마찬가지로, 그들은 과학을 하나님의 존재에 대한 하나의 대안적인 가설로 여기지 않습니다. 오히려 그들은 자신들의 연구를 그분에게 경배하기 위한 하나의 방편으로 간주하지요. 근대 천문학의 개척자인 요하네스 케플러(Johannes Kepler)가 말했듯이, 하나님에게 속한 이 우주의 기본 법칙들을 탐구할 때 우리는 그분의 생각 속에 참여하게 됩니다.[8]

하지만 (근대 과학이 생겨난 이후로) 지난 400년 동안, 때로는 그리스도인들이 과학적인 발견의 내용들을 거부해 온 경우가 있는 것 역시 사실입니다. 이는 그 내용들이 성경의 가르침과 충돌한다고 여겼기 때문이지요. 여기서는 가장 유명한 한 가지 사례를 살펴보겠습니다.

인간의 기원은 어떻게 이해해야 할까요?

지금 기독교와 과학이 뚜렷한 갈등을 빚고 있는 영역 중 하나는 '처음에 우리 인류가 어떻게 생겨나게 되었는가' 하는 문제에 관한 것입니다. 성경에서는 하나님이 우리 인간들을 그분 자신의 형상으로 창조

하나님 없이도 잘 살 수 있지 않나요?

하셨다고 말합니다(창 1:27 참조). 하나님은 우리에게 이 세상을 다스리는 특별한 역할을 주셨으며, 우리를 그분 자신과의 특별한 관계 가운데로 부르셨습니다. 이 관계는 그분이 여느 다른 피조물들과 맺으시는 관계와 매우 다른 성격을 지닙니다. 그런데 1859년에 영국의 과학자 찰스 다윈(Charles Robert Darwin)이 「종의 기원」(The Origins of Species)이라는 책을 출간했습니다. 그 책에서, 그는 모든 생명체가 서로 밀접히 연관되어 있다고 주장했습니다. 그리고 우리 인류는 다른 동물들에서 점진적으로 '진화한' 존재라고 주장했지요.

당시 그리스도인들은 다윈의 이론이 성경의 창조 이야기와 조화될 수 있는지에 관해 저마다 생각이 달랐습니다. 어떤 이들은 이렇게 주장했지요. "성경에서 하나님이 사람을 땅의 흙으로 빚으셨다고 말하는 것은 사실이다. 하지만 그럴지라도, 하나님이 진화의 과정을 통해 점진적으로 사람들을 생겨나게 하셨다고 믿지 못할 이유는 없다. 그분은 그 방법을 통해서도 여전히 사람들을 특별한 존재로 만드실 수 있었을 것이다." 한편 또 다른 이들은 이렇게 주장했습니다. "우리가 성경의 창조 이야기를 문자적으로 받아들일 때, 그 내용은 다윈이 주장한 진화와 잘 들어맞지 않는다. 하나님은 진화의 과정을 통해 사람들이 점진적으로 생겨나게 하신 것이 아니라, 그들을 어느 한순간에 창조해 내셨을 것이다."

이 책 5장에서 살폈듯이, 그리스도인들은 성경의 일부 내용들을 어떻게 이해할 것인지에 관해 서로 의견을 달리하곤 합니다. 그리고 창세기 1장과 2장에 기록된 창조의 이야기들은 이런 의견의 불일치를 보여 주는 중요한 사례 중 하나입니다.

　오늘날에도 어떤 그리스도인들은 하나님이 우리를 창조하셨다는 성경의 가르침과 진화의 개념을 **동시에** 믿고 따를 수는 없다고 여깁니다. 이에 반해, 어떤 그리스도인들은 그 일이 가능하다고 생각하지요. 또 어떤 이들은 "하나님이 진화의 과정을 통해 우리 인간들을 만들어 내셨다는 사실을 그리스도인들이 믿고 받아들여야 한다"고 주장합니다. 다만 하나님이 때때로 그 과정 속에 친히 개입하셨다는 것이지요. 그렇기에 인간의 기원에 관한 이야기 가운데 때로는 과학적으로 잘 설명되지 않는 일부 요소들이 나타나리라는 점을 미리 염두에 두어야 한다는 것입니다. 또 다른 이들은 이렇게 주장합니다. "하나님은 그 진화의 과정 전체를 주관하시는 분이다. 그렇기에 굳이 우리가 과학적으로 설명할 수 없는 부분들에서만 그분이 활동하셨다는 증거들을 찾아내려 할 필요가 없다. 그분은 그 과정의 모든 단계를 세밀히 인도해 오셨기 때문이다." 한편 어떻게 단순한 형태의 생명체들에서 더 복잡한 구조의 생명체들로 발달했는지에 관해서는 과학자들이 여러 이론을 제시하지만, 그들 역시 애초에 생명 그 자체가 어떻게 생겨나게 되었는지에 관해서는 전혀 아는 바가 없다는 점을 우리는 염두에 두어야 합니다.

　리처드 도킨스 같은 무신론자들의 경우, 과학에 관해 이야기할 때 온갖 종류의 다른 신념을 덧붙이곤 합니다. 그리하여 그들은 어떤 자연 현상에 관해 그럴듯한 과학적 설명이 발견될 때마다, 마치 하나님을 우리의 생각 속에서 밀어내야만 할 것 같은 느낌이 들게끔 만드는 것입니다. 하지만 이 장에서 앞서 살폈듯이, 처음에 그리스도인들이 과학을 발전시킬 수 있었던 이유는 하나님이 이 세상을 창조하셨다는 것을 믿지 않아서가 아니었습니다. 오히려 그들은 그 사실을 믿었기에 그리할 수 있었지요. 다른 분야들의 경우와 마찬가지로, 이 진화론의 영역에서도 지금까지 여러 그리스도인 과학자가 상당한 영향을 끼쳐 왔습니다.[9] 하지만 이와 동시에, 우리는 과학자들의 주장이 전부 옳다고 여겨서도 안 됩니다. 그 한 가지 이유는 과학이 계속 발전함에 따라, 대부분의 과학자가 믿고 따르는 내용이 달라질 수 있기 때문이지요(이는 빅뱅 이론의 경우에 그러했던 것과 같습니다). 그리고 과학자들은 때때로 그들의 연구를 통해 자신이 하나님에 관해 믿거나 믿지 않는 내용을 과학적으로 입증해 낸 것처럼 말하기도 하는데요, 실제로는 그렇지 않을 경우가 많습니다.

만일 여러분이 예수님을 믿는 그리스도인이라면, 저는 여러분이 스스로 이 질문들을 계속 탐구해 나가면서 자신의 견해를 결정하기를 바랍니다. 물론 앞에서 살펴본 질문들은 복잡한 성격을 띠고 있습니다. 성경의 가르침이 과학의 주장과 어떻게 조화될 수 있는지에 관한 기독교의 신념들은 마치 벽에 달린 전등 스위치처럼 '네' 또는 '아니요'로 구분할 수 있는 것이 아닙니다. 오히려 그 신념들은 제 딸아이들의 침대 머리맡에 달아 놓은 독서 등과 좀 더 비슷하지요. 그 독서 등에는 여러 개의 버튼이 달려 있어서, 조명의 밝기와 색상을 다양하게 조절할 수 있습니다. 다만 그리스도인이라면 누구든지 하나님이 우리를 창조하셨다는 사실을 믿어야만 합니다. 이는 우리 각 사람이 과학에 관해 어떤 생각을 가지고 있든지 간에 마찬가지지요. 그리고 성경이 우리 인간의 정체성에 관해 가장 중요한 진리들을 가르친다는 점과, 인간에 대한 과학적 설명만으로는 결코 온전한 진실을 파악할 수 없다는 점을 받아들여야 합니다. 그런데 우리 그리스도인들과 무신론자들은 바로 이 지점에서 가장 깊은 의견 차이를 드러내게 됩니다.

인간은 어떤 존재일까요?

영국의 탁월한 물리학자였던 스티븐 호킹(Stephen Hawking)이 스물한 살이 되었을 때, 루게릭병(운동 신경 세포와 근육이 서서히 약화되는 불치병_옮긴이)에 걸렸다는 진단을 받았습니다. 그것은 오랜 세월에 걸쳐 그의 몸을 점점 망가뜨리는 끔찍한 병이었지요. 호킹은 마침내 전동 휠체어를 타고 움직일 뿐 아니라, 말하고 글을 쓸 때에도 특별히 설계된 컴퓨터를 이용해야 했습니다. 그는 날마다 그런 컴퓨터 장치들에 의존해서 살아가야만 했지요. 그런데 그의 생애 말엽에 가졌던 인터뷰에서, 호킹은 한 걸음 더 나아가 이렇게 주장했습니다. "제 생각에 인간의 뇌는 그 구성 요소들이 마침내 고장 날 때 작동을 멈추게 될 하나의 컴퓨터일 뿐입니다." 그리고 이렇게 덧붙였지요. "그렇게 고장난 컴퓨터들을 위한 하늘나라나 내세 같은 것은 없다고 봅니다. 그런 이야기들은 그저 어둠을 무서워하는 사람들을 위해 지어낸 동화일 뿐

하나님 없이도 잘 살 수 있지 않나요?

이지요."[10]

호킹은 자신의 뇌가 하나의 컴퓨터일 뿐이라고 믿었습니다. 자신이 하나님의 형상으로 지음받았다고 여기지 않은 것이지요. 그의 생각에, 자신은 그저 하나의 복잡한 기계일 뿐이었습니다. 이런 그의 관점에 따르면, 그의 휠체어에 부착되어 그가 목소리를 내도록 도와주는 컴퓨터 장치는 그의 머릿속에 장착되어 그가 생각할 수 있게 해주는 '뇌'라는 컴퓨터 장치와 본질적으로 다른 것이 아니었습니다. 그러므로 자신이 숨을 거둘 때, 그 일은 마치 하나의 컴퓨터가 작동을 멈추는 일과 같을 것이라고 여긴 것이지요.

많은 무신론자인 과학자들은 이런 식으로 생각합니다. 그들은 우리가 과학의 도구들을 가지고서 측정해 낼 수 있는 것들만이 유일하게 **참된** 진리라고 믿지요. 영국 옥스퍼드대학교의 물리학 교수이며 기독교인인 아르드 루이스(Ard Louis)는 이런 사고방식을 '그저주의' (nothing buttery)라고 부릅니다. 그런 무신론자들의 경우, '그저' 과학을 통해 규명될 수 있는 내용만이 우리 인간이 지닌 정체성의 전부라고 믿기 때문이지요.[11] 그렇다면 과학은 과연 우리 인간이 이처럼 과학적으로 측정될 수 있는 사물에 지나지 않는다는 점을 이미 입증해 낸 것일까요? 전혀 그렇지 않습니다.

앞서 살폈듯이, 근대 과학을 창시한 이들은 이 우주를 창조하신 하나님을 믿었습니다. 그분은 결코 인간의 과학을 통해 측정될 수 없는 분이지요. 그리고 우리는 과학의 도구들을 써서 인체의 물리적인 특징들을 파악할 수 있지만, 그 도구를 통해 우리 자신에 관한 모든 일을 헤아릴 수 있는 것은 아닙니다. MIT 교수인 이안 허친슨은 자신이 복잡한 생화학적 구조를 지닌 하나의 기계와도 같음을 인정합니다. 곧 그는 온갖 종류의 원자와 분자로 이루어진 존재이며, 그렇기에 과학의 도구들을 가지고서 그의 몸을 탐구할 수 있는 것이지요. 하지만 그는 한 아내의 남편인 동시에 자녀들의 아버지이며, 하나님의 은혜로 구원받은 죄인이기도 합니다. 그리고 이런 설명들은 앞서 언급한 그의 정체성과 충돌할 필요가 없는 것입니다.[12] 이 일들은 모두 참된 것이 될 수 있기 때문입니다.

그런데 만약 허친슨의 자녀가 이렇게 말한다면 어떻게 될까요? "당신은 내 아버지가 아니에요! 당신은 그저 한 다발의 원자와 분자일 뿐이에요!" 이때 우리는 그 아이가 큰 착각에 빠졌다고 여길 것입니다. 반대로 그 자녀가 다음과 같이 말할 경우에도, 우리는 그 아이의 분별력이 온전하지 않다고 여기게 되겠지요. "당신은 내 아버지니까 원자와 분자가 아니에요!" 잘 생각해 보면, 우리는 어떤 상황에서든 과학을 통해 규명될 수 있는 것보다 많은 일이 벌어지고 있다는 점에 이미 익숙합니다.

여러분이 텔레비전에서 중계되는 축구 경기를 시청한다고 생각해 보십시오. 그런데 해설자들이 그 경기의 흐름과 득점 현황에 관해 이야기하는 대신에, 현재 상황을 그저 과학적인 측면에서만 계속 설명해 나간다면 어떤 느낌이 들까요? "털이 꽤 많이 난 포유동물이 시속 50킬로미터의 속도로 발을 뻗었습니다. 그의 키는 185센티미터이며, 몸무게는 88킬로그램입니다. 그의 발이 무게 500그램 정도의 공에 충돌했으며, 공은 시속 24킬로미터의 속도로 땅을 벗어났습니다. 그리고 그 움직임의 각도는 30도 정도입니……." 그 해설자들이 이처럼 과학적인 세부 사항들을 계속 늘어놓으면서 중계를 이어 간다면 어떨까요? 이때 그들의 말은 전부 사실이겠지만, 그 방송을 계속 시청하는 사람은 아무도 없을 것입니다. 이는 축구 경기의 **핵심 목적**이 그런 과학적인 사실들을 파악하는 데 있지 않기 때문이지요. 오히려 축구 경기는 우리가 즐겁게 누려야 할 하나의 게임입니다!

이와 마찬가지로 누군가가 제 남편에 관해 이야기해 달라고 한다면, 저는 그의 키와 몸무게나 혈압의 수치를 알려 주지는 않을 것입니다. 오히려 제 남편의 성격은 어떠하며 관심사는 무엇인지, 그를 즐겁게 하거나 슬프게 만드는 일들은 무엇인지를 말해 주겠지요. 우리는 과학을 통해 여러 유익하고 중요한 사실을 파악할 수 있지만, 그것을 통해 가장 중요한 진리들을 깨닫지는 못합니다. 이를테면 여러분은 청진기를 써서 제 맥박이 얼마나 빠르게 뛰는지를 잴 수 있지만, 그것을 가지고서 제가 남편을 얼마나 사랑하는지를 알아낼 수는 없습니다.

그러면 우리는 어떻게 생각해야 할까요?

스티븐 호킹은 하늘나라를 그저 '어둠을 무서워하는 사람들을 위해 지어낸 동화 같은 것'이라고 여겼습니다. 하지만 이처럼 과학적인 사실**만이** 이 세상의 전부라고 여길 때, 우리는 그저 죽음 **이후의** 삶에 대한 소망만 잃게 되는 것이 아닙니다. 이때 우리는 죽음 **이전의** 삶이 지닌 의미까지 잃어버리게 됩니다.

지금 저는 노트북으로 이 글을 쓰고 있습니다. 그리고 제 곁에는 한 살 난 막내 아이가 잠들어 있지요. 만약 제가 갑자기 컴퓨터를 창밖으로 집어던져 버린다면, 그것은 상당한 돈 낭비가 될 것입니다. 하지만 또 다른 컴퓨터를 살 수는 있겠지요. 그러나 제가 제 아이를 창밖으로 집어던진다면, 그 일은 단순한 돈 낭비에 그치지 않습니다. 그것은 대단히 큰 범죄가 되지요. 제 아이는 컴퓨터처럼 다른 물건으로 대체할 수 있는 존재가 아니기 때문입니다. 제 아이는 하나님의 형상으로 지음받았으며, 그렇기에 독특하고 귀중한 존재입니다.

과학은 경이로운 도구입니다. 과학은 우리 삶을 더 낫게 만들어주는 유익한 일들을 발견해 내도록 도와주며, 우리가 이 세상의 아름다운 모습들을 더 깊이 헤아릴 수 있게 해줍니다. 하지만 모든 일을 그저 과학적으로 측정될 수 있는 수준의 것들로만 축소시킨다면, 그때는 여러분과 저 모두 그다지 중요하지 않은 존재가 됩니다. 그때 우리는 그저 '신체'라는 상자 속에 담긴 컴퓨터일 뿐이지요.

하나님이 이 우주를 창조하셨다고 믿는 것은 비논리적이거나 시대에 뒤떨어진 일이 아닙니다. 그것은 애니메이션 〈모아나〉에서 마우이가 꾸며 낸 이야기들을 믿는 것과는 전혀 다른 일이지요. 지금 과학 분야에서 활동하는 가장 탁월한 몇몇 사상가에 따르면, 성경의 하나님을 믿는 것이야말로 과학 탐구를 위한 최상의 토대가 됩니다.

하나님 없이도 잘 살 수 있지 않나요?

그 일은 또한 인간이 어떤 존재인지를 이해하는 데나, 여러분과 저, 그리고 제 어린 아들 루크가 더없이 귀중한 존재인 이유를 헤아리는 데도 최상의 토대가 되어 주지요.

✓ 이것만큼은 꼭 이해해요!

● 처음에 근대 과학을 발전시킨 그리스도인들은 그것을 창조주 하나님의 존재에 대한 하나의 대안적인 가설로 여기지 않았습니다. 오히려 그들은 성경의 하나님이 실제로 계시며, 이성적인 판단력을 지닌 동시에 온전히 자유로우신 분임을 믿었지요. 그들이 과학을 발전시킬 수 있었던 이유는 바로 이 믿음 덕분이었습니다.

● 과학적인 설명들은 우리 생각 속에서 하나님을 밀어내는 역할을 하지 않습니다. 오히려 그런 설명들을 접할 때, 우리는 하나님이 지으신 이 세상을 더 잘 이해하게 됩니다. 그럼으로써 그분의 생각 속에 참여할 기회를 얻게 됩니다.

● 그리스도인들은 과거의 역사뿐 아니라 오늘날에도 과학 분야에서 늘 주도적인 역할을 감당해 왔습니다.

● 그리스도인들은 흔히 '기독교와 과학이 대립한 사례'로 여겨져 온 논쟁들의 양편에 늘 있어 왔습니다. 그중에는 갈릴레오 갈릴레이나 다윈의 경우, 그리고 우주의 기원을 둘러싼 논쟁들도 포함됩니다.

● 우리는 과학을 통해 놀랍고 중요한 여러 사실을 파악할 수 있습니다. 하지만 과학은 가장 중요한 일들, 곧 우리가 누구이며 왜 소중한 가치를 지니는지에 관한 질문들에는 적절한 답을 주지 못합니다.

7

사랑은
다 좋은 것 아닌가요?

애니메이션 〈겨울왕국〉의 절정 부분에서, 안나의 몸은 차가운 얼음으로 변해 갑니다. 앞서 그녀는 '참된 사랑의 행동'이 자신의 얼어 버린 심장을 녹여 줄 수 있다는 말을 들었습니다. 그래서 자신의 약혼자인 한스 왕자가 있는 곳으로 급히 돌아가지요. 그녀는 한스와의 키스를 통해 자신이 회복될 수 있다고 믿은 것입니다. 하지만 놀랍게도, 한스 왕자는 파렴치한 악당이었습니다. 깊은 충격에 휩싸인 안나는 한스 왕자가 아닌 크리스토프가 바로 자신을 진심으로 사랑해 주는 사람임을 깨닫게 됩니다. 그리하여 그녀는 극심한 추위 속을 뚫고서 크리스토프를 찾아 나서게 됩니다. 그런데 얼마 지나지 않아, 안나는 한스가 자신의 언니인 엘사를 죽이려 드는 모습을 목격하게 됩니다. 이제 그녀는 중대한 선택의 갈림길 앞에 서게 되지요. 자신의 목숨을 구하든지, 아니면 언니 엘사를 위기에서 건지든지 간에 어느 한 쪽을 택해야만 했습니다. 마침내 안나는 엘사를 구하기 위해 달려 갑니다. 그리고 한스가 칼을 내리치려던 찰나, 안나는 언니 앞을 막아선 채 완전히 얼음으로 변해 버리지요. 그런데 엘사가 안나의 얼어버린 시체를 안고서 우는 동안, 놀라운 기적이 일어납니다. 안나의 몸이 녹아서 다시 살아난 것이지요. 안나의 생각과는 달리, 그녀의 심장을 녹여 줄 수 있는 '참된 사랑의 행동'은 한스나 크리스토프와의 키스가 아니었습니다. 그것은 바로 안나 자신이 행한 '사랑의 행동'이었지요. 이는 그녀가 자기 언니를 구하기 위해 스스로를 희생했기 때문입니다.

우리는 이 장에서, '사랑은 다 사랑이다'(Love is love)라는 대중적인 주장을 다루어 보려고 합니다. 사람들이 이렇게 말할 때, 그 의미는 누구든지 자기가 원하는 사람과 자유롭게 교제하고 결혼하도록 허용해야 한다는 데 있습니다. 곧 그 상대자가 동성이든 이성이든 간에, 모든 연애의 방식을 다 인정해 주어야만 한다는 것이지요. 언뜻보기에, 이런 그들의 메시지는 상당히 설득력 있게 여겨집니다. 우리는 모두 사랑이 좋은 것임을 알며, 이 세상에서 서로 사랑하는 이들이 많을수록 좋다는 점을 인정하기 때문입니다. 그러나 애니메이션 〈겨울왕국〉에서 아름답게 묘사되었듯이, 세상에는 **다양한 종류의** 사랑이 있습니다. 우리 삶을 변화시키는 강력한 힘을 지닌 사랑, 스스로를 희생하는 사랑이 반드시 성적이거나 로맨틱한 성격을 띠어야 할 필요는 없습니다. 형제자매 간의 사랑이나 부모 자식 간의 사랑, 그리고 친구들 간의 사랑 역시 소중한 의미를 지닙니다. 그런데 성경에 따르면, 그중에서도 가장 강력한 힘을 지닌 것은 바로 하나님의 마음에서 흘러나오는 사랑입니다. 사실 성경에서는 '사랑은 다 사랑이다'라고 이야기하지 않습니다. 오히려 "하나님은 사랑이시[라]"(God is love, 요일 4:8)고 말씀하지요. 그리고 우리는 이 세상에 있는 **여러 가지** 관계를 통해, 하나님이 베푸시는 사랑의 모습들을 어렴풋이 알게 됩니다.

하나님의 사랑을 들여다보게 해주는 창문들

이 책 2장에서, 우리는 하나님이 사람을 그분의 형상대로 창조하셨음을 살펴보았습니다. 그리고 우리는 그분 자신과, 또 다른 사람들과 친밀한 관계를 맺으며 살아가게끔 만들어졌지요. 우리가 어떤 집의 창문들 너머로 그 안을 들여다볼 때, 그 집에 있는 여러 방의 모습을 볼 수 있게 됩니다. 이와 마찬가지로, 하나님은 우리가 여러 인간관계를 통해 그분이 품으신 사랑의 다양한 측면을 알아 갈 수 있도록 계획해 두셨습니다.

예를 들어, 구약 성경에서는 하나님이 우리의 아버지가 되신다고 말씀합니다(신 32:6; 사 63:16, 17; 호 11:1–4 등을 보십시오). 이런 구절들에서, 하나님은 그분에게 속한 이스라엘 백성을 자신의 '아들들'로 부르고 계시지요. 또 신약에서, 예수님은 하나님을 자신의 아버지로 부르십니다. 그리고 제자들에게도 그렇게 하라고 말씀하시지요(마 6:9 참조). 만약 여러분에게 멋진 아버지, 곧 여러분의 삶에 깊은 관심을 쏟으며 여러분을 보호하기 위해 어떤 일이든 마다하지 않는 아버지가 있다면, 그분은 하나님이 품으신 사랑의 한 가지 측면을 잘 보여 주는 하나의 창문과도 같습니다. 하지만 더 놀라운 소식은 바로 이것입니다. 곧 여러분에게 그렇게 좋은 아버지가 **없을지라도,** 성경에 따르면 하나님이 어떤 인간 아버지보다도 깊이 여러분을 사랑하신다는 것입니다!

성경에서는 또한 어머니들의 삶을 통해 하나님이 품으신 사랑의 모습들을 어렴풋이 보여 줍니다. 예를 들어, 이사야서에서 하나님은 이렇게 질문하십니다. "어머니가 자신의 젖을 먹는 아기를 잊을 수 있겠느냐?" 물론 그 대답은 분명히 '아니요!'일 것입니다. 그러나 하나님은 이렇게 말씀하십니다. "설령 **어머니가** 자신의 아기를 잊어버릴지라도, 나는 내 백성을 결코 잊지 않을 것이다"(사 49:15 참조). 만약 여러분을 전심으로 사랑하며 어떤 상황에서도 여러분을 **결코** 잊지 않는 어머니가 계신다면, 그분은 여러분을 향한 하나님의 사랑을 보여 주는 하나의 창문과도 같습니다. 하지만 여러분에게 그런 어머니가 **없을지라도,** 하나님은 그 어떤 어머니보다도 깊이 여러분을 사랑하고 계십니다!

부성애와 모성애는 이 세상에 널리 존재하는 중요하고도 강력한 사랑입니다. 우리는 그분들의 사랑을 통해 갓난아기 때부터 생명을 이어가며, 어른으로 자라 가는 동안에도 깊은 영향을 받지요. 그런데 이 두 사랑은 결코 성적이거나 로맨틱한 성격을 띠지 않습니다. 이는 곧 '사랑은 다 사랑이다'라는 사람들의 메시지가 적절히 성립하지 않음을 보여 주는 중요한 사례지요. 부모 자녀 간의 사랑은 우리 삶에서 대단히 중요합니다. 그 사랑이 없이는, 자녀들이 제대로 살아갈 수 없기 때문입니다. 하지만 그 사랑은 성적이거나 로맨틱한 사랑과는 매우 다른 모습으로 나타납니다.

그렇다면 성적이고 로맨틱한 사랑, 사람들을 결혼으로 이끌어 가는 그 사랑에 관해서는 어떻게 생각해야 할까요? 하나님은 자신의 백성을 향한 그분의 사랑 이야기를 들려주시기 위해 이 세상에 아버지와 어머니가 있게 하셨지요. 이와 마찬가지로, 그분은 교회를 향한 예수님의 사랑 이야기를 들려주시기 위해 이 세상에 남자와 여자, 성과 결혼이 있게끔 하셨습니다.

사랑 이야기

성경의 첫 부분에서 우리는 하나님이 남자와 여자를 그분의 형상대로 창조하시고 그들이 그분 자신과, 또 서로 간에 친밀한 교제를 나누게끔 이끄시는 모습을 보게 됩니다. 창세기에서는 한 남자와 여자가 결혼할 때 서로 "한 몸"을 이룬다고 말씀하지요(창 2:24 참조). 성경의 이야기가 계속 펼쳐짐에 따라, 우리는 이 결혼의 이미지가 하나님과 그분에게 속한 백성 사이의 관계를 나타내는 하나의 은유로 쓰이는 것을 보게 됩니다. 구약의 선지자들은 하나님을 신실한 남편으로,

그리고 그분에게 속한 이스라엘 백성을 그분의 아내로 비유했습니다
(예를 들어, 사 54:5-8; 렘 3:20; 겔 16장; 호 1:2을 보십시오). 하나님은 그분에
게 속한 이스라엘 백성을 열렬히 사랑하십니다. 하지만 그 백성은 계
속 그분을 속여 가면서 그 지역의 다른 '신'들을 숭배하는 모습을 보
이지요. 하나님은 그들을 거듭 용서하고 다시 맞아 주셨습니다. 그러
나 이 혼인 관계는 제대로 지속될 것처럼 여겨지지 않았습니다. 거룩
하신 하나님이 죄악 된 그 백성과 함께 거하시는 것은 사실상 불가능
한 일이었기 때문입니다.

　　그때 예수님이 이 세상 속으로 찾아오셨습니다.

　　이 책 3장에서, 우리는 예수님이 그분 자신의 정체성에 관해 매우
놀라운 일들을 선포하신 것을 살펴보았습니다. 그 내용 중 하나는 그
분 자신이 "신랑"이라는 것이었지요(눅 5:34 참조). 예수님은 이스라엘
백성의 남편이셨던 하나님의 역할을 이어 받았습니다. 구약에서 하나
님과 그 백성 사이의 혼인 관계는 제대로 유지되지 않았습니다. 이는
그 백성이 계속 하나님에게 죄를 범하면서 그분에게 등을 돌리곤 했
기 때문입니다. 하지만 예수님은 그분에게 속한 백성의 죗값을 대신
치르기 위해 이 세상에 오셨습니다. 이는 우리로 하여금 그분과 함께
영원히 거할 수 있게 하시기 위함이었지요. 실제로 신약을 계속 읽어
나가는 동안에, 우리는 결혼 제도를 만드신 하나님의 계획이 **처음부
터** 그것을 통해 예수님이 우리를 얼마나 깊이 사랑하시는지를 보여
주시려는 데 있음을 발견하게 됩니다.

　　최초의 교회들 중 한 곳에 보낸 편지에서, 바울은 이렇게 설명합

하나님 없이도 잘 살 수 있지 않나요?

니다. "기독교적인 혼인 관계의 목적은 우리로 하여금 그 일을 통해 예수님의 사랑을 어렴풋이 깨닫게 하려는 데 있습니다"(엡 5:22, 33 참조). 예수님은 자신의 백성을 깊이 사랑하셨으며, 그들을 위해 스스로를 희생하셨습니다. 그리하여 그분은 우리를 위해 십자가에 달려 돌아가신 것입니다! 그리고 그리스도인 남편들 역시 자기 아내를 이렇게 사랑해야 합니다.

남편 된 이 여러분, 아내를 사랑하기를 그리스도께서 교회를 사랑하셔서 교회를 위하여 자신을 내주심같이 하십시오(엡 5:25).

이것은 놀라운 부르심입니다. 남편들은 오직 예수님의 도우심을 통해서만 이 일을 감당할 수 있으며, 가장 신실한 남편들까지도 이 말씀에서 요구하는 수준에 온전히 이르지는 못할 것입니다. 하지만 어떤 남편이 자기 아내를 진실로 사랑하며 그녀를 위해 기꺼이 모든 것을 희생하려 할 때, 그 모습은 예수님의 사랑을 보여 주는 하나의 작은 창문이 됩니다.

그러면 아내들의 경우에는 어떨까요? 에베소서의 가르침을 보면, 아내들에게는 하나님에게 속한 백성의 역할이 주어집니다. 이들은 곧 예수님에게 기꺼이 순복하며 그분이 이끄시는 대로 따라가는 백성이지요.

아내 된 이 여러분, 남편에게 하기를 주님께 하듯 하십시오. 그리스도께서 교회의 머리가 되심과 같이, 남편은 아내의 머리가 됩니다. 바로 그리스도께서는 몸의 구주이십니다(엡 5:22, 23).

이 구절에서 아내들을 향해 자기 남편에게 순복하도록 권면하는 이유는 여자가 남자보다 열등하기 때문이 아닙니다. 이는 바울이 남편들에게 아내를 위해 기꺼이 목숨을 내어 주라고 권면했을 때, 그 이유가 남자의 목숨이 여자의 목숨보다 소중하지 않아서가 아닌 것과 마찬가지지요. 그리고 모든 여자가 모든 남자에게 늘 순복해야 하는 것도 아니며, 남편이 자신을 학대하더라도 저항해서는 안 된다는 뜻도 아닙니다. 사실 남편이 자기 아내를 학대하는 것은 성경의 가르침과 완전히 **반대되는** 일입니다. 성경에서는 남편들에게 자신의 아내를 사랑하며(엡 5:25, 28, 33; 골 3:19 참조), 아내의 마음을 헤아리고 소중히 여길 것(벧전 3:7 참조)을 권면하기 때문입니다.

이처럼 기독교적인 혼인 관계에서는 남편과 아내가 서로 다른 역할을 맡게 되는데, 그 이유는 남자가 여자보다 똑똑해서가 아닙니다. 그리고 여자가 남자보다 많은 사랑을 필요로 해서 그런 것도 아니지요. 오히려 그 이유는 예수님과 교회 사이에 존재하는 더 위대한 혼인 관계 가운데서, 양쪽이 서로 다른 역할을 맡고 있기 때문입니다. 그리고 우리 인간들의 혼인 관계는 그 위대한 혼인 관계를 가리켜 보이는 하나의 표지판 같은 것이지요. 이때 남편과 아내는 마치 어떤 연극 공연에서 각기 다른 배역을 맡은 배우들과 같습니다.

하나님은 남자와 여자가 서로 다른 몸을 지니도록 만드셨습니다.

이는 예수님과 우리 사이의 분명한 차이점을 보여 주는 일이었지요. 하지만 하나님은 또한 남자와 여자의 몸이 서로 밀접히 연합해서 새로운 생명을 탄생시키게끔 만드셨습니다. 이는 곧 예수님과 그분에게 속한 교회 사이의 관계를 드러내는 하나의 상징인 것입니다. 바울은 최초의 남녀에 관한 성경 이야기를 인용하면서 이 요점을 제시하고 있습니다.

> 그러므로 남자는 아버지와 어머니를 떠나, 아내와 결합하여 한 몸을 이루는 것이다(창 2:24).

> 그러므로 사람이 부모를 떠나 자기 아내와 합하여 그 둘이 한 몸이 되는 것입니다(엡 5:31).

에베소서에서 바울은 이처럼 두 사람이 "한 육체"를 이루는 일이 깊은 신비임을 이야기하며, 이는 곧 그리스도와 교회의 관계를 상징하는 것이라고 말합니다. 이 성경의 가르침에서, 모든 그리스도인은 (그들이 남자든 여자든 간에) 그리스도께 속한 신부의 일부분이 되는 것입니다. 그리고 그들은 그분의 몸에 속한 지체가 됩니다.

저는 여러분에게 이 모든 말이 이상하게 들리리라는 점을 압니다! 물론 예수님은 한 분의 사람이지만, 그분은 또한 자신이 하나님에게 속한 모든 백성의 신랑이라고 말씀하셨습니다. 이는 그 백성이 모두 하나의 몸을 이룬다는 것을 의미하지요. 하나님이 우리의 아버지 되신다는 말씀과 마찬가지로, 이 모든 일은 하나의 은유입니다. 그런데 앞서 이 책 5장에서 보았듯이, 성경에서는 종종 은유를 통해 중요한 진리들을 전달하곤 합니다. 우리가 예수님을 믿고 따를 때, 그분과 긴밀히 연합하게 된다는 것은 성경의 중요한 진리 중 하나이지요. 이 때 우리와 예수님 사이에는 마치 남편과 아내 사이, 또는 머리와 몸 사이와 같은 관계가 자리 잡게 됩니다.

완전히 새로운 세상

영화 〈알라딘〉에서 재스민 공주와 알라딘이 함께 요술 양탄자를 타고서 하늘을 날아갈 때, 그들은 〈완전히 새로운 세상〉(*A Whole New World*)이라는 노래를 부릅니다. 이는 자신들 사이에 싹튼 사랑을 통해 모든 것이 달라졌음을 표현하는 노래지요. 우리는 낭만적인 사랑을 열심히 찾아 헤매는데, 이는 그 사랑이 우리의 세상을 다 바꾸어 놓을 것이라고 믿기 때문입니다. 물론 좋은 사람을 만나서 결혼하는 것은 멋진 일입니다. 하지만 (제가 여러분 또래였을 때 그랬듯이) 결혼을 통해 여러분 주변의 온 세상이 달라지고 모든 문제가 해소될 것이라고 믿는다면, 곧 실망하게 될 것입니다. 결혼 생활 자체는 우리의 진정한 종착지가 아니기 때문입니다. 그것은 그 종착지를 가리켜 보이는 하나의 이정표일 뿐입니다. 최상의 경우, 결혼 생활은 우리가 예수님과 긴밀히 연합하게끔 이끌어 가는 역할을 합니다. 그리고 그 연합이

하나님 없이도 잘 살 수 있지 않나요?

우리 삶을 바꾸어 놓는 것이지요. 다만 이같이 낭만적인 사랑을 통해 지금 이 세상이 완전히 새롭게 될 것이라는 우리의 생각이 다 틀린 것은 아닙니다.

성경의 마지막 책인 요한계시록에서, 우리는 예수님과 그분에게 속한 교회의 결혼을 통해 하늘과 땅이 다시금 하나가 되는 모습을 보게 됩니다(계 19:7; 21:1-5을 보십시오). 우리 인간들 사이의 결혼은 이 세상을 새롭게 바꿔 놓을 수 없습니다. 그러나 예수님이 그분에게 속한 교회와 혼인 관계를 맺으실 때, 완전히 새롭고 결코 다함이 없는 세상이 실제로 시작되는 것이지요. 만약 그분을 믿고 따른다면, 우리 역시 그 세상의 일부분이 될 수 있습니다.

그렇다면 이런 성경의 진리들은 우리가 삶에서 실제로 경험하는 인간관계들 속에 어떻게 적용될 수 있을까요?

귀한 선물이 그릇된 자리에 놓이다

지난 주말, 저는 가족과 함께 캠핑을 다녀왔습니다. 저녁 식사를 마친 뒤, 우리는 모닥불을 피우고서 마시멜로와 크래커를 구워 먹었지요. 열 살 난 딸아이는 모닥불 피우는 법을 배우면서 몹시 즐거워했습니다. 이처럼 숲속의 공터에서 모닥불을 피워 놓고 노는 것은 멋진 일입니다. 하지만 집으로 돌아온 뒤 제 딸아이가 거실 바닥에 모닥불을 피웠다면 어떻게 되었을까요?

성경에 따르면, 남녀 간의 성관계는 하나님의 귀한 선물인 동시에 결혼 생활의 중요한 부분입니다(고전 7:3-5 참조). 성관계는 우리에게 즐거움을 가져다주며, 새로운 생명이 태어나게 만듭니다. 하지만 거실 바닥에 모닥불을 피웠을 경우와 마찬가지로, 성관계는 우리에게 끔찍한 상처와 아픔을 안겨 주기도 합니다.

어른이 되어 가는 동안, 우리는 자신의 몸과 마음으로 다른 이들을 향해 강력한 끌림을 경험할 수 있습니다. 우리가 자주 접하는 영화나 노래들에서는 다양한 사람과 성관계를 가져 보아야 한다고 말하곤 합니다. 마치 나에게 딱 맞는 옷을 찾을 때까지 여러 옷을 입어 보듯이, 성관계의 경우에도 그래야만 나와 가장 잘 맞는 사람을 찾을 수 있다는 것이지요. 하지만 전문가들이 과연 많은 이와의 성관계가 실제로 행복감을 주는지를 살펴보기 위해 수천 명을 상대로 인터뷰해 보았습니다. 그 결과에 따르면, 전반적으로 그렇지 않다는 것이 드러났습니다. 애정이 담긴 결혼 생활은 남녀 모두를 행복하게 만들어 주는 경향이 있습니다. 그러나 여러 사람과 성관계를 갖는 일은 전반적으로 우리를 **불행하게** 만듭니다. 여러 개의 사탕을 먹을 때와 마찬가지로, 당시에는 기분이 좋을 수도 있습니다. 하지만 그 뒤에는 비참한 후유증을 겪게 되지요. 학계의 연구에 따르면, 이는 특히 여성의 경우에 그렇습니다.[1] 하나님은 남편과 아내가 서로에게 평생 깊이 헌신하면서 성생활을 누리도록 창조하셨으며, 연구자들은 오직 한 사람과만 지속적인 성관계를 갖는 일과 행복한 삶 사이에 뚜렷한 연관성이 있다는 점을 발견했습니다.[2] 하지만 우리가 성관계와 헌신을 분리

하나님 없이도 잘 살 수 있지 않나요?

시킬 경우, 그 일은 우리에게 깊은 아픔을 안겨 주게 되지요.

대학 시절, 친구들은 제가 결혼하기 전까지는 아무와도 성관계를 갖지 않으려고 하는 것을 매우 이상하게 여겼습니다. 그러나 저와 더 깊은 이야기를 나눌 때, 친구들은 종종 자신도 그렇게 해야 했다며 후회를 털어 놓곤 했습니다. 친구들은 여러 남자와의 관계를 통해 행복을 얻으려 했지만, 그 기대는 제대로 채워지지 않았습니다. 오히려 그 친구들은 깊은 공허감에 빠지곤 했지요. 대학 졸업 후에 만난 다른 친구도 똑같은 이야기를 해주었습니다. 여러 해에 걸쳐 많은 남자와 잠자리를 가진 뒤, 그녀는 그런 삶의 방식이 자신을 정말로 불행하게 만든다는 것을 깨달았습니다. 그녀는 자신의 상처 입은 마음을 보호하기 위해 견고한 틀 속에 스스로를 가둬 두고, 자신이 겪은 일들이 아무것도 아닌 양 억지로 꾸며야만 한다고 느꼈지요. 저는 여러 사람과 성관계를 갖는 일이 전반적으로 사람들을 **불행하게** 만든다는 연구 결과를 그녀에게 이야기해 주었습니다. 저는 그때 그녀가 깊은 좌절감을 느끼면서 이렇게 탄식하던 일을 지금도 기억합니다. "우리가 고등학생 시절에 그런 사실을 배울 수 있었더라면 얼마나 좋았을까?"

제 친구 중 몇몇은 이보다 더 참담한 일들을 겪기도 했습니다. 어떤 친구들은 자기가 원하지 않는데도 억지로 성관계를 가져야만 했지요. 또 다른 친구는 어린 시절에 어떤 어른이 자기 몸을 성적인 방식으로 만지기도 했습니다. 이런 일들은 남자아이와 여자아이 모두에게 일어날 수 있으며, 그 아이가 신뢰하는 어른, 심지어는 가족 중 누군가가 그런 일을 저지르는 경우도 종종 있습니다. 만약 여러분도 이런 일을 겪었다면, 저는 그 일에 대해 깊은 안타까움을 표현하고 싶습니다. 여러분이 당한 일은 결코 대수롭지 않은 것이 아니며, **여러분 자신의 잘못도 아닙니다.** 이런 식으로 아이들을 학대하는 어른들은 대개 그 일을 아무에게도 말하지 말라고 위협하거나, 그 일을 그 아이들 자신의 잘못으로 여기게 만듭니다. 그래서 피해를 입은 아이들은 깊은 수치심을 느끼고, 아무에게도 그 사실을 털어놓지 않게 되지요. 때로는 누군가에게 이 사실을 알리더라도, 그 말을 믿어 주지 않을 것이라고 염려하기도 합니다. 만약 지금 여러분이 그런 상황에 있다면, 너무 고민하지 마십시오. 주위의 믿을 만한 어른에게 그 일을 꼭 알리고 도움을 청하기 바랍니다.[3] 여러분이 그 사실을 다른 이에게 알린다고 해서, 여러분에게 그런 일을 저지른 사람을 배신하게 되는 것이 아닙니다. 오히려 여러분은 그 사람에게도 도움을 주는 것입니다. 어떤 이가 다른 사람에게 큰 잘못을 저지를 때, 그 일은 그로 인해 피해를 입은 사람만큼이나 가해자 자신에게도 깊은 해를 끼치기 때문이지요. 어른과 아이 사이의 성적인 접촉은 하나님의 선하신 뜻에 정반대되는 일입니다. 그 일은 하나님의 마음을 몹시 아프게 만듭니다.

그런데 두 어른이 결혼을 통해 서로에게 평생 헌신하기 원하는데, 두 사람 모두 남자이거나 여자일 경우에는 어떻게 해야 할까요? 하나님은 왜 그런 두 사람의 관계를 인정해 주시지 않을까요?

어린 시절, 저는 나중에 커서 단란한 가정을 이루기를 꿈꿨습니다. 당시 제가 접하던 책이나 노래들에서는 모두 이런 메시지를 전하고 있었거든요. 그것은 곧 '사랑에 빠지는 일이야말로 행복에 이르는 길'이라는 내용이었습니다. 하지만 저에게는 한 가지 문제가 있었습니다. 제가 늘 마음속으로 동경하게 되는 대상들은 바로 다른 소녀들이었기 때문입니다. 저는 언젠가 그 감정에서 해방되기를 간절히 바랐습니다. 그리고 열여덟 살이 되어 대학에 진학했을 때, 이제는 드디어 남자들을 좋아하게 될 것이라고 믿었지요. 하지만 얼마 지나지 않아, 저는 한 여학생과 사랑에 빠졌습니다. 그리고 그 감정을 도저히 떨쳐 버릴 수가 없었습니다.

어쩌면 여러분은 이 문제와 전혀 상관이 없을지도 모르겠습니다. 아마 여러분은 오직 이성에게만 호감을 느끼거나, 아직까지는 남자든 여자든 그저 친구로만 지내 왔을 수도 있을 것입니다. 하지만 저의 경우와 같은 어려움을 겪고 있다면, 여러분은 결코 혼자가 아닙니다. 미국 유타대학교의 리사 다이아몬드(Lisa Diamond) 교수에 따르면, 14퍼센트의 여성과 7퍼센트의 남성이 적어도 가끔씩은 동성을 향한 끌림을 경험하게 된다고 합니다. 만약 여러분에게 열 명의 친구가 있다면, 그중 하나는 이런 끌림을 겪게 될 가능성이 높다는 것이지요.

많은 사람은 각 사람이 자신만의 성적인 성향을 지니고 태어나며, 그 성향은 결코 바뀌지 않는다고 믿습니다. 곧 우리는 동성애자나 이

성애자 중에 어느 하나에 속할 수밖에 없다는 것이지요. 하지만 다이아몬드 교수에 따르면, 실제의 모습은 그보다 훨씬 복잡합니다. 14퍼센트의 여성과 7퍼센트의 남성이 가끔씩 동성을 향해 상당한 호감을 품기는 하지만, **오직 동성에게만** 그런 호감을 느끼게 되는 사람들은 1퍼센트의 여성과 2퍼센트의 남성뿐이라는 것이지요.[4] 그리고 다이아몬드 교수에 따르면, 우리의 성적인 감정들은 시간이 지남에 따라 바뀔 수 있습니다. 물론 많은 이의 경우에는 자신의 삶 전체에 걸쳐 동일한 성적인 끌림의 유형을 간직하곤 합니다. 하지만 어떤 이들의 경우, 처음에는 여성에게 호감을 품었다가 나중에는 그 대상이 남성으로 바뀌게 된다는 것입니다. 그리고 그 반대의 경우 역시 성립하게 되지요.

저는 지금까지 13년에 걸쳐 남편과 행복한 결혼 생활을 누려 왔습니다. 하지만 그것은 저 자신의 성적인 지향성이 완전히 달라졌기 때문이 아닙니다. 만약 제가 남편 외의 누군가에게 호감을 느낄 경우, 그 대상은 늘 어떤 여성이었습니다. 하지만 저는 **오직 동성에게만** 성적인 호감을 느끼는 1퍼센트의 여성에 속해 있지 않았지요. 그렇기에 저는 남편과 행복한 결혼 생활을 이어갈 수 있는 것입니다. 그리고 다른 그리스도인들의 경우와 마찬가지로, 저 역시 남편 외의 누군가에게 호감이 갈 때가 있습니다. 그럴 때에는 그 충동을 극복하게 도와달라고 예수님에게 기도합니다.

하지만 그리스도인들이 동성 간의 끌림을 경험할 때, 이성과의 결혼이 올바른 선택이 아닌 경우도 많습니다. 예를 들어, 제 친구 루는 남자인데, 10대 시절에 다른 남자아이들에게 호감을 품기 시작했습니다. 그리고 어른이 되었을 때, 루는 자신이 오직 동성에게만 호감을 느끼는 2퍼센트의 남성에 속한다는 것을 알게 되었지요. 그래서 루는 지금까지 독신으로 살고 있습니다.

그런데 그리스도인들은 왜 세상과는 다른 방식으로 살아가야 할까요? 제가 다른 여성과 결혼할 수 없었던 이유는 무엇일까요? 그리고 제 친구 루가 다른 남성과 결혼하면 왜 안 되는 것일까요? 성경은 과연 이런 질문들에 관해 어떻게 답하고 있을까요? 대학 시절, 제 절친한 친구 중 한 명이 그 답을 찾아냈습니다.

친구의 놀라운 선택

레이첼은 종교가 없는 가정에서 자랐습니다. 열다섯 살 무렵, 그녀는 한 아름다운 고등학생 선배에게 호감을 느끼게 되었지요. 그래서 레이첼은 그 선배 여고생을 쫓아다녔고, 마침내 성적인 관계를 맺기 시작했습니다. 당시 그녀는 깊은 행복감을 느꼈습니다. 하지만 그 관계는 그다지 안정적이지 못했기에, 레이첼은 다른 소년이나 소녀들과 잠자리를 갖는 것을 시도했습니다. 마침내 그녀는 자신이 여성들에게 훨씬 호감을 느낀다는 사실을 알게 되었지요. 그리고 첫 여자 친구였던 그 선배와의 관계가 회복되었을 때, 레이첼은 깊은 만족감을 느꼈습니다. 그뿐 아니라, 당시 그녀는 미국의 일류 대학 중 하나인 예일대학교에 입학 허가를 받은 상태였습니다. 그러니 그녀는 모든 일이 잘 풀리고 있다고 믿고 있었지요! 하지만 그때 갑자기 큰 슬픔이 찾아왔습니다. 그 여자 친구가 레이첼에게 결별을 선언한 것입니다.

그때까지 레이첼은 그리스도인들을 멍청한 사람으로 여겨 왔습니다. 하지만 자신의 연인을 잃어버린 절망감 가운데서, 그녀는 어쩌면 기독교의 하나님이 정말로 계실지도 모른다고 생각하기 시작했습니다. 그래서 레이첼은 인터넷에서 종교적인 단어들을 검색해 보았습니다. 그리고 예수님에 관한 책들을 읽기 시작했을 때, 그녀는 자신이 그분을 향해 깊은 존경심을 품게 되는 것을 깨닫고서 깜짝 놀랐습니다. 성경에서 말씀하시는 예수님은 그동안 그녀가 생각해 온 것과는 전혀 다른 분이었습니다. 한 예로, 그분은 놀랍도록 총명한 분이었습니다. 하지만 레이첼은 기독교인들이 동성 결혼에 반대한다는 말을 들은 적이 있습니다. 그래서 그녀는 예수님을 따르기로 결심했을 때, 다른 여성들과의 성적인 관계를 전부 멈춰야만 하는 것은 아닌지 고민하게 되었습니다.

레이첼은 주위의 기독교인 친구들에게 이 문제를 물어보았습니다. 이에 그 친구들은 둘 중 어느 한 쪽을 선택할 필요가 없다고 이야기했지요. 그들은 그런 생각들이 전부 오해이며, 성경을 제대로 읽어 보면 어느 구절에서도 여성끼리 결혼해서는 안 된다는 말씀을 찾아볼 수 **없을** 것이라고 말했습니다. 그러나 그 친구들이 인용한 성경 구절들을 직접 살폈을 때, 레이첼은 그들의 말이 틀렸음을 알 수 있었습니다. 오히려 그녀는 성경의 여러 본문에서, 동성 간의 성관계를

하나님 없이도 잘 살 수 있지 않나요?

가져서는 안 된다는 점을 분명히 가르치고 있음을 발견하게 된 것입니다. 한 예로 바울은 로마의 기독교인들에게 보낸 편지에서, 사람들이 하나님을 저버리고 돌아선 죄의 결과 중 하나로 동성애를 언급하고 있습니다(롬 1:18-31 참조). 그리고 고린도 교회에 보낸 첫 편지에서, 바울은 불륜 등의 성적인 부도덕, 우상 숭배, 도둑질과 술 취함, 다른 사람들을 헐뜯는 일을 비롯한 여러 죄와 함께 우리를 "불의하게" 만드는 일, 우리로 하여금 "하나님 나라를 상속받지" 못하게 만드는 일 중 하나로 동성애를 열거하고 있습니다(고전 6:9,10 참조). 다만 바울이 이런 일들을 언급한 이유는 사람들을 하나님 나라 **바깥으로** 쫓아내려는 데 있지 않았습니다. 오히려 그들 모두를 그 나라 안으로 초대하려는 것이 그의 바람이었지요! 바울은 당시 고린도의 일부 그리스도인이 과거에 이 **모든** 일을 실제로 범했음을 지적합니다. 하지만 그런 다음에는 이렇게 선언하지요.

그러나 여러분은 주 예수 그리스도의 이름과 우리 하나님의 성령으로 씻겨지고, 거룩하게 되고, 의롭게 되었습니다(고전 6:11b).

성경에서 이처럼 동성애를 금지한다는 것을 발견했을 때, 레이첼은 몹시 낙담했습니다. 그녀는 예수님을 따르고 싶었지만, 다른 여성과 결혼하는 꿈 역시 포기하고 싶지 않았기 때문입니다. 하지만 그녀는 예수님이 자신의 온전한 순종을 요구하신다는 결론을 내렸습니다. 그분을 따르는 삶은 곧 **다른 모든 것**을 기꺼이 내려놓는 일을 뜻했으며, 예수님과 동행하는 삶에는 그럴 만한 가치가 충분히 있었지요. 예수님이 정말 그녀와 하나님 사이의 관계를 회복시키시며 그녀를 영생으로 인도해 주신다면, 어떤 인간적인 사랑 때문에 그분의 부르심을 거절하는 것은 어리석은 일이었습니다. 그런데 레이첼은 이처럼 성경에서 동성 결혼을 금지한다는 사실을 알게 되었지만, 어떤 이유로 그래야만 하는지는 잘 헤아리지 못했습니다. 그리고 오늘날 많은 이가 그런 상황에 처해 있지요.

미움이 아닌 사랑

오늘날 많은 이가 기독교를 거부하는 큰 이유 중 하나는 성경에서 동성 결혼을 금지하고 있기 때문입니다. 제 주변의 여러 사람은 이렇게 이야기하곤 합니다. "성경에서 동성 간의 성관계가 옳지 않다고 가르치는 이유는 그저 그 내용을 기록한 사람들이 무지하고 독선적이며 미움에 차 있었기 때문일 뿐이야." 곧 그 저자들은 같은 성별에 속한 사람끼리도 서로를 신실하게 사랑하면서 결혼 생활을 이어 갈 수 있다는 사실을 미처 깨닫지 못했을 뿐이라는 것입니다. 저는 사람들이 이렇게 생각하는 이유를 헤아릴 수 있습니다. 안타깝게도, 지금까지 많은 그리스도인이 동성애자들을 혐오하면서 독선적인 태도로 그들을 경멸해 왔기 때문이지요. 하지만 성경은 우리에게 그런 태도를 취하라고 말씀하지 않습니다.

바울은 그리스도인들이 동성애에 빠져서는 안 된다고 가르치는 성경의 여러 본문을 기록했습니다. 그리고 그는 의도적으로 독신 생활을 이어 간 인물이었지요. 그렇기에 우리는 그가 동성애자들을 차갑게 비난하는 태도를 취했다고 생각하기 쉽습니다. 하지만 성경의 본문들을 더 자세히 살필 때, 우리는 바울이 동성애자들을 멸시하지 않았다는 사실을 발견하게 됩니다. 그는 마치 자신이 그들보다 우월한 위치에 있는 듯이 여기지 않은 것이지요. 물론 바울은 자신의 벗 디모데에게 쓴 편지에서, 결혼 생활의 바깥에서 이루어지는 모든 성관계(그중에는 동성 간의 관계 역시 포함됩니다)가 하나님의 뜻에 어긋나는 일임을 가르치고 있습니다(딤전 1:8-11 참조). 하지만 바로 그 다음에, 바울은 자신이야말로 **가장 지독한** 죄인임을 고백합니다. 그리고 바울에 따르면, 예수님이 그를 구원해 주신 이유는 자신처럼 지독한 죄인까지도 하나님과의 관계를 회복할 수 있음을 보여 주시려는 데 있었습니다(딤전 1:15, 16 참조)!

그리고 예수님 당시의 사람들이 동성 간의 끌림이 무엇인지를 미처 몰랐다는 것 역시 사실이 아닙니다. 제 친구 레이첼이 그랬듯이, 당시의 그리스도인들 가운데도 과거에 동성애자였던 이들이 있었습니다(고전 6:9-11 참조). 그리고 당시 많은 사람은 한 남자가 다른 남자와 동침하거나 자기 아내가 아닌 여성과 잠자리를 갖는 일을 별 문제 없이 여기곤 했지요. 물론 동성 간의 결혼은 당시 로마 제국에서 일반적으로 시행되던 제도가 아니었습니다. 하지만 악명 높은 네로 황제의 경우, 한번은 여성의 옷을 차려 입고서 다른 남자와 결혼식을 올리기도 했습니다.[5] 그리고 신약 성경의 많은 부분이 그의 통치기에 기록되었지요. 그리스도인들은 결혼해서 가정을 이룬 남녀만이 성관계를 가질 수 있다고 주장했는데, 그런 그들의 견해는 지금 이 시대의 사람들만큼이나 당시의 많은 이에게도 이상하게 여겨졌을 것입니다. 하지만 앞서 살폈듯이, 성경에 따르면 성과 결혼의 목적은 그저 두 사람이 서로 행복한 삶을 누리게 하려는 데에만 그치지 않습니다. 오히려 하나님이 결혼을 통해 처음 품으셨던 계획은 그것들을 교회를 향한 예수님의 사랑을 보여 주는 작은 모형으로 삼으시려는 데 있었지요.

만약 여러분이 모형 비행기를 만들어 본 적이 있다면, 그 부품들(날개와 조종석, 꼬리 날개와 바퀴 등)의 모양이 실제 비행기의 부품들과 일치한다는 점을 알 것입니다. 이와 마찬가지로, 기독교적인 결혼 제도의 특징들 역시 교회를 향한 예수님의 사랑이 지닌 성격과 일치합니다. 교회를 향한 예수님의 사랑은 신실하고 영원한 것입니다. 그렇기에 우리 역시 삶을 마칠 때까지 자신의 배우자하고만 결혼 생활을 잘 이어 가야 하지요. 그리고 예수님의 사랑은 창조적이며 우리에게 생명을 베푸시는 성격을 띱니다. 그렇기에 우리의 결혼 생활 역시 새로운 생명체들이 탄생하는 공간이 되는 것입니다. 또 예수님의 사랑은 자기희생적인 특징을 띠며, 그렇기에 남편은 자기 아내를 위해 희생하도록 부르심을 받습니다. 그리고 예수님은 우리와는 다른 본질을 지닌 분이기에, 우리의 결혼 역시 서로 다른 성별에 속한 이들 간의 사랑을 통한 연합이 되는 것입니다. 실제로 하나님은 처음에 남자와

하나님 없이도 잘 살 수 있지 않나요?

여자의 신체를 각기 다르게 창조하셨으며, 바로 이 차이점을 통해 그들이 아기를 낳을 수 있도록 만드신 것입니다. 하나님이 이같이 만드신 결혼 제도를 두 남자 또는 두 여자 사이의 결합으로 바꾸어 버리는 것은 마치 모형 비행기의 왼쪽 부분에만 두 날개를 달아 놓는 일과 같습니다. 이때 그 제도는 하나님이 의도하셨던 원래 모습에 부합하지 않게 되는 것이지요.

물론 우리의 결혼 생활은 예수님의 사랑만큼 온전하지 못합니다. 이는 모형 비행기가 **실제로** 날지는 못하는 것과 마찬가지지요. 그렇기에 우리가 결혼하지 않더라도 아무 문제가 없습니다. 사실 성경은 독신으로 사는 것이 결혼해서 가정을 이루는 쪽보다 나을 수도 있다고 말합니다(고전 7:7, 32-35 참조). 예수님은 결혼하지 않으셨으며, 바울 역시 그러했지요. 만약 우리가 예수님을 믿고 따른다면, 자신의 삶을 '완성시키기' 위해 굳이 또 한 명의 죄 많은 사람과 연합해야 할 필요는 없습니다. 제가 아는 멋진 그리스도인들 중 몇몇은 독신 생활자입니다. 예를 들어, (앞서 언급한) 제 친구 루는 제가 속한 교회 공동체에서 다양한 방식으로 귀하게 섬기고 있습니다. 그는 노숙자들을 위해 음식을 만들고, 교회의 여름 캠프에서 찬양을 인도하기도 하지요. 또 제 친구 메리는 독신 여성인데, 제가 아는 가장 탁월한 성경 교사 중 하나입니다. 이처럼 모든 연령층에 속한 독신 생활자들이 교회 안에서 요긴한 역할을 감당하고 있으며, 이를 통해 우리는 무엇보다도 예수님과의 관계가 가장 중요함을 깨닫게 됩니다. 그리고 이와 동시에, 우리는 좋은 결혼 생활을 통해서도 예수님이 우리를 사랑하신다는 성경의 가르침에 담긴 의미를 깊이 헤아리게 되지요. 하지만 오직 결혼 생활만이 우리를 예수님의 사랑 가운데로 인도해 주는 인간관계가 되는 것은 아닙니다. 사실 성경에서는 같은 성별에 속한 이들을 향한 사랑을 **금지하지** 않습니다(이는 다음 단락에서 다룰 우정을 가리킵니다_옮긴이). 오히려 성경에서는 같은 성별에 속한 이들을 깊이 사랑할 것을 권면하고 있지요!

이보다 큰 사랑이 없나니

앞서 살폈듯이, 우리는 신실한 부모들이 자기 자녀를 사랑하는 모습을 보면서 우리를 향한 하나님의 사랑을 어렴풋이 헤아리게 됩니다. 그리고 좋은 남편들이 아내를 아끼고 위하는 모습을 통해서도 그분의 사랑을 조금씩 느끼게 되지요. 그런데 우리는 친구들 간의 진실한 우정 속에서도 그 사랑의 모습이 희미하게 드러나는 것을 발견하게 됩니다.

아마 여러분은 친밀한 우정이 얼마나 특별한 선물인지를 잘 알 것입니다. 혹은 친한 벗들을 사귀기를 갈망하지만, 아직 그럴 만한 이들을 만나지 못했을 수도 있겠지요. 예수님도 우정은 매우 소중한 것이라고 가르치십니다. 실제로 친구들 간의 우정은 우리를 향한 그분의 사랑을 들여다보게 해주는 **가장 좋은** 창문들 중 하나이지요. 이점에 관해, 예수님은 이렇게 말씀하셨습니다.

하나님 없이도 잘 살 수 있지 않나요?

사람이 자기 친구를 위하여 자기 목숨을 내놓는 것보다 더 큰 사랑은 없다(요 15:13).

성경은 우리 그리스도인들이 함께 "한 몸"을 이룬다고 말씀합니다(롬 12:5 참조). 또 우리는 형제자매이며(마 12:50 참조), "사랑으로 결속된" 이들(골 2:2 참조)인 동시에 믿음의 싸움을 함께 감당하는 전우들이지요(빌 2:25 참조). 바울은 자신의 벗 오네시모를 "내 심장과도 같은" 사람이라 말합니다(몬 12절, 현대인의성경 참조). 그리고 바울은 자신이 "어린 젖먹이 자녀들을 키우는 어머니의" 심정으로 데살로니가 교회를 돌보았다고 이야기하지요(살전 2:7, ESV 참조). 이런 표현들은 모두 지극히 친밀한 성격을 지니지만, 그렇다고 해서 성적인 특징을 띠는 것은 아닙니다.

사람들은 때때로 이렇게 묻곤 합니다. "지금 교제 중에 계신가요?"(Are you in a relationship?) 이 질문의 뜻은 곧 '사귀는 남자 친구나 여자 친구가 있으신가요?'라는 말입니다. 하지만 성경에 따르면, 친구들 간의 우정 역시 지극히 중요한 교제입니다. 결혼과 달리, 우정은 여러 사람과 동시에 누릴 수 있는 인간관계지요. 사실 하나님은 이처럼 많은 친구와 교제를 나누도록 우리를 창조하셨습니다! 그리고 우리는 자신과 다른 성별에 속한 이들과도 우정을 나눌 수 있지만, 가장 깊고 친밀한 우정은 같은 성별에 속한 이들을 위해 하나님이 주신 특별한 선물입니다.

몇 달 전, 동성애자인 한 여성이 저에게 이렇게 말했습니다. "다른 여성을 향한 사랑이나 열망을 한 번도 경험해 보지 못했다니 참 안타까운 일이군요." 제 친구 레이첼에게 이 이야기를 전했을 때, 그녀는 이런 반응을 보였습니다. "그분이 사랑에 대해 잘못 알고 있네!" 레이첼과 마찬가지로, 지금까지 저는 다른 여성들과의 로맨틱한 교제를 거부해 왔습니다. 하지만 저는 가까운 친구들과 친밀하고 즐거운 교제, 하나님의 사랑이 담긴 교제를 늘 누리고 있습니다. 그런 친구들 중 한 명은 나타샤인데요, 그녀는 열여섯 살 무렵부터 제 가장 친한 벗이었습니다. 지금 우리는 서로 다른 대륙에 거주하고 있지만, 날마다 문자 메시지로 소통하곤 합니다! 그런데 다른 한편으로, 우리 자신의 욕망을 내려놓는 일이 늘 쉬운 것만은 아닙니다.

우리 자신의 욕망을 내려놓는 것은 힘겨운 일입니다

레이첼이 예수님을 따르기 시작한 지 얼마 되지 않았을 때, 그녀의 전 여자 친구였던 선배가 연락해 왔습니다. 다시 연인 관계로 돌아가고 싶다는 것이었지요. 그날 레이첼은 간신히 거부의 뜻을 밝혔지만, 나중에는 결국 예일대학교의 다른 여학생과 성관계를 갖게 되었습니다. 그리고 잠깐 동안은 그 선배와 다시 만나기까지 했지요. 이는 자신이 꽤 오랫동안 그리스도인으로 생활해 왔기에, 그런 성적인 끌림에 충분히 저항할 수 있다고 믿었기 때문이었습니다. 성령님의 도우심과 그리스도인 친구들의 사랑에 힘입어, 레이첼은 점점 주님에게

하나님 없이도 잘 살 수 있지 않나요?

순종하며 그녀 자신의 욕망을 내려놓는 법을 배워 가게 되었습니다. 하지만 그 과정이 결코 쉽지만은 않았지요.

누구나 때로는 자신의 배우자가 아닌 다른 이들에게 마음이 끌리게 됩니다. 이는 그 대상이 동성이든 이성이든, 여러분 결혼한 상태에 있든 아니든 간에 마찬가지입니다. 우리는 예수님을 따르는 이들이기에, 이런 감정이 생길 때에는 그분에게 도움을 청해야 합니다. 그리고 제 친구 레이첼이 대학 시절에 경험한 일과 같이, 우리가 큰 잘못을 범할 때도 있습니다. 그때에는 하나님이 그런 우리를 용서해 주신다는 확신을 간절히 구하게 되지요. 바로 이때 예수님이 우리의 피난처가 되어 주십니다.

예수님은 성적인 죄에 관해 결코 너그러운 태도를 취하지 않으십니다. 구약 성경에서는 자신의 배우자가 아닌 사람과 동침하여 간음을 범해서는 안 된다고 가르칩니다. 그런데 예수님은 한 걸음 더 나아가, 정욕에 찬 눈길로 다른 여인을 쳐다볼 경우에는 마음속으로 이미 간음을 범한 것이라고 말씀하셨지요(마 5:27, 28 참조). 이는 곧 성적인 욕망을 품을 정도로 충분히 나이가 든 이들은 **모두** 그런 죄를 범했음을 뜻합니다. 누구나 그런 마음을 품고서 자신의 배우자가 아닌 이들을 바라본 적이 있기 때문입니다. 하지만 이와 동시에, 예수님은 이렇게 가르치십니다. "너희들 가운데서 내 사랑과 용서의 대상이 되지 **못할** 이는 아무도 없다"(마 5:45 참조). 실제로 당시 예수님은 종종 다른 사람들이 성적인 죄인으로 여기고 천시하던 이들과 함께 시간을 보내신다는 이유로 비난을 받으셨습니다. 그분은 지금도 그런 죄인들

곁에 계시면서 사랑과 용서, 도움의 손길을 베풀어 주십니다.

한편 몇몇 그리스도인의 경우, 성적인 영상이나 이미지들에 중독된 상태에서 벗어나기 위해 예수님의 용서와 도우심을 절실히 구해야 합니다.

성적인 영상과 이미지에 중독된 이들

현실 세계의 이성 교제에는 위험이 따릅니다. 누군가에게 자신의 마음을 고백할 때, 우리는 그 사람에게 거부당할지도 모른다는 가능성을 감수하게 되지요. 이 때문에, 차라리 음란물(성적인 영상이나 사진들)을 들여다보는 편이 더 안전하게 느껴질 수도 있습니다. 어쩌면 여러분이 직접 이쪽을 선택했을 수도 있고, 혹은 스마트폰이나 컴퓨터 화면에서 우연히 그런 이미지들을 접하게 된 경우도 있겠지요. 이때에는 흔히 그 이미지들이 우리 머릿속에 깊이 새겨져서, 다시 검색창을 열고서는 더 많은 이미지를 찾아보게 됩니다. 만약 여러분이 실제로 그런 문제를 겪고 있다면, 그 문제는 여러분 자신만의 것이 아닙니다. 한 조사에 따르면, 열다섯 살이 된 청소년들 가운데 세 명 중 한 명이 인터넷에서 음란물을 본 경험이 있다고 합니다. 그리고 그 경험은 남자아이들과 여자아이들 모두에게 깊은 영향을 끼치지요.

우리가 음란물을 볼 때, 그 순간만큼은 짜릿한 만족감을 느낄 수도 있습니다. 하지만 다른 마약들과 마찬가지로, 그런 영상과 이미지

하나님 없이도 잘 살 수 있지 않나요?

들은 결국 우리에게 공허감을 줍니다. 그리고 다른 사람들과 잘 지내기가 어렵도록 만들지요.[6] 또한 음란물은 그 속에 등장하는 사람들의 인격에도 깊은 해를 끼칩니다. 이는 그들의 인간적인 존엄성을 손상시키는 방식으로 그들의 몸이 잘못 다루어지고 있기 때문입니다. 우리가 그런 영상 속의 인물들에게 관심을 집중할 때, 주위에 있는 실제 사람들과는 멀어지게 되는 것입니다. 그리고 더 심한 경우에는 주위 사람들을 마치 영상 속 인물처럼 대하기도 하지요. 곧 그들을 그저 우리 자신의 성적인 환상을 충족시키기 위해 존재하는 이들로 여기게 되는 것입니다.

어쩌면 여러분은 실제로 그렇게 행동해 왔을지도 모르겠습니다. 또는 다른 이들이 여러분을 그런 식으로 대해 왔을 수도 있겠지요. 둘 중 어떤 경우든, 스마트폰이나 컴퓨터 화면은 우리에게 진정한 사랑의 모습을 보여 주는 창문이 될 수 없습니다. 오히려 그런 영상들 가운데서, 우리는 서서히 자신의 인격을 무너뜨리는 거짓된 사랑의 모습들만 바라보게 되지요. 마치 석공이 망치로 돌을 조금씩 쪼갤 때처럼, 그런 영상들을 클릭할 때마다 우리 삶이 서서히 망가지게 됩니다. 하지만 우리는 그렇게 중독된 채로 살기에는 너무나도 아까운 존재입니다. 그리고 그 영상들 속에 등장하는 이들 역시 그런 존재들이지요.

만약 여러분이 이처럼 성적인 영상이나 이미지들에 중독되어 있다면, 다른 이들에게 도움을 청하고 그 상태에서 얼른 풀려나기 바랍니다.[7] 다른 여러 죄의 경우와 마찬가지로, 우리는 음란물에 빠져 있을 때 부끄러운 마음 때문에 주위의 친구나 멘토들에게 도움 청하기를 주저합니다. 이는 그들이 우리 자신의 연약함을 잘 이해해 주지 못할 것이라고 생각하기 때문입니다. 하지만 이 일을 부끄러워하지 마십시오. 여러분 외에도 많은 이가 같은 문제로 씨름하고 있으며, 예수님은 우리가 그분 앞에 나아가 간절히 구할 때 곧바로 용서해 주시기 때문입니다. 예수님의 사역 당시, 한번은 그분이 '죄인들'과 함께 어울린다는 이유로 종교인들이 예수님을 비난한 적이 있습니다. 이때 예수님은 이렇게 대답하셨지요.

건강한 사람에게는 의사가 필요하지 않으나, 병든 사람에게는 필요하다(눅 5:31).

이때 그 종교인들이 미처 깨닫지 못한 것은 자신들이 경멸하는 그 '죄인들'만큼이나 그들 자신도 병들어 있다는 사실이었습니다. 그 종교인들은 자신들이 선하다고 여겼기에, 예수님에게로 나아오지 않았지요.

우리는 누구나 도움이 필요합니다

청소년기에, 저는 성경이 동성 간의 로맨스를 금지한다는 사실을 알고 있었습니다. 하지만 그런 제 고민을 다른 친구들에게 솔직히 말해도 괜찮다는 점은 미처 몰랐지요. 그래서 저는 그저 입을 꾹 다물고서, 다른 여자아이들을 향한 제 감정이 사라지기를 간절히 바라고 기도했습니다. 만약 지금 여러분이 이런 상황에 처해 있다면, 한두 명의 믿음직한 그리스도인 친구들에게 자신의 고민을 조심스레 털어놓아 볼 것을 권합니다. 그리고 여러분 자신이 이 문제에 매여 있지 **않다면,** 그런 고민에 시달리는 주위 친구들에게 어떻게 믿음직한 조언자가 되어 줄 수 있을지를 한번 생각해 보십시오. 그들은 동성 간의 끌림이나 음란물 중독, 혹은 이성 친구와의 성관계를 거부하는 문제와 씨름하고 있을지도 모릅니다. 예수님은 그리스도인들이 모든 어려움을 혼자만의 힘으로 감당하기를 바라지 않으십니다. 그렇기에 그분은 우리가 믿음의 길을 걸어갈 때 서로 도움을 주고받도록, 그리스도 안에 있는 형제자매들을 주셨지요. 이제 저는 지난 시절을 돌아보면서, 그저 자신의 감정을 숨기고 그 문제들이 저절로 사라지기만을 바라는 대신에 주위의 그리스도인 친구들에게 그 어려움을 솔직히 나누었더라면 좋았을 거라고 생각합니다.

청소년기에 가졌던, 다른 여자아이들을 향한 제 감정은 결국 그대로 남아 있습니다. 그래서 저는 그 어떤 여성이 저에게 줄 수 있는 사랑보다도 예수님의 사랑이 낫다는 점을 계속 신뢰해야만 했지요. 그리고 저는 지금도 그 사랑을 신뢰해야 합니다. 지금 저는 멋진 남편과 결혼 생활을 이어 가고 있지만, 제 마음속에는 때때로 여성과의 로맨스를 갈망하는 동경심이 여전히 남아 있기 때문입니다. 만약 여러분이 예수님을 믿고 따른다면, 여러분 역시 채워지지 않는 자신의 갈망들을 예수님에게 내어 드려야 합니다. 이는 여러분이 어떤 사람에게 끌림을 느꼈든, 여러분이 결혼했든 아니든 간에 마찬가지지요. 누구든지 예수님을 온전히 따르기 위해서는 자신의 모든 갈망을 포기하고 내려놓아야 합니다. 그리고 그분을 좇아 믿음의 길을 가는 동안, 우리는 서로 도움을 주고받아야 하지요.

우리 모두에게는 사랑이 필요합니다

하나님은 우리가 여러 사람과의 친밀한 관계를 통해 풍성한 삶을 누리게끔 만드셨습니다. 그렇기에 그분은 우리에게 부모님과 형제자매, 친구들을 주셨으며, 또 어떤 이들의 경우에는 남편과 아내, 자녀들도 주셨지요. 마치 촘촘하게 이어진 거미줄처럼, 우리 삶이 번성하기 위해서는 다른 이들과의 다양한 연결점이 필요합니다. 곧 우리는 그저 한 가닥의 가느다란 실과 같은 인간관계에 매달려 있도록 지음 받지 않았습니다! 그리고 그 관계들의 중심에는 예수님이 계십니다. 그분은 친히 우리를 창조하셨으며, 누구보다도 깊이 우리를 사랑하시는 분입니다. 그리고 사랑을 향한 우리의 모든 갈망이 온전히 이루어지게 하실 수 있는 분 역시 예수님뿐이지요.

애니메이션 〈겨울왕국〉에서, 안나는 엘사를 구하려고 기꺼이 생명을 내어놓음으로써 자신의 사랑을 보여 주었습니다. 그리고 실제로 있었던 예수님의 이야기에서도, 우리는 그와 같은 사랑을 보게 됩니

하나님 없이도 잘 살 수 있지 않나요?

다. 예수님의 벗인 요한은 그분의 사랑을 이렇게 표현했지요.

> 그리스도께서 우리를 위하여 자기 목숨을 버리셨습니다. 이것으로 우
> 리가 사랑을 알게 되었습니다(요일 3:16a).

안나는 참된 사랑의 행동을 통해 자기 언니의 목숨을 구했으며, 이때 그녀의 얼어붙은 심장도 따스한 온기를 되찾게 되었습니다. 그리고 예수님은 참 사랑의 행동을 통해, 우리의 죗값을 대신 치러 주셨지요. 그리하여 우리는 예수님과 함께 영생에 들어가서, 그분과 지극히 친밀한 관계를 영원히 누릴 수 있게 되었습니다. 우리와 예수님 사이의 관계는 부부간의 사랑이나 친구들 간의 우정보다도 깊고 친밀한 성격을 띱니다. 마치 머리와 몸 사이의 관계와 같은 것이지요. 그러니 예수님을 온전히 신뢰하고 그분에게 자신을 맡기십시오. 그러면 그 어떤 것도, 심지어 죽음까지도 여러분을 그 사랑에서 갈라놓지 못할 것입니다(롬 8:35-39 참조).

핵심 요약

- 오늘날 많은 사람이 "사랑은 다 사랑이다"라고 주장합니다. 그러니 동성 간의 성관계나 로맨스에도 아무 문제가 없다는 것이지요. 그러나 성경은 이렇게 말합니다. "하나님은 사랑이[십니다.]" 그리고 우리는 이 세상의 다양한 인간관계를 통해, 그분이 품으신 그 사랑의 모습들을 어렴풋이 알게 됩니다. 그런 관계들 가운데는 부모와 자녀 간, 부부간, 그리고 친구들 간의 관계가 포함됩니다.

- 성경에서, 인간의 결혼 제도는 예수님과 그분의 백성 사이의 관계를 보여 주는 하나의 이미지입니다. 예수님의 사랑은 신실하고 배타적이며 우리에게 생명을 베푸시는 사랑, 결코 다함이 없는 사랑입니다. 그리고 그것은 우리와는 다른 본질을 지니신 그분에게서 오는 사랑이지요. 그러므로 우리의 결혼 제도 역시 신실하며 배타적인 사랑, 새로운 생명체들을 탄생시키며 다함이 없는 그 사랑 위에 토대를 두게끔 만들어져 있습니다. 그리고 서로 다른 성별에 속한 한 남자와 여자가 그 제도를 통해 하나의 가정을 이루게 되는 것입니다.

- 어떤 결혼 생활도 예수님과 우리 사이의 관계만큼 완전하지는 못합니다. 최상의 경우에도, 우리의 결혼 생활은 훨씬 위대한 실재인 그분과의 관계를 보여 주는 하나의 작은 모형일 뿐입니다.

- 독신 생활은 그저 차선책에 불과한 것이 아닙니다. 성경에 따르면, (바울이 그랬듯이) 독신으로 지내는 편이 결혼해서 가정을 이루는 것보다 오히려 나을 수도 있습니다.

- 성관계는 부부들을 위한 하나님의 유익한 선물입니다. 그러므로 결혼 생활의 바깥에서 다른 이들과 그 관계를 맺어서는 안 됩니다. 특히 어른과 아이 사이에서는 더더욱 그런 관계가 있을 수 없습니다. 만약 어떤 어른이 여러분의 몸

을 성적인 방식으로 만지려 든다면, 주위의 신뢰할 만한 분들에게 꼭 알리고 도움을 청하십시오.

- 성경에서는 그리스도인들이 동성 간에 성관계를 맺어서는 안 된다는 점을 분명히 밝힙니다. 이와 동시에, 그리스도인들은 주위의 동성애자들을 사랑으로 대하도록 부름받았습니다. 그러니 그들을 비난하거나 혐오하는 태도를 취해서는 안 되는 것이지요. 그리고 다른 비그리스도인들을 대할 때와 같은 마음으로 그들에게 복음을 전해야 합니다.

- 모든 그리스도인은 때때로 자신의 로맨틱한 갈망과 성적인 끌림을 거부해야만 합니다. 이 일은 쉽지 않아서 하나님의 영이신 성령님과 그분에게 속한 백성의 도움이 필요합니다. 하나님은 우리가 혼자만의 힘으로 애쓰기를 바라시지 않습니다.

- 불법 약물 중독과 마찬가지로, 음란물 중독은 우리 삶에 파괴적인 영향을 끼칩니다. 그것은 우리를 결국 비참하게 고립된 상태에 빠지게끔 만들지요. 만약 지금 여러분이 그런 상태라면, 먼저 예수님에게 용서를 구하십시오. 그리고 친구들과 멘토들의 도움을 얻어 그 상태에서 벗어나기 바랍니다.

- 친구들 간의 우정은 우리를 향한 예수님의 사랑을 보여 주는 가장 위대한 이미지 중 하나입니다. 하나님은 우리가 여러 사람과 친밀하게 교제하고, 이를 통해 큰 힘과 격려를 얻도록 만드셨습니다.

- 예수님의 사랑은 세상에서 가장 위대한 사랑입니다. 그분을 온전히 따르기 위해서라면, 우리는 다른 이들과의 관계를 모두 내려놓을 수 있습니다.

8

제가 남자든 여자든
무슨 상관인가요?

소설 「반지의 제왕」에 등장하는 에오윈은 제가 참 좋아하는 영웅적인 여성입니다. 그녀의 외삼촌인 세오덴 왕이 어둠의 군주 사우론에게 맞서 싸우기 위해 자신의 병사들과 함께 출전할 때, 에오윈도 그 대열에 동참하기를 간절히 원했습니다. 하지만 그녀는 여성이기에, 뒤에 남아 있으라는 지시를 받았지요. 당시 사우론의 군대를 이끌던 장수는 앙마르의 마술사왕이었습니다. 그는 강한 힘을 지닌 유령 같은 존재로서 사람들에게 깊은 두려움을 주었기에, 세오덴 왕의 모든 병사가 그 앞에서 뿔뿔이 흩어져 도망치고 말았습니다. 그리고 마침내 세오덴 왕도 타고 있던 말에서 떨어져 그 마술사왕의 손에 죽기 직전이었지요. 그런데 이때 한 기사가 세오덴 왕을 지키기 위해 그 마술사왕 앞을 막아섰습니다.

그러자 마술사왕은 큰 소리로 비웃으면서, 과거에 어떤 이가 자신

하나님 없이도 잘 살 수 있지 않나요?

에 관해 예언한 내용을 말해 주었습니다. "어리석은 자여! 그 어떤 살아 있는 남자도 나를 쓰러뜨리지는 못한다!"[1] 하지만 기사는 그 비웃음을 그대로 되돌려 주었지요. 이때 그 기사가 투구를 벗자, 아름다운 머릿결이 아래로 흘러내렸습니다. 그리고 기사는 이렇게 응수했습니다.

네 앞에 선 나는 남자가 아니다! 나는 한 여자다. 곧 에오문드의 딸인 에오윈이다. 너는 지금 내 주군이자 친족인 분의 목숨을 위협하고 있다. 만약 네가 불사신이 아니거든, 썩 꺼져라! 저 분의 손끝 하나라도 건드린다면, 네가 살아 있는 자든 유령이든 간에 내 손으로 쳐서 없애 버릴 것이다.[2]

저는 이 장면을 읽으면서 숨이 멎을 듯한 전율을 느꼈습니다. 에오윈의 사랑에 찬 용기가 저를 자석처럼 끌어당겼거든요. 저는 바로 그녀와 같은 모습의 여성이 되고 싶었습니다.

이 장에서, 우리는 다음의 몇 가지 중요한 질문을 살펴보려 합니다. 성경에서는 남자와 여자에 관해 어떻게 가르치고 있을까요? 과연 기독교는 여성들에게 유익한 종교일까요, 아니면 해로운 종교일까요? 우리가 예수님을 믿고 따를 때, 꼭 사람들이 남자와 여자에게 기대하는 여러 기준에 맞춰 살아가야만 하나요? 만약 자신의 신체적인 성별이 스스로 느끼는 성 정체성과 잘 맞지 않을 경우, 그리스도인들은 자신을 다른 성에 속한 사람으로 간주해도 되나요? 혹은 자신이 그 어떤 성에도 속하지 않는다고 여겨도 될까요? '간성'(intersex), 곧 남성의 것도, 여성의 것도 **아닌** 신체를 지니고서 태어난 이들에 관해 성경은 어떻게 말씀하고 있나요?

이런 질문들을 다룰 때, 우리는 자연히 다음과 같은 물음들을 품게 됩니다. '남성 됨 또는 여성 됨의 참된 의미는 어디에 있을까?' '나는 정말 누구일까?' 기독교의 가르침이 옳다면, 우리 삶을 창조하신 하나님은 우리에게 성경을 주신 분이기도 합니다. 그리고 우리 자신의 삶에 관한 이야기를 이해하기 위해서는, 먼저 이 세상을 지으신 하나님의 뜻을 드러내는 더 큰 이야기(성경의 이야기_옮긴이)를 헤아려 보아야만 하지요.

그러니 우리는 성경에 나오는 이 세상의 시초에 관한 이야기를 먼저 다루어 보려 합니다.

이 세상의 시초에 있었던 일

고대의 여러 철학 사상에 따르면, 남자는 여자보다 중요한 존재였습니다. 하지만 성경의 이야기는 이와 달랐지요. 성경에 따르면, 하나님은 인간, 곧 "남자와 여자"를 "그분 자신의 형상으로" 만드셨습니다(창 1:26-28 참조). 이처럼 남자와 여자는 서로 동등한 중요성을 지닙니다. 하지만 그 둘 사이에는 중요한 차이점이 존재하는 것 역시 사실이지요.

하나님 없이도 잘 살 수 있지 않나요?

생각해 보면, 하나님은 이 세상을 지으실 때 굳이 한 남자와 여자의 결합을 통해서만 아기가 태어날 수 있도록 만드실 필요가 없었을 것입니다. 그분은 20년 정도의 시간이 흐를 때마다 기적적으로 새로운 무리의 사람이 생겨나게 하거나, 우리를 자기 복제가 가능한 아메바 같은 존재로 만드실 수도 있었을 테니까요. 하지만 그 대신에, 하나님은 우리를 **남자 혹은 여자로** 창조하셨습니다. 그리고 새로운 인간 생명체들이 남자와 여자의 친밀한 연합을 통해 탄생되게끔 하셨지요. 이 연합은 곧 자신의 교회를 향한 예수님의 깊은 사랑을 보여 주는 하나의 이미지였습니다.

창세기 2장에서, 하나님은 남자를 먼저 창조하신 뒤에 이렇게 말씀하셨습니다. "남자가 혼자 있는 것이 좋지 아니하니." 그리하여 그 남자를 "돕는 사람"으로서 여자를 창조하셨지요(창 2:18 참조). 어쩌면 이 구절은 여자가 남자보다 중요하지 않다는 말처럼 들릴지도 모르겠습니다. 여자는 곧 그저 남자를 "돕는" 사람에 불과하다는 것이지요. 하지만 성경에서, "돕는 이"라는 단어는 흔히 하나님 자신을 가리킬 때에도 쓰입니다(예를 들어, 시 54:4; 118:7을 보십시오). 그러니 그 표현을 여자가 남자보다 중요하지 않다는 뜻으로 받아들일 수는 **없습니다!** 오히려 이 구절에서, 우리는 남자와 여자가 서로 협력해서 하나님이 맡기신 일들을 수행해 나가야 한다는 것을 깨닫게 됩니다.

그렇다면 성경에서는 과연 남성 됨과 여성 됨의 의미를 어떻게 가르치고 있을까요?

완전한 남자이신 분

성경은 유일하게 완전한 남자이신 분의 모습을 우리 앞에 보여 줍니다. 예수님은 "보이지 않는 하나님의 형상"(골 1:15)이십니다. 그분은 사람의 눈으로 볼 수 없는 하나님의 어떠하심을 우리 앞에 온전히 드러내어 주셨지요. 예수님은 폭풍우를 잠잠하게 만드시며(막 4:35-41 참조), 천사들을 불러 모으시고(마 26:53 참조), 죽음의 권세를 무너뜨릴 능력(요 11:25 참조)을 지닌 분이었습니다. 하지만 이와 동시에 어린아이들을 품에 안아 주셨으며(막 10:13-16 참조), 손을 내밀어 병자들을 고쳐 주셨지요(마 8:3; 눅 4:40 참조). 또 예수님은 채찍을 들고서 하나님의 성전에서 장사하는 자들을 내쫓으셨습니다(요 2:13-17 참조). 하지만 이와 동시에, 외롭고 소외된 이들, 연약한 이들을 따스하게 맞아 주셨습니다(마 11:28-30 참조). 자신의 벗 나사로가 숨을 거두었을 때, 예수님은 눈물을 흘리셨습니다(요 11:35 참조). 그리고 예수님이 로마 군인들에게 붙잡혀 가는 것을 막으려고 제자 베드로가 칼을 빼 들었을 때, 예수님은 베드로의 칼에 맞아 다친 사람을 고쳐 주셨지요(눅 22:49-51 참조). 예수님은 인류 역사상 가장 위대한 영웅이십니다. 그런데 그분이 치른 가장 위대한 싸움은 바로 그분 자신이 십자가에서 숨을 거두실 때 이루어졌지요. 예수님은 마땅히 온 세상의 왕이 되시는 분입니다. 그런데 그분은 사람들에게 섬김을 받기 위해서가 아니라 도리어 그들을 섬기기 위해 이 세상에 오신 것입니다(막 10:45 참조). 예수님은 십자가에 못 박히기 전에, 제자들의 발을 씻겨 주셨습니다(요 13장 참조). 그리

하나님 없이도 잘 살 수 있지 않나요?

고 죽음에서 다시 살아나신 뒤에는 제자들에게 아침 식사를 차려 주셨지요(요 21:9 참조).

어떤 이들의 경우, **진정한** 남자들은 울지 않는다고 여깁니다. 하지만 예수님은 깊은 눈물을 흘리셨습니다. 또 어떤 이들의 경우, **진정한** 남자들은 여러 여성과 잠자리를 갖는다고 생각합니다. 하지만 예수님은 여자 친구를 아예 사귄 적도 없으셨지요. 그리고 어떤 이들의 경우, **진정한** 남자들은 모욕을 참지 않는다고 생각합니다. 하지만 예수님은 온종일 심한 모욕을 견디어 내셨지요. 그분은 연약한 이들을 변호해 주셨지만, 자신을 방어하기 위해 적들과 맞서 싸우지는 않으셨습니다. 또 어떤 이들의 경우, **진정한** 남자들은 요리하거나 아이들을 돌보는 일을 하지 않는다고 생각합니다. 하지만 예수님은 이 두 가지 일을 모두 행하셨지요. 우리가 온전한 남성 됨의 의미를 알기 위해서는, 이와 같은 예수님의 모습을 바라보아야 합니다.

그리고 여성들 역시 예수님을 본받도록 부르심을 받았습니다. 그분은 한 사람의 온전한 인간이시기 때문입니다. 따라서 모든 남녀 그리스도인은 그분을 닮아 가도록 권면을 받는 것입니다. 한편 예수님은 자기 자신이 아닌 다른 이들의 유익을 위해 자신의 힘과 권세를 사용하셨는데, 이는 특히 남자들이 본받아야 할 모델이 됩니다. 대체로 남자들은 힘이 더 세며, 전통적으로 사회에서 더 큰 권세를 소유해 왔기 때문입니다(빌 2:1-11 참조).

그러면 성경에서는 여성에 관해 어떻게 가르치고 있을까요?

몇몇 제 친구는 기독교가 여성을 억압해 왔다고 생각합니다. 하지만 기독교는 실제로 여성들의 지위를 향상시켰습니다. 지금 우리는 남성과 여성의 위치가 동등하다는 것을 당연한 사실로 받아들이곤 합니다. 그러나 예수님 당시의 사람들은 그렇게 여기지 않았습니다.

이 책 4장에서 살폈듯이, 예수님 당시에 사람들이 여자 아기를 집 바깥에 내버려 죽게 만드는 것은 흔한 일이었습니다. 그들은 여자아이보다 남자아이의 가치가 중요하다고 여겼지요. 하지만 예수님의 가르침은 그런 사람들의 생각을 바꾸어 놓았습니다. 예수님은 많은 여인과 친하게 지내셨으며, 그 여인들을 남자들과 동등하게 대하셨습니다. 한 예로 그분의 벗인 마리아가 다른 남자 제자들과 함께 그분 곁에 앉아서 가르침을 듣고자 했을 때, 예수님은 그녀의 편을 들어주셨지요(눅 10:38-42 참조). 예수님은 특히 사람들에게 멸시를 받던 여인들에게 깊은 관심을 보이셨습니다. 한번은 한 사마리아 여인과 친근하게 대화를 나누셔서 제자들을 깜짝 놀라게 하셨는데, 그녀는 이전에 다섯 명의 남편이 두었을 뿐 아니라 그 당시에도 자기 남편이 아닌 한 남자와 동거 중인 여인이었습니다(요 4:1-42 참조). 그리고 스스로를 의롭게 여기면서 예수님을 전혀 사랑하지 않던 어떤 바리새인의 집에 초대를 받아 가셨을 때, 예수님은 그분을 깊이 사랑한 "죄 많은 여인"을 도덕적인 본보기로 제시하셨지요(눅 7:36-50 참조). 또 이 책 5장에서 보았듯이, 예수님이 부활하신 뒤 그분을 처음으로 뵈었던 사람들 역시 여인들이었습니다. 당시에는 여인들이 세상의 법정에서 증인으로 채택되지 못했는데, 그런 여인들이 예수님 부활의 첫 증인이 된 것입니다!

몇몇 제 친구는 기독교가 '여성 혐오'의 성격을 띤다고 여깁니다. 곧 여성들을 향해 미움과 경멸의 태도를 취한다는 것이지요. 물론 다른 여러 죄의 경우처럼 그리스도인들은 때때로 그런 잘못을 범해 온 것이 사실입니다. 하지만 기독교가 생겨난 바로 그 시점부터, 예수님은 특히 많은 여성을 그분에게로 인도하셨습니다.

역사가들에 따르면, 예수님 당시의 그리스 로마 문화권에서는 남성 인구의 비율이 여성보다 두 배 정도 높았을 것으로 보입니다. 여성들이 아이를 낳다가 종종 세상을 떠났으며, 여자 아기를 집 바깥에 방치해서 죽게 만드는 경우도 많았기 때문입니다.[3] 하지만 당시 교회의 경우에는 이와 정반대였던 것으로 보입니다. 즉 여성 그리스도인의 수가 남성보다 두 배는 많았던 것이지요.[4] 2세기의 그리스 철학자 켈수스(Aulus Cornelius Celsus)는 그리스도인들을 조롱하면서 이렇게 말했습니다.

그들은 그저 미련하고 어리석은 이들, 명예롭지 못한 이들이나 노예와 여인들, 어린아이들만을 꼬드겨서 자신들 편으로 끌어들일 뿐이다.[5]

오늘날에는 미국뿐 아니라 전 세계적으로도, 남성 그리스도인보다 여성 그리스도인의 수가 상당히 많습니다. 그리고 여성들이 매주 교회에 출석하고 성경을 읽으며 기도하는 경우가 더 많지요.[6] 이처럼 기독교는 여성을 억압하는 종교가 **아닙니다.** 오히려 기독교는 인류 역사상 가장 위대한 여성들의 운동입니다!

페미니즘에 대해서는 어떻게 생각해야 하나요?

어떤 사람들은 기독교를 페미니즘에 **반대하는** 종교로 여기기도 합니다. 페미니즘은 '남성과 여성의 평등에 근거해서 여성들의 권리를 옹호하는 입장'으로 정의될 수 있지요. 하지만 앞서 보았듯이, 처음에 사람들이 남성과 여성이 평등하다고 여기게 된 이유는 바로 기독교에 있었습니다. 실제로 근대 최초의 페미니스트들 가운데 많은 이가 기독교인이었습니다. (우리가 2장에서 다룬) 소저너 트루스나 루크레티아 모트 같은 여성들은 흑인과 여성의 권리 모두를 옹호하는 운동을 펼쳤지요. 이는 하나님이 **모든** 사람을 그분의 형상대로 지으셨음을 알았기 때문이었습니다. 초창기의 기독교 페미니스트들은 여성이 남성과 동등한 지위를 지닌다고 주장했습니다. 따라서 여성 역시 남성과 똑같이 선거에 참여하고 집을 소유하며, 직업을 구하고 자신들의 노동에 대해 정당한 소득을 얻을 권리가 있다는 것이었지요. 그들은 예수님을 믿는 이들**임에도 불구하고** 남성과 여성이 동등하다고 여긴 것이 아닙니다. 오히려 바로 **그 믿음 때문에** 그런 생각을 품게 된 것입니다!

하나님 없이도 잘 살 수 있지 않나요?

성경에서, 우리는 여성들의 활동이 다양한 방식으로 높이 평가되는 모습을 보게 됩니다. 기독교의 관점에서 살필 때, 우리의 활동은 그 일을 통해 소득을 얻든지 못 얻든지 간에 소중한 가치를 지닙니다. 그리고 어린 자녀들을 돌보는 것은 지극히 중요한 활동이지요. 제가 아는 가장 똑똑하고 재능 많은 그리스도인 친구들 중 몇몇은 자신이 자녀 양육에 전념하도록 부름받았다고 느낍니다. 하지만 여성들이 늘 자녀 양육에만 온 힘을 쏟도록 부름받는 것은 아닙니다. 로마서 끝부분에서, 바울은 자신의 동역자들을 열거하면서 아홉 명의 여성을 언급합니다. 그중에는 그 편지를 전달한 뵈뵈(롬 16:1)나, 아마 친자매였을 드루배나와 드루보사가 포함되지요. 바울은 이 여성들을 "주님을 위해 수고하는 일꾼"(롬 16:12, ESV)으로 부릅니다. 우리는 당시 이 여성들에게 자녀가 있었는지 여부는 알 수 없습니다. 하지만 우리가 아는 것은, 그들이 예수님의 복된 소식을 전파하는 막중한 사명을 감당하고 있었다는 사실입니다.

또 우리는 최초의 여성 그리스도인들 중 일부가 직업 활동을 통해 소득을 얻고 있었다는 사실을 압니다. 한 예로, 사도행전에서는 루디아라는 여성의 회심 이야기를 서술하고 있습니다. 우리는 그녀에게 자녀가 있었는지 여부를 알지 못합니다. 다만 루디아에게는 가족이 있었으며, 그녀는 빌립보 교회의 창립 멤버 중 한 명이었습니다. 그런데 그녀는 "자색 옷감 장수"(행 16:14)로 언급되고 있지요. 우리는 또한 예수님을 따르던 일부 여인이 그분의 사역을 재정적으로 후원했다는 것을 압니다(눅 8:2, 3 참조). 그러니 여성 그리스도인들이 사회에서 직업 활동에 참여하지 못할 이유가 없을 뿐 아니라, 자신들의 수고에 대해 정당한 대가를 지불받지 못할 이유도 없지요.

이런 이유들 때문에, 저는 제가 페미니스트라는 점을 사람들에게 편안하게 밝힐 수 있습니다. 저는 여성이 남성과 동등한 권리를 갖는다는 점을 기꺼이 옹호합니다. 저는 한 가정의 어머니가 되는 동시에 집 바깥에서 보수를 받고 일할 기회를 얻은 것을 감사히 여깁니다. 저는 여성도 마땅히 투표권을 지녀야만 한다고 생각합니다. 그리고 동일한 업무에 대해서는 남성과 동일한 수당을 받아야 한다고 믿지요. 그런데 남자와 여자가 하나님 앞에서 서로 동등하다고 믿으면서도, 자신을 페미니스트로 여기지 않는 그리스도인도 많습니다. 오늘날 페미니즘과 결부되어 있는 일부 신념들은 우리 그리스도인들이 쉽게 받아들일 수 없는 것이기 때문입니다. 그중 가장 중요한 사례는 낙태로 알려진 관행입니다. 우리는 앞서 4장에서 그 문제를 이미 다루어 보았습니다.

교회 역사의 시초부터, 그리스도인들은 세상에 맞서 갓난아기들 역시 고유의 자격을 지닌 귀한 인격체이며 그저 부모의 소유물이 아님을 주장해 왔습니다. 인류의 역사 전체에 걸쳐, (출산 전에 이루어진) 낙태나 (출산 이후의) 영아 살해를 통해 숨진 아기들은 대부분 여자 아기였습니다. 그리고 지금도 전 세계적으로 여전히 그런 상황이 지속되고 있지요. 어떤 이들은 '여성의 선택권을 옹호하는 일'(pro-choice, 낙태를 지지하는 입장)이 바로 여성들을 위하는 길(pro-women)이라고 믿지만, 그들의 생각은 이런 현실에 부합하지 않습니다.

하나님 없이도 잘 살 수 있지 않나요?

저는 또한 혼인 서약 바깥에서 이루어지는 성관계를 권장하는 사회가 여성의 권리를 옹호하는 성격을 띤다고 여기지도 않습니다 (이런 성관계는 종종 계획되지 않은 임신을 불러오며, 그 임신은 대부분 낙태로 끝이 나곤 합니다). 이 책 7장에서 살폈듯이, 서로의 헌신이 없는 성관계는 여성들의 행복을 **방해하는** 경향이 있습니다. 미국의 경우, 낙태를 선택하는 여성들의 80퍼센트 이상은 미혼이며 아기 아빠의 도움을 기대할 수 없는 상태입니다.[7] 낙태를 찬성하는 이들의 입장은 흔히 '여성의 선택권을 옹호하는' 쪽으로 알려져 있지요. 하지만 실제로 낙태를 택하는 많은 여성은 자신에게 선택의 여지가 **거의 없다**고 느낍니다. 이는 그들이 아기를 낳아서 키우고자 하더라도, 별다른 도움과 지원을 기대할 수 없기 때문입니다.

지난 100년 동안, 페미니즘 운동은 전 세계적으로 여러 긍정적인 변화를 가져왔습니다. 그 결과로 여성들은 투표권과 더 많은 기회를 얻고, 사회적으로 좀 더 평등한 상태에 이르게 되었지요. 하지만 서로의 헌신이 없는 성관계를 장려하는 사회 분위기를 조성하는 것은 그리 여성을 위하는 일로 보이지 않습니다. 그런 사회에서는 아이를 임신하고 출산하는 여성만의 고유한 능력이 제대로 존중받지 못합니다. 그리고 임산부들이 적절한 돌봄과 지원을 받지 못할 때도 많지요. 그런 사회는 여성의 삶을 불행하게 만들 뿐입니다.

우리가 남자인지 여자인지가 중요한가요?

앞서 2장에서 보았듯이, 예수님의 가족 안에서는 누구나 동등한 자격을 지닙니다. 바울은 초창기의 일부 그리스도인에게 보낸 편지에서 이렇게 선포했습니다.

> 유대 사람도 그리스 사람도 없으며, 종도 자유인도 없으며, 남자와 여자가 없습니다. 여러분 모두가 그리스도 예수 안에서 하나이기 때문입니다(갈 3:28).

서로가 어떤 인종과 성별에 속하든, 어떤 상황에 처해 있든 간에 우리는 모두 하나님 앞에서 소중한 사람입니다. 다만 하나님이 우리 각 사람을 남자와 여자로 만드신 데에는 그분의 분명한 목적이 있습니다. 그리고 일부 삶의 영역들에서는, 남성과 여성이 각기 다른 역할을 감당하도록 부르심을 받습니다(예를 들어, 7장에서 살펴본 결혼 생활이 그런 경우입니다).

저는 대학 시절에 축구 선수로 활동했습니다. 당시 제 역할은 수비수였지요. 저희 팀의 선수들은 모두 같은 목표를 품고 있었습니다. 그것은 상대 팀보다 많은 골을 넣는 것이었지요. 하지만 우리 팀의 각 선수가 맡은 역할은 저마다 달랐습니다. 그리고 우리 팀의 스트라이커들이 골키퍼보다 중요한 위치에 있는 것은 아니었습니다. 그저 맡은 임무가 달랐을 뿐이지요. 하나님의 백성으로 이루어진 교회에서도, 모든 이는 동일한 목표를 갖고 있습니다. 하나님을 예배하고 이웃을 사랑하며, 주위 사람들에게 예수님의 메시지를 전하는 것이지요. 하지만 그 '교회'라는 팀 안에서, 우리는 저마다 다른 역할을 부여받곤 합니다. 어떤 영역들의 경우, 그 역할은 우리가 남자와 여자 중 어느 쪽으로 지음받았는지에 달려 있습니다.

지난 2천 년 동안, 여성들은 예수님의 메시지를 전파하는 일에서 엄청난 역할을 감당해 왔습니다. 남자와 여자 모두 이 과업을 감당하도록 부르심을 받았지요. 그런데 각 교회마다, 일부 그리스도인은 온 회중을 인도하며 그들에게 성경을 가르치도록 부르심을 받습니다. 이들은 흔히 '목회자'와 '장로'로 불리는데, 성경에서는 적절한 자격을 갖춘 남자들에게 이 직분을 부여하는 것으로 보입니다. 바울은 이런 역할 배분의 이유를 창세기에 있는 아담과 하와의 이야기에 연결 짓고 있습니다. 그 이야기에 따르면, 아담이 하와보다 먼저 지음을 받았습니다. 그리고는 선악을 알게 하는 나무의 열매를 먹지 말라는 하나님의 명령을 받았지요(딤전 2:11-14; 창 2:15-3:7 참조). 즉 하나님은 아담에게 자신의 메시지를 맡기신 것입니다. 그런데 그때 (뱀으로 가장한) 사탄이 나타나서 하와를 속이고 하나님의 명령을 의심하게 만들었습니다. 사탄은 그녀에게, 만약 그 나무 열매를 먹는다면 하나님과 같은 존재가 될 것이라고 속삭였지요. 하와는 그 말을 듣고서 그 열매를 먹었습니다. 그리고 아담도 하와를 제지하기는커녕, 그 열매를 같이 먹는 쪽을 택했지요(이 이야기의 경우, 하나님의 통치 아래 있는 인간은 오직 그 둘뿐이었습니다). 그런데 여기서 바울의 요점은 당시 아담이 그 뱀의 유혹에 맞서 대응했어야 한다는 데 있는 것으로 보입니다. 이는 처음에 하나님에게 명령을 받은 사람이 바로 그였기 때문입니다. 이와 마찬가지로, 교회 안에서 가르침과 인도의 특별한 책임을 부여받은 이들 역시 남자들이라는 것이 바울의 관점입니다.

　이것은 여성이 남성만큼 똑똑하지 않거나 신실하지 못해서가 아닙니다. 여성이 남성만큼 좋은 설교자나 지도자가 될 수 없어서도 아니지요. 앞서 살폈듯이, 예수님이 부활하신 뒤에 그분을 처음으로 만난 이들은 바로 여성이었습니다. 그리고 그 여성들은 예수님이 부활하셨음을 믿고 받아들인 반면, 남성 제자들은 여전히 그 사실을 의심한 것으로 보입니다(예를 들어, 눅 24:10, 11을 보십시오). 또한 바울은 많은 여성이 복음을 위해 자신의 동역자로 수고했음을 강조하고 있습니다(예를 들어, 롬 16:1-16; 빌 4:2, 3을 보십시오).

　또 남자들이 각 지역 교회의 지도자로 부름받았다는 사실은 남성이 여성보다 중요함을 뜻하지도 않습니다. 한번은 제자 요한과 야고보가 예수님 앞에 나아와서, 자신들로 하여금 그분의 나라에서 특별한 지도자의 위치에 오르게 해주시기를 청한 적이 있습니다. 이때 예수님은 그들을 향해, 그분의 나라에 속한 리더십은 이 세상의 지도자들이 휘두르는 권력과 **정반대되는** 것임을 설명해 주셨지요. 이 세상의 경우, 사람들이 높은 지위에 오르려고 하는 것은 자신의 뜻대로 모든 일을 주무르기 위함입니다. 하지만 예수님은 그분의 나라에서는 그렇지 않음을 말씀해 주셨습니다.

하나님 없이도 잘 살 수 있지 않나요?

너희끼리는 그렇게 해서는 안 된다. 너희 가운데서 누구든지 위대하게 되고자 하는 사람은 너희를 섬기는 사람이 되어야 하고, 너희 가운데서 누구든지 으뜸이 되고자 하는 사람은 모든 사람의 종이 되어야 한다. 인자는 섬김을 받으러 온 것이 아니라 섬기러 왔으며, 많은 사람을 구원하기 위하여 치를 몸값으로 자기 목숨을 내주러 왔다(막 10:43-45).

이처럼 예수님 나라에 속한 지도자들은 으뜸가는 위치에 있는 사람이 아닙니다. 오히려 가장 낮은 곳에 자리 잡고 있는 사람이지요.

신약 성경이 기록되던 당시에, 공개된 장소에서 성경을 가르치는 이들은 종종 누군가의 공격을 받거나 붙잡혀 감옥에 갇히곤 했습니다 (그리고 오늘날에도 여러 지역에서 같은 일이 벌어지고 있습니다). 그러니 하나님이 남자들에게 가정을 위해 헌신하며 교회를 돌보라는 부르심을 주신 것은 어쩌면 자연스러운 일일 수도 있습니다. 곧 그 부르심의 목적은 그들에게 독단적인 힘과 특권을 부여하려는 데 있지 않았다는 것이지요. 오히려 하나님이 남성들에게 주신 특별한 부르심의 의도는 그들로 하여금 다른 이들을 섬기며 스스로를 희생하게 하시려는 데 있었습니다. 이는 예수님이 친히 우리를 위해 섬기고 자신을 희생하신 것과 마찬가지입니다.

이처럼 하나님은 남자와 여자를 서로 동등한 존재로 만드셨습니다. 하지만 어떤 영역들에서는 각기 다른 역할을 감당하게 하셨지요. 그런데 신체 구조상 온전한 남자도, 온전한 여자도 아닌 존재로 태어난 이들에 관해서는 어떻게 생각해야 할까요?

간성으로 태어난 이들은 어떻게 해야 하나요?

몇 년 전, 제 친한 벗이 간성(intersex, 남성과 여성의 신체적인 특징을 불완전하게 함께 지니는 사람_옮긴이)인 아기를 낳았습니다. 그 아기는 외관상 여자아이에 더 가까워 보였지요. 그런데 병원의 정밀 검진을 통해, 그아기는 (태아의 성장 기관인) 자궁 대신에 (정자의 생산 기관인) 고환을 가지고 있다는 점을 알게 되었습니다. 지금 그 가정은 그 아이를 여자아이로 양육하고 있습니다. 그리고 현재로서는 그 아이도 자신의 삶을 만족스럽게 여기는 듯합니다. 실제로 그 아이는 우리 문화권에서 흔히 어린 소녀들의 삶과 관련되는 특징들을 즐겁게 받아들이고 있습니다. 하지만 그 아이가 장차 어른이 되었을 때 어떤 마음을 품게 될지는 아직 모르지요. 그렇기에 그 부모는 그 아이가 자라면서 직접 그문제를 충분히 고민해 볼 수 있도록 이끌어 줄 마음의 준비를 하고 있습니다.

예수님의 시대 당시에도, 어떤 이들은 간성으로 태어났습니다. 또어떤 이들은 남자로 태어났지만, 어릴 때 고환을 제거당했지요. 높은소리로 노래를 부른다든지, 왕의 아내들을 보호하는 일 등의 특수한임무를 맡기기 위해서였습니다. 아이한테 이런 짓을 행하는 것은 끔찍한 일이지만, 안타깝게도 고대 세계에서는 그런 일이 매우 흔했습니다. 이렇게 고환을 제거당한 이들은 '내시'로 불렸습니다. 예수님을따르던 최초의 그리스도인들 중 한 명은 내시였지요(행 8:26-40 참조). 그리고 예수님 역시 한 남자와 여자 사이의 결혼이 평생 지속되어야

함을 가르치신 뒤, 곧바로 내시들에 관해 말씀하셨습니다(마 19:3-12 참조). 예수님은 결혼을 존귀히 여기셨지만, 독신자들 역시 귀하게 보셨습니다. 그리고 결혼하지 않은 사람들이나 아이를 가질 수 없는 이들 역시 그분의 나라에서 매우 귀한 존재라고 가르치셨지요. 그러니 간성으로 태어난 이들이 아이를 낳지 못하는 경우가 많다는 사실 때문에, 그들이 예수님 앞에서 덜 귀한 존재가 되는 것은 아닙니다. 그리고 그분이 맡기신 과업을 수행하기에 적절치 못한 이들이 되는 것도 아니지요. 예수님 자신도 자녀가 전혀 없으셨지만, 그분은 유일하게 완전한 인간이셨습니다!

그렇다면 간성으로 태어난 이들과 트랜스젠더들 사이에는 어떤 관계가 있을까요?

트랜스젠더에 관해서는 어떻게 생각해야 하나요?

어떤 이들은 이렇게 간성인 아기들이 가끔씩 태어나기 때문에, '남성'과 '여성'은 명확한 범주가 될 수 없다고 주장합니다. 모든 이는 그저 완전한 '남성'과 '여성' 사이에 자리 잡은 다양한 스펙트럼 위에 놓여 있을 뿐이라는 것이지요. 또 그들은 우리 자신의 성 정체성이 우리의 신체적인 특징에 의해 규정될 필요가 없다고 역설합니다. 오히려 어떤 이의 감정이 그 자신의 신체 구조와 부합하지 않을 경우, 그는 자신의 성 정체성을 스스로 결정할 수 있다는 것입니다. 그리고 어떤 이들의 경우, 스스로를 '논 바이너리'(non-binary, 남성과 여성의 이분법적 구별에 매이지 않는 이들_옮긴이)나 '젠더 비순응자'(gender non-conforming, 성별에 대한 사회적 규범에 순응하지 않는 이들_옮긴이)로 여기기도 합니다. 이는 그들 자신이 남성과 여성 가운데 어느 쪽에도 속하기를 원하지 않음을 뜻하지요.

남자의 몸으로 태어났지만 이후 자신을 여성으로 여기는 이들의 경우, '트랜스 여성' 혹은 '트랜스젠더 여성'으로 지칭됩니다. 그 반대의 경우에는 '트랜스 남성' 혹은 '트랜스젠더 남성'으로 불리지요. 트랜스젠더들은 종종 자신의 이름을 바꾸기도 합니다. 예를 들어, '존'이라는 남자가 자신의 이름을 '제인'으로 바꾼 뒤 주위 사람들에게도 자신을 지칭할 때 '그' 대신에 '그녀'라는 표현을 써 달라고 요청할 수 있습니다. 그리고 스스로를 '논 바이너리'나 '젠더 비순응자'로 여기는 이들은 자신을 지칭할 때 '그들'(they)이라는 표현을 써 달라고 당부하기도 합니다. 그러면 기독교의 입장에서는 이런 일들에 관해 어떻게 반응해야 할까요?

먼저 우리는 다른 이들의 말에 귀를 기울이고, 그들의 감정과 경험을 헤아리려고 노력해야 합니다. 어린 시절에 저는 예쁜 드레스를 입고서 인형들을 가지고 노는 일을 좋아하지 않았습니다. 오히려 제 남동생과 함께 숲속에서 칼싸움을 하고 싶어 했지요. 어머니는 저에게 발레를 배우도록 하셨지만, 저는 발레하기를 무척 싫어했습니다. 그리고 언젠가는 누가 제 생일 선물로 분홍색의 '마이 리틀 포니'(My Little Pony, 미국의 조랑말 인형_옮긴이)를 사 준 적이 있었습니다. 저는 그

인형을 변기에 넣고서 물을 내려 버렸지요(여러분은 절대로 따라하지 마세요. 변기가 꽉 막혀 버립니다!). 물론 남자아이가 **되고** 싶었던 기억은 없습니다. 당시에 그것은 아예 생각할 수도 없는 일이었기 때문입니다. 하지만 그때 다녔던 여학교에서, 저는 가능한 한 남자아이들이 하는 일을 흉내 내려 했습니다. 10대 시절에, 저는 손톱을 예쁘게 칠하고 화장하는 일을 좋아해 본 적이 없습니다. 쇼핑을 하거나 남자아이들에 관해 수다를 떠는 일에도 전혀 관심이 없었지요. 흔히 여자아이들이 좋아하는 일들은 제 관심사가 아니었습니다.

지금도 일부 청소년들은 제가 10대 시절에 겪은 것과 같은 감정을 경험합니다. 다만 그들이 느끼는 감정의 강도는 제가 겪은 것보다 훨씬 세지요. 그들은 자신의 신체적인 성별이 자신의 내면적인 느낌과 잘 부합하지 않는다고 느낍니다. 그중 어떤 이들은 자신과 반대되는 성별에 속한 이들이 주로 입는 옷을 택하지요. 그들은 또 자신의 신체적인 겉모습을 바꾸기 위해 약을 복용하거나 수술을 받기도 합니다. 만약 여러분이 이런 감정을 품어 본 적이 없다면, 그들이 굳이 그렇게 하는 이유를 이해하기가 어려울 수도 있습니다. 안타깝게도, 이런 감정을 경험하는 이들은 종종 괴롭힘과 조롱의 대상이 되어 왔습니다. 하지만 그리스도인들이 다른 사람들을 비웃거나 괴롭히는 것은 결코 옳은 일이 아닙니다. 예수님은 우리에게 이웃을 사랑하라고 말씀하셨습니다. 그들이 우리와 다른 부류에 속한 사람들일 때는 더욱 그리해야 합니다. 그런데 그리스도인들은 또한 하나님이 그분의 분명한 의도 아래 우리를 남자와 여자로 만드셨다고 믿습니다. 그렇다면 우리는 자신의 성 정체성을 바꾸고 싶어 하는 사람에 관해 어떻게 생각해야 할까요?

첫째, 우리는 예수님이 우리 자신의 감정들에 관해 많은 관심을 쏟으신다는 사실을 압니다. 그분은 우리의 모든 것을 아시지요. 그분은 우리가 무엇을 사랑하는지, 그리고 우리를 두렵거나 슬프게 만드는 것들이 무엇인지 다 아십니다. 그분은 우리가 주위 환경에 잘 어울리지 못한다고 느낄 때는 언제이며, 자신의 삶이 달라지기를 바랄 때는 언제인지도 다 아시지요. 그분은 우리를 몹시 사랑하시기에, 우리를 위해 자신의 목숨을 버리셨습니다! 이 글을 읽는 여러분은 자신이 소녀이기를 갈망하는 소년일 수 있습니다. 반대로 자신이 소년이기를 갈망하는 소녀일 수도 있지요. 예수님은 그런 여러분의 마음을 다 헤아리시며, 여러분을 영원히 사랑하시는 분입니다.

둘째, 성경에서는 하나님이 **예수님을 통해** 만물을 창조하셨다고 가르칩니다(요 1:3 참조). 곧 예수님이 우리 모두를 지으신 것입니다. 만약 여러분이 남자로 태어났다면, 그분의 의도는 여러분이 소년으로 성장하게 하시려는 데 있습니다. 그리고 여러분이 여자로 태어났다면, 그분의 뜻은 여러분이 소녀로 자라나게 하시려는 데 있지요. 물론 그렇다고 해서, 여러분이 자신의 성 정체성을 받아들이면서 살아가는 일이 늘 어렵지 않을 것이라는 말은 아닙니다. 그리고 주위 사람들이 일반적으로 소년이나 소녀에게 기대하는 일들을 전부 해내야 한다는 뜻도 아니고요. 앞서 보았듯이, 예수님도 슬피 우셨을 뿐 아니라 제자들을 위해 요리하고 어린아이들을 아껴 주셨습니다. 그리

하나님 없이도 잘 살 수 있지 않나요?

고 사람들이 그분에게 폭력을 가했을 때에도 맞대응하지 않으셨지요. 여러분이 정말 예수님을 따른다면, 다른 이들의 기대와 다른 삶을 살아도 괜찮습니다. 많은 여성과 달리, 저는 패션에 신경 쓰거나 옷을 사러 다니는 일을 무척 싫어합니다. 하지만 제 남편 브라이언은 그런 일들을 무척 좋아하지요. 사실 이런 일들은 별 문제가 되지 않습니다! 그리고 이와 동시에, 성경에서는 우리 자신의 감정을 무조건 신뢰하고 의존해서는 안 된다고 가르칩니다. 결국 우리 자신의 참모습을 발견하게 되는 것은 자신의 감정을 따를 때가 아니라, 오직 예수님을 따라갈 때이기 때문입니다. 그러니 자신의 갈망이 예수님을 따르는 길과 서로 부합하지 않을 때, 우리는 그분만을 신뢰하고 따라가야 합니다.

앞에서, 저는 여성들에게 로맨틱한 감정을 느끼는 성향이 있음을 밝혔습니다. 하지만 저는 한 사람의 그리스도인이기에, 저의 감정보다 예수님을 더욱 신뢰하는 법을 배워 가야 합니다. 그리고 여성들과의 로맨틱한 관계에 대해서는 단호히 "아니요"라고 말해야 하지요. 만약 제가 성 정체성을 바꾸려는 깊은 갈망을 느낄 경우, 그 갈망 역시 예수님에게 맡기고 의탁해야만 할 것입니다. 사실 예수님을 따라갈 때, 우리는 **항상** 자신의 갈망을 그분에게 맡기고 의지해야 합니다. 이는 설령 그 일이 무척 힘들지라도 그러해야 합니다. 예수님은 이렇게 말씀하셨습니다.

누구든지 나를 따라오려거든, 자기를 부인하고, 제 십자가를 지고, 나를 따라 오너라. 누구든지 자기 목숨을 구하고자 하는 사람은 잃을 것이요, 나 때문에 자기 목숨을 잃는 사람은 찾을 것이다(마 16:24, 25).

다만 예수님은 우리에게 혼자 힘으로 이 일을 해내라고 요구하지 않으십니다. 그분은 우리를 위해 성령님을 보내셨으며, 또 자신의 몸에 속한 다른 그리스도인들을 통해 우리를 도우시지요. 그러니 여러분이 자신의 성 정체성 문제로 힘겹게 씨름하고 있다면, 주위의 그리스도인 친구에게 그 고민을 털어놓아 보시기 바랍니다. 그리고 반대로 여러분이 자신의 성 정체성을 만족스럽게 여긴다면, 이런 고민을 품고 있는 주위의 친구들을 돕도록 노력해 보십시오.

그리스도인들은 트랜스젠더에게 어떻게 다가가야 할까요?

만약 여러분이 다니는 학교에 자신을 '트랜스젠더'나 '논 바이너리'로 여기는 친구가 있다면 어떻게 해야 할까요? 이때 그 친구를 피하거나 놀려서는 안 됩니다. 오히려 그 친구에게도 다가가서 예수님의 메시지를 전하고, 그분의 사랑을 보여 주어야 합니다. 다른 친구들을 대할 때와 같은 모습으로 말이지요. 한편 다른 이들을 사랑으로 품는다고 해서, 그들의 모든 결정에 동의해 주어야만 하는 것은 아닙니다. 비그리스도인인 제 친구들은 제가 동의하지 않는 온갖 결정을 내리곤 합니다. 이는 그들이 저와는 다른 시각에서 이 세상을 바라보기 때문

하나님 없이도 잘 살 수 있지 않나요?

이지요. 하지만 저는 여전히 그들을 사랑하고 그들의 말에 귀 기울일 수 있습니다. 실제로 어떤 이의 이야기에 귀 기울여 주는 일은 그를 향한 사랑을 보여 주기 위한 최선의 출발점이 될 때가 많습니다. 사람은 누구나 다른 이들의 이해와 관심을 바라기 때문이지요. 다만 때로는 어떤 이가 그릇된 결정을 내린다고 여겨질 경우, 우리는 그를 아끼고 사랑하는 마음으로 진실을 말해 주어야 합니다.

"해리 포터" 시리즈에서 제가 가장 좋아하는 장면 중 하나는 네빌의 활약 덕분에 그리핀도르 기숙사가 우승컵을 얻게 되는 장면입니다. 이는 해리와 론, 헤르미온느가 잘못된 일을 행한다고 여겼을 때, 네빌이 그 친구들의 앞을 용기 있게 막아섰기 때문이지요. 호그와트의 덤블도어 교장 선생님은 이런 그의 행동에 대해 5점을 주면서 이렇게 말했습니다.

> 우리의 대적들에게 맞설 때에는 큰 용기가 필요합니다. 그런데 우리 자신의 친구들에게 맞설 때에도 그와 같은 용기가 요구되지요.[8]

오늘날 우리의 문화에서, 어떤 이가 자신의 신체적인 성별과 반대되는 삶을 사는 일, 심지어 자기 겉모습을 바꾸기 위해 약을 복용하거나 수술을 받기까지 하는 일이 과연 옳은 결정인지를 의문시하는 것은 혐오와 차별의 의도가 담긴 행동으로 간주될 수 있습니다. 하지만 우리가 옆에 있는 친구들에게 그들을 지금 모습 그대로 사랑한다고 말해 주는 일, 또 그들의 타고난 신체가 좋고 아름답다는 점을 알려 주는 일은 결코 혐오에 찬 행동이 아닙니다. 사람들은 누구나 어떤 일을 결정할 때, 주위에 있는 가족과 친구들이 품은 생각에 많은 영향을 받곤 합니다. 그러니 때로는 친구들이 자신의 모습을 있는 그대로 받아들이도록 격려해 주어야 하지요.

사람들은 흔히 외모가 바뀌는 데 행복의 열쇠가 있다고 여기곤 합니다. 더 날씬하고 강인한 신체를 갖거나, 키가 더 자라고 가슴이 커지는 일 등이 행복의 비결이라는 것이지요. 자신과 반대되는 성별에 속한 겉모습을 가질 때 비로소 행복해질 것이라고 믿기도 합니다. 하지만 우리가 옆에 있는 친구에게, "지금 너의 통통한 모습 그대로를 사랑해"라고 말해 주는 것은 혐오에 찬 행동이 아닙니다. 그리고 설령 그 친구가 남자와 여자의 역할에 관한 우리 사회의 고정관념(이는 '여자는 마땅히 이러해야 하고, 또 남자는 저러해야 한다'는 생각들입니다)에 잘 들어맞지 않을지라도, 우리는 남자 혹은 여자로 태어난 그 친구의 모습 그대로를 아낀다고 이야기해 줄 수 있어야 합니다. 사실 생각해 보면, 우리가 타고난 신체를 통해 자신의 성별을 구분 짓지 않을 때 남는 것은 그저 문화적인 고정관념들뿐이지요. 이 점을 더 자세히 설명해 보겠습니다.

'남자'와 '여자'는 무엇을 의미할까요?

올해 초, J. K. 롤링의 소설들을 영화화한 "해리 포터" 시리즈에서 주

하나님 없이도 잘 살 수 있지 않나요?

인공을 맡은 배우 대니얼 래드클리프(Daniel Jacob Radcliffe)는 이렇게 단언했습니다. "트랜스젠더 여성들도 여성입니다"(Transgender women are women). 이는 곧 어떤 이들이 남자의 몸으로 태어났지만 자신이 여성이라고 느낄 경우, 여성의 몸으로 태어난 이들과 똑같이 여성으로 인정되어야 한다는 말입니다. 래드클리프의 이 표현은 앞서 롤링이 한 말에 대한 반박이었습니다. 롤링의 생각은 이러했습니다. "개인적으로, 사람들이 성전환자로서 살아가는 것에는 별 문제가 없다고 본다. 하지만 우리의 신체적인 성별은 여전히 중요하다. 남자로 태어난 사람이 모든 상황 가운데서 여성으로 간주되어서는 안 된다"(여기서 롤링은 자신을 여성으로 여기지만 몸은 여전히 남성인 사람이 여자 화장실을 이용하는 등의 문제를 지적하고 있습니다_옮긴이). 어떤 사람들은 롤링의 이런 견해를 듣고서 매우 분개했습니다. 그리고 래드클리프 역시 자신이 그녀의 생각에 동의하지 않는다는 점을 분명히 밝히려 했지요. 그런데 여기서 래드클리프가 남긴 말은 우리에게 중요한 질문을 던집니다. 과연 '남자'나 '여자'는 무엇을 의미할까요?

얼마 전까지, 우리 문화에서 "저는 여자입니다"라는 말은 곧 자신이 여자의 몸으로 태어났음을 의미했습니다. 남자의 몸과 여자의 몸 사이에는 중요한 차이점들이 있습니다. 눈으로 직접 파악할 수 있는 차이점들 외에도, 과학자들은 몸속에 있는 단 하나의 세포 검사를 통해서도 어떤 이의 성별을 식별할 수 있습니다.[9] 그런데 만약에 ("트랜스젠더 여성들도 여성"이라는 래드클리프의 주장처럼) 여자의 몸으로 태어나는 것이 여성 됨의 핵심에 **있지 않다면**, 과연 우리의 여성 됨은 **무엇을**

통해 규정되는 것일까요? 그 여성 됨은 그저 예쁜 드레스를 입고 화장을 하거나, 머리를 길게 기르는 일을 의미하는 것일까요? 물론 실생활에서 그렇게 외모를 가꾸는 여성이 많지만, 아무도 그것이 여성 됨의 본질이라고는 말하지 않을 것입니다. 아니면 그것은 혹시 우리가 여자의 몸으로 태어났다고 다른 이들이 **믿는** 것을 의미할까요? 만약 그렇다면, 트랜스젠더들의 정체성은 주위 사람들이 자신의 과거에 관한 진실을 미처 눈치채지 못하게 하는 데 달려 있을 것입니다.

트랜스젠더 문제를 논할 때, 일부 사람들은 마치 우리의 내면 깊은 곳에 자신의 성 정체성을 규정하는 어떤 감정이 있는 듯이 이야기합니다. 이 불변하는 감정은 우리의 신체와 분리된 것으로서, 그 정체성에 결정적인 영향을 끼친다는 것이지요. 물론 어떤 이들의 경우, 평생에 걸쳐 자신의 성 정체성과 씨름합니다. 그러나 또 어떤 이들은 10대 시절에 자신의 신체적인 성별에 관해 불편한 감정을 느끼지만, 나이가 들면서 그 감정이 바뀌는 것을 경험하게 되지요.[10] 만약 우리자신의 몸보다도 우리의 성 정체성에 더 깊은 영향을 끼치는 어떤 불변하는 감정이 존재한다면, 그 감정은 우리 삶 전체에 걸쳐 늘 동일하게 남아 있어야만 할 것입니다. 하지만 실제로는 그렇지가 않은 것이지요. 오늘날 많은 사람은 그리스도인들이 과학의 도구를 통해 측정될 수 없는 내용을 믿기 때문에 어리석다고 여기곤 합니다. 하지만 우리 내면 깊은 곳에 자신의 성 정체성을 일깨워 주는 어떤 감정이 있다는 생각, 더욱이 그 감정이 우리의 신체적인 성별과 상반되는 방식으로 작용한다는 생각은 과학적 사고에 전혀 부합하지 않습니다. 그

하나님 없이도 잘 살 수 있지 않나요?

리고 우리 앞에는 여전히 이런 질문이 남아 있지요. "만약 '남성 됨' 혹은 '여성 됨'이 우리 자신의 생물학적인 성별과 무관하다면, 그 개념들은 과연 무엇을 가리키는 것일까?"

저는 한 사람의 그리스도인으로서, 지금 우리 사회가 '남성 됨'과 '여성 됨'의 의미를 규정하는 데 어려움을 겪는 것이 그리 놀랍지 않습니다. 앞서 6장에서 살폈듯이, 인간을 그분의 형상대로 빚으신 창조주 하나님에 대한 믿음이 없을 때 우리는 인간됨의 진정한 의미를 잃어버린 상태로 남게 됩니다. 그러니 오늘날의 사람들이 남성 됨과 여성 됨의 의미를 미처 헤아리지 못하는 것도 이상한 일이 아니지요. 또 앞서 4장에서 살폈듯이, 인간에게 도덕법을 주신 창조주 하나님에 대한 믿음이 없을 때 우리는 마치 낭떠러지 위를 달려가다가 잠시 허공에 떠 있는 만화 속 캐릭터 같은 이들이 됩니다. 그러다가 마침내 깊은 절벽 아래로 추락하고 마는 것이지요.

또 저는 그리스도인으로서, 제 마음 깊은 곳에서 저의 참된 정체성을 알려 주는 한 음성이 있음을 믿습니다. 그것은 바로 성령님의 음성이지요. 성령님은 각 그리스도인을 인도해서 예수님과 연합하게 하십니다. 그리하여 우리와 예수님 사이에는 머리와 몸, 또는 남편과 아내의 관계처럼 긴밀한 관계가 자리 잡게 되지요. 성령님은 하나님의 말씀인 성경을 통해 말씀하시며, 그분의 백성인 우리를 늘 인도해 주십니다. 그런데 기독교의 관점에서 살필 때, 이 내면의 음성은 우리의 신체와 분리되어 있지 않습니다. 이는 성령님의 사역을 통해 우리 안에 거하시는 하나님이 또한 우리의 신체를 **지으셨기** 때문입니다. 예수님은 하나님이 인간을 "처음부터 남자와 여자로"(마 19:4) 창조하셨다고 말씀하셨습니다. 만약 우리가 예수님을 믿고 따른다면, 그분이 우리의 모든 일을 다 아신다는 점 역시 신뢰해야만 합니다. 우리 자신의 존재가 불편하게 여겨질 때에도, 그분은 우리가 있어야 할 자리를 아십니다. 저는 성장기에 스스로 여자로서 적절한 존재가 아니라고 자주 느꼈습니다. 그리고 지금도 여전히 그런 느낌을 받을 때가 있지요. 하지만 그럴 때마다, 저는 예수님이 분명한 의도를 품고서 저를 여자로 만드셨음을 신뢰합니다. 그리고 그분이 저를 지금의 모습대로 사랑하심을 믿지요.

탁월한 이야기꾼이신 하나님

에오윈은 여느 여성들과는 달랐습니다. 하지만 그녀 역시 한 사람의 여성이었기에, 외삼촌인 세오덴 왕이 출전할 때 뒤에 남아야만 했지요. 하지만 「반지의 제왕」 작가인 J. R. R. 톨킨은 앙마르의 마술사왕을 물리치는 특별한 역할을 그녀에게 부여해 주었습니다. 그리고 에오윈은 **여성이었기 때문에** 그 역할을 감당할 수 있었습니다! 이처럼 톨킨은 놀라운 이야기꾼입니다. 하지만 하나님은 톨킨보다도 탁월한 이야기꾼이시지요. 여러분이 예수님을 믿고 따를 때, 그분은 여러분의 삶에 속한 이야기들을 하나씩 만들어 가십니다. 설령 여러분 자신의 남성 됨 또는 여성 됨이 다소 어색하게 여겨질지라도, 그분은 여

하나님 없이도 잘 살 수 있지 않나요?

러분을 바로 그런 존재로 창조하셨습니다. 저는 여러분을 향한 하나님의 계획이 무엇인지, 또는 하나님이 그분의 나라에서 여러분의 삶을 어떻게 사용하실지 미처 알지 못합니다. 하지만 하나님은 그분을 사랑하는 이들에게 모든 일이 서로 협력해서 선을 이루게 하실 것임을 약속하셨습니다(롬 8:28 참조). 그리고 우리 자신이 갈망하던 일들을 예수님 앞에 모두 내려놓을 때, 그분은 결국 우리의 갈망을 더욱 놀라운 방식으로 채워 주실 것입니다. 우리는 그 하나님의 약속들을 온전히 신뢰할 수 있습니다. 그분은 지금뿐 아니라 앞으로도 영원히 신실하신 분이기 때문입니다.

☑ 이것만큼은 꼭 이해해요!

핵심 요약

- 하나님은 남자와 여자 모두를 그분의 형상으로 창조하셨습니다. 그렇기에 우리는 똑같이 존귀하며, 그분이 주신 과업들을 적절히 수행할 수 있습니다.

- 예수님은 완전한 남자였습니다. 그런데 그분은 늘 다른 이들을 섬기는 데 자신의 힘을 사용하셨으며, 남자들에 대한 사회의 고정관념에 부합하지 않는 여러 일을 행하셨습니다.

- 예수님의 가르침과 행적은 여성에 대한 고대 사회의 관점을 바꾸어 놓았습니다.

- 기독교는 여성을 억압하는 종교가 아닙니다. 역사적으로 볼 때, 기독교인들 가운데는 늘 남성보다 여성이 많았습니다. 사실 기독교는 인류 역사상 가장 위대한 여성들의 운동이며, 또 여성들을 위한 운동이었습니다.

- 이 세상에는 남자와 여자 모두가 감당하도록 부름받은 일이 많습니다. 다만 성경에 따르면, 남자와 여자는 가정에서 각기 다른 역할을 감당하게 되어 있습니다. 그리고 교회 안에 있는 특정한 역할들은 남자들에게 주어진 것으로 보입니다. 이는 남자들이 더욱 중요한 위치에 있음을 뜻하지 않습니다. 하나님 나라에 속한 리더십은 섬김과 희생을 위한 것이지, 자신의 힘과 특권을 추구하기 위한 것이 아니기 때문입니다.

- 어떤 사람들은 '간성'으로 태어납니다. 그들은 온전히 남성의 것도, 여성의 것도 아닌 신체를 지니는 것이지요. 하지만 이들 역시 하나님 앞에서 존귀한 이들이며, 예수님이 주신 과업들을 적절히 감당할 수 있습니다.

- 어떤 이들은 자신의 성 정체성을 놓고 깊이 고민하며 씨름합니다. 그들은 자신의 타고난 성별과 반대되는 성에 속하기를 바라지요. 혹은 남성과 여성 중 그 어느 쪽에도 속하지 않기를 원하기도 합니다. 하지만 성경에 따르면, 하나

하나님 없이도 잘 살 수 있지 않나요?

님은 그분의 분명한 의도 아래 우리를 남성과 여성으로 만드셨습니다. 따라서 우리 자신의 감정보다 그분의 뜻을 신뢰해야 하지요. 이는 때로 그 일이 무척 힘들게 여겨지더라도 그러합니다.

● 그리스도인들은 트랜스젠더를 사랑하고 그들의 벗이 되어 주도록 부름받았습니다. 이는 우리가 그 밖의 다른 사람들을 사랑하도록 부름받은 것과 마찬가지지요. 그렇기에 우리는 자신을 '트랜스젠더'나 '논 바이너리'로 여기는 이들의 말에 귀를 기울이고, 그들의 이야기와 그들이 품은 감정들을 헤아려 보려고 노력해야 합니다. 하지만 그렇다고 해서, 성전환자로 살겠다는 친구의 결정을 반드시 지지해 주어야만 하는 것은 아닙니다. 이웃을 사랑하는 일은 곧 그들의 모든 결정에 동의해 주는 것을 뜻하지 않습니다. 오히려 그들의 결정에 이의를 제기해야만 할 때도 있습니다.

● '남성 됨', '여성 됨'의 개념이 남성, 여성의 신체를 지니는 일과 분리될 경우, 우리는 그 개념들의 참된 의미를 전혀 파악할 수 없는 상태로 남게 됩니다. 그리고 처음에 우리를 그분의 형상대로 창조하신 하나님이 계시지 않는다면, 우리는 인간됨의 의미 역시 헤아릴 수 없는 상태에 놓이고 말지요. 이 경우, 우리가 '남성됨' 또는 '여성됨'의 의미를 깨닫지 못하는 것도 당연한 일입니다.

● 그리스도인들은 하나님이 그분의 분명한 의도에 따라 자신을 남자나 여자로 만드셨다는 사실을 신뢰합니다. 우리는 한 사람의 남자 또는 여자로서, 그분의 과업에 적절히 쓰임받게 될 것입니다(이는 설령 자신의 신체적인 성별이 매우 불편하게 여겨질지라도 그러합니다). 하나님은 우리가 속한 이야기의 저자이시며, 우리는 그분을 신뢰하는 마음으로 우리 삶 전체를 드릴 수 있어야 합니다.

9

우리가 고통당할 때
하나님은 무엇을 하시나요?

「해리 포터와 죽음의 성물」(*Harry Potter And The Deathly Hallows*)에서, 해리는 충격적인 진실을 깨닫게 됩니다. 바로 덤블도어 교수가 해리의 죽음을 미리 계획해 두었다는 것이지요. 앞서 덤블도어는 해리에게 일곱 개의 '호크룩스'를 파괴하는 임무를 맡겼습니다. 그것들 안에는 제각기 볼드모트의 영혼 일부분이 담겨 있었습니다. 그런데 해리는 미처 몰랐지만, 해리 자신도 그 '호크룩스'들 중 하나였습니다. 하지만 덤블도어는 그 사실을 이미 알고 있었지요. 이때 해리는 이렇게 생각합니다. '더 많은 사람의 생명을 희생하지 않으려고 이미 살해의 표적이 되어 온 내게 그 위험한 임무를 맡기다니……. 참 간편하고 깔끔한 해결책이네.' 그러고는 깊은 배신감을 느낍니다. 이는 덤블도어가 해리 자신의 생명을 보호하려 한다는 점을 한 번도 의심해 본 적이 없기 때문입니다.[1]

하나님 없이도 잘 살 수 있지 않나요?

해리의 삶을 돌아볼 때, 우리는 덤블도어 교수가 처음부터 해리가 겪어 온 시련들에 관여했음을 알게 됩니다. 어린 해리가 고아가 되었을 때, 덤블도어는 그를 성질이 고약한 이모와 이모부의 가정에 맡겨 버렸습니다. 피튜니아 이모는 자기 여동생인 해리의 어머니를 몹시 미워했기에, 해리까지도 무척 미워했지요. 나중에 덤블도어 교수는 해리와 대화하면서 이 사실을 인정합니다. "물론 너는 큰 시련을 겪었지. 네 이모의 집 현관에 너를 놓아두었을 때, 네가 그런 어려움을 겪게 되리라는 것을 이미 알고 있었단다. 그때 나는 네가 10년 동안 어둡고 힘든 시기를 겪으리라는 사실을 이미 알고 있었어."[2] 해리는 사랑을 받지 못한 채 자랐습니다. 그는 사촌인 더들리에게 자주 얻어 맞았고, 학교에서도 더들리의 방해로 친구들을 전혀 사귈 수가 없었지요. 마법사 세계에서 죽음을 무릅쓰고 볼드모트에 맞서 싸우면서 영웅적인 고난을 감내하기 전부터, 어린 시절의 해리는 날마다 외로움과 냉대, 괴롭힘에 시달리는 삶을 감수해야만 했습니다. 그런데 그 이유는 바로 덤블도어가 그 일을 최선으로 여겼기 때문이지요.

그리스도인들은 이 우주를 창조하신 하나님이 세상의 모든 일을 주관하고 계심을 믿습니다. 더욱이 성경은 이렇게 선포하지요.

하나님을 사랑하는 …… 사람들에게는, 모든 일이 서로 협력해서 선을 이룬다는 것을 우리는 압니다(롬 8:28).

하지만 우리는 그 말씀을 어떻게 믿을 수 있을까요? 만약 모든 일을 주관하시는 하나님, 덤블도어가 지닌 것보다도 훨씬 큰 능력을 소유하신 하나님이 **정말** 계신다면, 그분은 왜 이 세상에서 나쁜 일들이 일어나도록 허용하시는 걸까요? 지금도 이 세상 곳곳에서 전쟁이 일어나고 가정들이 해체되며 어린이들이 괴롭힘을 당하고 갓난아기들이 목숨을 잃고 있는데, 우리는 하나님이 **능력**과 **사랑**으로 충만하신 분이라는 것을 어떻게 믿을 수 있을까요?

이것은 모든 이가 마땅히 품어야 할 질문입니다. 그리고 이 질문에 제대로 답하기 위해서는, "해리 포터" 시리즈보다도 훨씬 많은 분량의 책이 필요할 것입니다. 다만 이 장에서는 예수님에 관한 복음서의 한 이야기를 살펴보려 합니다. 그리고 그 이야기가 들려주는 고난의 의미를 헤아려 볼 것입니다. 이 이야기를 통해, 우리는 하나님이 실제로 이 세상의 일들을 주관하시며 우리의 아픔에 관심을 쏟으신다는 점을 깨닫게 될 것입니다.

예수님이 오시지 않을 때

마르다와 마리아는 예수님의 가까운 벗이었습니다. 그녀들은 예수님을 자신들의 집에 모시고 그분의 가르침을 듣곤 했지요(눅 10:38-42 참조). 그런데 어느 날, 그녀들의 남자 형제인 나사로가 병에 걸렸습니다. 매우 중한 병이었지요. 하지만 그녀들은 기적을 행하시는 분을 알고 있기에 너무 염려하지 않았습니다. 당시 예수님은 그분에게로 나아오는 수많은 병자를 고쳐 주셨거든요. 마르다와 마리아는 예수님에게 이렇게 소식을 전했습니다. "주님, …… 사랑하시는 사람이 앓고 있습니다"(요 11:3). 그러면 이때 예수님은 즉시 달려와서 그를 고쳐 주셨을 법하지 않을까요? 하지만 아니었습니다. 요한은 계속 이렇게 기록합니다.

> 예수님은 두 자매와 나사로를 사랑하고 계셨다. 그래서 예수님은 나사로가 병들었다는 말을 들으시고 계시던 곳에서 이틀을 더 머무시다가 (요 11:5, 6, 현대인의성경).

이 얼마나 이상한 말씀인가요? 여기서 요한은 이렇게 언급하지 않았습니다. "예수님은 그 벗들을 사랑하셨다. 하지만 다른 일들로 너무 바쁘셨기 때문에, 곧바로 그곳에 가실 수가 없었다." 또 그는 이렇게 기록하지도 않았습니다. "예수님은 그 친구들을 그리 사랑하지 않으셨기에, 곧바로 갈 필요가 없다고 여기셨다." 오히려 요한은 예수님이 그 벗들을 **사랑하셨기 때문에** 그곳에 곧바로 가지 않으셨다고 이야기합니다. 즉 예수님은 나사로가 마침내 숨을 거둘 때까지 기다리신 것입니다. 그런 다음에 그분은 비로소 그 집에 가셨습니다.

우리는 이 이야기에서 무엇을 배울 수 있을까요? 한 가지 교훈은 하나님이 우리를 깊이 사랑하시기 때문에 고난을 겪게 하실 때가 있다는 것입니다. 우리가 고난을 겪는 이유는 그분이 우리를 사랑하지 않아서가 아니라는 것이지요. 덤블도어 교수가 자기를 이모 집 앞에 남겨 두고 간 이유를 해리가 미처 이해하지 못했듯이, 우리도 그 상황에서는 하나님이 그리하신 이유를 도무지 헤아리지 못할 수도 있습니다. 하지만 우리는 예수님이 마르다와 마리아, 나사로를 사랑하셨다는 것을 압니다. 그리고 예수님은 그들을 **사랑하셨기 때문에,** 곧바로 그곳에 가지 않으신 것입니다.

아마 여러분은 과거에 힘든 일을 겪은 적이 있을 것입니다. 그리고 하나님이 그 어려움을 거두어 주시기를 간절히 기도했겠지요. 어쩌면 지금 학교에서 누군가가 여러분을 몹시 괴롭혀서, 그를 막아 주시기를 기도했지만 별 소용이 없었을지도 모르겠습니다. 또는 엄마가 아프셔서 병을 고쳐 주시기를 열심히 기도했지만 그 일이 이루어지지 않았을 때도 있을 것입니다. 그리고 부모님이 서로 다투지 않기를 애타게 기도했지만, 오히려 두 분이 이혼하고 말았을 수도 있습니다.

혹시 여러분은 이렇게 생각할 수도 있을 것입니다. '만약 우리를 사랑하시는 하나님이 세상의 모든 일을 주관하신다면, 우리가 기도할 때 슬프고 괴로운 일들을 모두 거두어 가 주실 것이다.' 때로 하나님은 그렇게 행하시며, 저 역시 그런 응답을 체험해 본 일이 있습니다. 하지만 그분은 종종 그렇게 안 하시기도 합니다. 그리고 저는 그 일역시 경험해 보았지요. 이는 마르다와 마리아가 예수님을 청했지만, 그분이 곧바로 오지 않으신 것과 마찬가지입니다.

그러나 우리의 이야기가 그 지점에서 끝나는 것은 아닙니다.

하나님 없이도 잘 살 수 있지 않나요?

예수님이 찾아오시다

예수님이 마침내 마르다와 마리아의 집에 오셨을 때, 나사로는 이미 숨을 거두어서 무덤에 묻힌 지 나흘이 지난 상태였습니다. 예수님을 맞이하러 나간 마르다는 이렇게 고백합니다.

> 마르다가 예수께 말하였다. "주님, 주님이 여기에 계셨더라면, 내 오라버니가 죽지 아니하였을 것입니다. 그러나 이제라도, 나는 주님께서 하나님께 구하시는 것은 무엇이나 하나님께서 다 이루어 주실 줄 압니다"(요 11:21, 22).

마르다의 믿음이 놀랍지 않습니까? 그녀는 자신의 오빠가 죽은 지 여러 날이 지났지만 예수님이 그를 다시 일으키실 수 있음을 믿은 것입니다! 그러면 예수님은 나사로를 다시 살리기 위해 서둘러 그의 무덤가로 발걸음을 옮기셨을까요? 그렇지는 않습니다. 오히려 그분은 마르다와 좀 더 이야기를 나누셨습니다.

예수님은 이렇게 말씀하셨습니다. "네 오라버니가 다시 살아날 것이다"(요 11:23). 당시 많은 유대인은 세상의 마지막 날에 하나님이 그분의 백성인 자신들을 죽음에서 다시 일으키실 것을 믿었습니다. 그렇기에 마르다는 이렇게 대답했지요. "마지막 날 부활 때에 그가 다시 살아나리라는 것은 내가 압니다"(요 11:24). 하지만 여기서 우리는 그녀의 마음속에 담긴 생각을 어느 정도 느낄 수 있습니다. '예수님,

하지만 지금은 어떻게 해야 합니까? 바로 지금은요? 왜 지금 당장 저희를 도와주시지 않나요?'

성경에서는 마지막 때에 하나님이 그분의 백성을 위해 모든 일을 바로잡으실 것임을 약속합니다. 예수님이 세상의 왕으로 다시 임하실 때, 이 세상에는 더 이상 애곡하고 슬퍼하는 일들이나 고통과 죽음이 남아 있지 않게 될 것입니다(계 21:4 참조). 그러나 그 약속이 우리에게 큰 위로를 주지 못할 때가 있습니다. 물론 마르다는 자신의 오빠가 세상 끝 날에 다시 부활할 것임을 믿었습니다. 하지만 그녀는 바로 지금 그 오빠가 되살아나기를 갈망했지요. 마르다는 예수님의 능력이 얼마나 크신지를 알고 있었습니다. 그렇기에 그녀는 그분이 나사로를 지금 당장 일으키실 수 있음을 알았던 것입니다. 그러나 예수님은 그렇게 행하지 않으셨습니다. 오히려 그분은 이 상심에 찬 여인의 눈을 차분히 들여다보면서, 다음과 같이 놀라운 말씀을 주셨습니다.

나는 부활이요 생명이니, 나를 믿는 사람은 죽어도 살고, 살아서 나를 믿는 사람은 영원히 죽지 아니할 것이다. 네가 이것을 믿느냐?(요 11:25, 26)

마르다는 이 세상의 그 어떤 일보다도, 자기 오빠가 다시 살아나기를 간절히 바랐습니다. 그녀의 마음은 실로 절박했던 것이지요. 이때 예수님은 그녀의 그 깊은 소망을 곧바로 이루어 주실 수도 있었을 것입니다. 하지만 예수님은 그리하시지 않고, 지금 마르다에게 가장

하나님 없이도 잘 살 수 있지 않나요?

필요한 존재는 그녀의 오빠가 아니라 예수님 자신임을 일깨워 주셨습니다. 이는 그분이 바로 **부활**이자 **생명**이셨기 때문입니다.

사실 우리는 때로 선물을 주는 이보다 선물 자체를 더 갈망하곤 합니다. 해리 포터 시리즈에서, 해리의 사촌인 더들리는 매우 버릇없는 아이로 등장합니다. 더들리의 부모는 그 아이에게 늘 선물을 사 주지만, 자기가 원하는 선물이 아닐 경우에는 떠들썩하게 고함을 지르면서 불평을 쏟아 놓곤 하지요. 더들리는 자신의 부모를 소중히 여기지 않았습니다. 그 아이가 원하던 것은 오직 부모를 통해 얻을 수 있는 물건들뿐이었지요. 이에 반해, 해리의 부모님은 해리가 갓난아기일 때 세상을 떠났습니다. 그리고 사람이 가장 깊이 갈망하는 것을 보여 주는 '소망의 거울' 앞에 섰을 때, 해리는 자신이 부모님과 함께 있는 모습을 보게 되지요. 이는 그저 부모님과 함께 시간을 보내는 일이 해리의 가장 간절한 소원이었기 때문입니다. 해리는 부모님의 돈이나 재산을 바라지 않았습니다. 그는 **그분들 자체**를 원했습니다. 그리고 예수님은 마르다의 눈을 바라보면서, 우리가 터득할 수 있는 가장 위대한 진리를 들려주셨습니다. 그 진리는 이러합니다. "너희에게 가장 필요한 것은 내가 줄 수 있는 무언가가 아니다. 그것은 바로 나 자신이다. 이는 내가 곧 **부활**이요 **생명**이기 때문이다."

때로 우리는 기도를 일종의 자판기처럼 여기곤 합니다. 그 기계에 기도의 동전을 집어넣고 우리가 원하는 것의 번호를 누른 다음, 그것이 우리 손에 곧바로 주어지기를 기다리는 것이지요. 이때 우리는 이렇게 생각합니다. '하나님이 정말로 나를 사랑하신다면, 내가 원하는 일들을 다 들어주실 거야!' 하지만 자신이 구한 것들을 얻지 못할 때, 우리는 그 자판기가 고장 났다고 믿게 되지요. 그러나 하나님은 우리의 목표를 이루기 위한 하나의 수단에 그치는 분이 아닙니다. 오히려 **그분 자체가** 우리의 진정한 목표가 되십니다. 그분은 일종의 자판기가 아니라, 한 분의 온전한 인격자이십니다. 하나님은 그저 인류 역사상 가장 큰 선물을 우리에게 베풀어 주시는 분에 그치지 않습니다. 오히려 그분 자체가 가장 위대한 선물이지요. 그리고 우리가 힘든 일을 겪을 때, 그분은 가장 자애로운 모습으로 우리를 만나 주십니다.

예수님이 우시다

마르다는 예수님의 질문에 대답하면서, 다시금 놀라운 믿음을 보였습니다.

> 예, 주님! 주님은 세상에 오실 그리스도이시며, 하나님의 아들이심을, 내가 믿습니다(요 11:27).

그런 다음에 그녀는 여동생 마리아를 불렀습니다. 그리고 마리아 역시 예수님의 발 앞에 엎드려서, 앞서 마르다가 탄원했던 말을 반복하지요.

하나님 없이도 잘 살 수 있지 않나요?

주님, 주님이 여기에 계셨더라면, 내 오라버니가 죽지 않았을 것입니다(요 11:32b).

마르다와 마리아가 그랬듯이, 우리도 심한 고난 속에서 하나님에게 부르짖을 수 있습니다. 실제로 성경의 시편은 고난받는 이들이 하나님을 간절히 찾으면서 왜 도와주시지 않는지를 하소연하는 내용들로 가득합니다. 저도 그렇게 탄원한 적이 있으며, 아마 여러분도 그런 경험이 있을 것입니다. 땅바닥에 엎드려 울부짖으면서, "왜 지금 저를 도와주시지 않나요?" 하고 애타게 호소하는 것이지요. 어떤 이가 예수님을 진심으로 믿고 따를 때, 그는 머지않아 그런 일을 겪게 됩니다. 곧 마리아가 그랬듯이 예수님 발 앞에 엎드려, 왜 자신의 기도에 응답해 주시지 않았는지를 간곡히 여쭈어 보게 되는 것입니다. 그러면 예수님은 마리아에게 어떻게 응답하셨을까요? 또 우리가 고통 가운데서 부르짖을 때, 예수님은 어떻게 응답하실까요? 그때 예수님은 나사로의 시체가 묻힌 곳이 어디인지를 물으셨습니다. 그런 다음에, 우리는 성경 전체에서 가장 짧은 동시에 가장 놀라운 구절 하나를 접하게 됩니다.

예수께서 눈물을 흘리셨다(요 11:35).

예수님은 왜 그렇게 마음 아파하셨을까요? 만약 마르다와 마리아가 청했을 때 곧바로 그곳에 오셨더라면, 나사로는 죽지 않았을 것입니다. 그리고 아무도 통곡할 일이 없었겠지요. 이처럼 예수님이 우시는 모습을 보고서, 어떤 사람들은 그분이 나사로를 무척 사랑하셨나 보다고 생각했습니다. 하지만 또 다른 이들은 이렇게 말했지요. "눈 먼 사람의 눈을 뜨게 하신 분이, 이 사람을 죽지 않게 하실 수 없었단 말이오?"(요 11:36, 37 참조) 물론 이 물음에 대한 답은 "그렇지 않다"입니다. 예수님은 나사로의 죽음을 **막으실 수 있었습니다.** 다만 그리하지 않는 편을 택하셨지요. 하지만 그럼에도, 그분은 자신의 벗들과 함께 애통하며 눈물을 흘리셨습니다.

이처럼 예수님은 멀리 떨어져서 우리가 고난받는 모습을 지켜보기만 하시는 분이 아닙니다. 그분은 우리가 처한 고난의 현장 속에 친히 찾아오시는 하나님입니다. 선지자 이사야는 그분을 "슬픔의 사람"(사 53:3, ESV)으로 불렀습니다. 그리고 우리는 복음서들 가운데서, 예수님이 사람들의 고통 앞에서 마음 아파하시는 모습을 보게 됩니다. 제 아이들이 놀다가 다칠 때, 아이들은 아빠를 찾곤 합니다. 그러면 남편은 아이들을 품에 꼭 안고서 위로해 주지요. 때로는 아이들을 돕기 위해 부득이하게 고통을 주어야만 합니다. 멍이 든 부분에 얼음을 갖다 대거나, 상처 난 부위에 소독약을 바르는 것이 그런 일들입니다. 그럴 때 아이들은 울면서 몸부림치기도 하는데, 이는 우리가 고난을 겪을 때 행동하는 모습과 마찬가지입니다. 그때 남편은 아이들을 안고서 다시금 따뜻이 위로해 줍니다. 다만 아이들의 유익을 위해, 그 고통 자체는 견뎌 내게끔 이끌어 주어야 하지요.

이처럼 우리가 고통당할 때, 예수님이 우리를 안아 주십니다. 우

하나님 없이도 잘 살 수 있지 않나요?

리가 깊이 상심하거나 두려움에 빠질 때, 그분의 팔로 우리를 따스하게 안아 주시는 것입니다. 우리가 울 때, 그분은 우리와 함께 울어 주십니다. 물론 예수님은 이 세상 이야기의 결말을 이미 알고 계십니다. 이는 그때에 그분이 친히 우리 눈에서 모든 눈물을 닦아 주실 것이기 때문이지요(계 21:4 참조). 하지만 이와 동시에, 그분은 지금 고통받는 우리 곁에 함께 계시면서 우리를 다정하게 안아 주십니다. 사실 우리는 고통 가운데서 예수님과 더욱 깊은 친밀감을 경험하게 됩니다. 아마도 여러분은 자신의 삶 속에서 이런 감정을 느껴 본 적이 있을 것입니다. 우리는 주위의 모든 이와 함께 웃을 수 있습니다. 하지만 우리가 솔직한 마음으로 애통할 수 있는 것은 오직 가장 친밀한 이들과 함께 있을 때입니다. 그리고 그들이 우리와 똑같은 고통을 겪었을 때, 그 유대감은 더욱 끈끈해집니다. 이는 그들이 우리 마음을 **진정으로** 헤아려 준다는 사실을 알기 때문입니다.

우리가 예수님을 만날 때, 그분이 우리의 모든 고통과 아픔을 아는 분임을 알게 됩니다. 예수님은 자신의 가장 가까운 벗들에게 버림받고 낯선 자들에게 매질을 당하셨습니다. 그분은 옷이 벗겨진 채로 학대를 당했으며, 마침내 십자가에 달려 숨을 거두셨지요. 그러니 우리가 실망과 좌절에 빠지거나 사람들에게 괴롭힘과 놀림을 당할 때, 또는 깊은 고독감을 느끼거나 고통스러운 질병에 시달릴 때, 예수님은 우리가 어떻게 느낄지를 아십니다. 그분이 다루시지 못할 우리의 상처들은 없습니다. 예수님은 이 세상 이야기의 끝을 아십니다. 이는 그때에 그분이 친히 이 세상을 완전히 새롭고 아름다운 곳으로 바꾸어 놓으실 것이기 때문입니다. 하지만 이와 동시에, 그분은 지금도 우리의 곁에서 함께 울어 주십니다.

그리고 복음서의 이야기는 여기서 끝나지 않습니다.

예수님이 구원하시다

마침내 나사로의 무덤 앞에 이르렀을 때, 예수님은 다시금 깊은 아픔을 느끼셨습니다. 그리고는 무덤 입구의 돌을 치우도록 지시하셨지요(당시에는 흔히 죽은 이들을 동굴 속에 안치하고, 그 입구를 돌로 막아 놓곤 했습니다). 이때 마르다는 그분을 말리면서 이렇게 말했습니다. "주님, 죽은 지가 나흘이나 되어서, 벌써 냄새가 납니다"(요 11:39). 하지만 예수님은 자신의 뜻을 꺾지 않으셨습니다. 그분은 하늘을 향해 기도하신 뒤, 이렇게 소리치셨지요. "나사로야, 나오너라!" 그러자 죽은 나사로가 자리에서 일어나 무덤 바깥으로 걸어 나왔습니다(요 11:43, 44 참고).

저는 이 복음서의 이야기를 아이들에게 자주 들려줍니다. 지난 인류 역사에서 흔히 그러했던 것과는 달리 제 아이들은 아직 주위 사람들의 죽음을 많이 겪어 보지 못했습니다. 이처럼 가까운 이들의 죽음을 경험하지 못할 경우, 언젠가 우리 자신도 죽음을 맞이하게 된다는 사실을 잊기가 쉽습니다. 하지만 저는 장차 죽음이 찾아올 때, 예수님이 그들 곁에 함께 계시리라는 것을 제 아이들이 늘 기억하기를 바랍니다. 제 아이들의 몸은 무덤에 묻혀서 부식되고 그들의 삶도 잊히

겠지만, 마침내 예수님이 그 아이들을 다시금 무덤 바깥으로 불러내실 날이 올 것입니다. 자신의 말씀으로 우주의 별들을 창조하신 그분이 제 아이들도 죽음에서 생명으로 다시 불러내실 것이기 때문입니다. 예수님은 **그저** 사랑만 많으신 분이 아닙니다. 그분은 또한 능력이 충만하신 분입니다.

해리가 마침내 죽음을 맞이하러 나갈 때, 그 손에는 '부활의 돌'이 들려 있었습니다. 그것은 해리가 첫 퀴디치 시합 때 얻은 황금 스니치 속에 감춰져 있었습니다. 이는 덤블도어 교수의 작은 선물이었지요. 덤블도어는 해리의 고통과 죽음을 계획해 두었습니다. 하지만 그는 또한 해리가 다시 살아나도록 준비해 두었지요. 그 스니치 위에는 다음 문구가 새겨져 있었습니다. "나는 끝날 때에 열린다"(I open at the close). 해리는 자신의 생명이 어떻게 건져질지를 전혀 몰랐지만, 덤블도어는 이미 알고 있었습니다. 그리고 적절한 시기가 왔을 때, 그 일은 마침내 이루어졌지요.

우리가 예수님을 신뢰할 때, 우리 손에는 부활의 돌이 들려 있게 됩니다. 아무도 그 돌을 우리에게서 **빼앗을** 수 없습니다. 아무도 우리를 예수님의 손에서 **빼앗아** 갈 수 없기 때문이지요. 예수님은 곧 **부활**이며 **생명**이신 분입니다(요 10:28, 29; 11:25, 26 참조). 그분은 인류 역사상 유일하게 죽음의 세력을 꺾으셨으며, 바로 여러분과 저를 위해 그 일을 감당하셨습니다. 그리고 예수님은 우리에게 생명을 약속하셨습니다. 그것은 그저 이 땅에서 몇 년 동안 더 지속되는 생명이 아니라, 그분의 나라에서 영원히 누리게 될 생명입니다.

고난의 의미는 어디에 있을까요?

해리는 마법사 세계에서 아주 유명한 존재였습니다. 그렇기에 만약 그 세계에서 자랐다면, 그는 버릇없는 사촌 더들리와 비슷한 아이가 되어 버렸을 수도 있습니다. 더들리는 자기가 온 세상의 중심에 있다고 믿었지요. 덤블도어는 이 일을 막기 위해 해리를 심술궂은 이모의 집에 보냈고, 고통스러운 어린 시절을 감내하게 했습니다. 이는 그가 해리의 삶에 무관심해서가 아니라, 오히려 깊은 관심을 품고 있었기 때문이었지요. 그리고 덤블도어는 해리가 부활의 돌을 손에 들고서 죽음을 맞게끔 인도했습니다. 이때에도 그의 의도는 해리가 목숨을 잃게 하려는 것이 아니라, 해리가 마침내 볼드모트에게서 온전히 해방된 삶을 살게 하려는 데 있었습니다.

우리가 고난을 당할 때 꼭 생각해 보아야 할 질문은 이것입니다. '과연 이 고난의 의미는 어디에 있는 걸까?' 그리고 예수님의 놀라운 대답은 바로 그분에게 그 의미가 있다는 것입니다. 예수님을 신뢰할 때, 우리 삶에 고난이 닥쳐오는 것은 그분이 우리를 사랑하시지 않기 때문이 아님을 확신할 수 있습니다. 오히려 그런 고난들은 그분이 우리를 사랑하시기 때문에 허락되는 것입니다. 물론 그 고난의 이유를 늘 헤아릴 수 있는 것은 아닙니다. 우리는 이해하지 못하는 경우가 더 많습니다. 성경에는 깊은 고난 속에서 하나님에게 부르짖으면서 "주님, 왜 저에게 이런 시련을 주십니까?" 하고 탄식하는 사람들의 목소리가 가득 담겨 있습니다. 그리고 이런 물음들에 관해서는 쉬운 답이 없지요. 하지만 예수님이 기꺼이 우리를 위해 고통을 치르시고 목숨을 희생하셨기에, 우리는 가장 깊은 아픔 속에서도 그분을 신뢰할 수 있습니다. 예수님은 곧 부활이요 생명이시기 때문입니다. 그분은 지금도 우리 삶의 이야기를 계속 써 내려가고 계십니다. 그리고 끝까지 그분을 신뢰할 때, 우리의 이야기는 마침내 상상할 수 없을 정도로 복된 결말을 맞게 될 것입니다(롬 8:18 참조).

☑ 이것만큼은 꼭 이해해요!

핵심 요약

- 하나님은 이 세상의 모든 일을 주관하시며, 그중에는 우리가 겪는 고난 역시 포함됩니다.

- 하나님이 우리로 하여금 고난을 겪게 하시는 이유는 우리를 사랑하시지 않아서가 아닙니다. 그분은 고난 중에도 우리와 함께하시며, 우리가 그 고난을 마침내 극복하게 하실 것을 약속하십니다.

- 예수님은 그저 우리 삶의 환경을 변화시키기 위한 하나의 수단이 아닙니다. 오히려 그분 자신이 진정한 목표가 되십니다. 그분은 단순히 우리가 더 나은 삶으로 나아가기 위한 하나의 방편이 아닙니다. 그분은 우리의 부활이자 생명이 되는 분입니다.

- 기도의 주된 요점은 예수님에게서 무언가를 얻어 내는 데 있지 않습니다. 오히려 우리가 그분 자신을 누리게 되는 데 있습니다.

- 예수님은 이 세상 이야기의 결말을 이미 알고 계십니다. 그때에 그분이 친히 우리 눈에서 모든 눈물을 닦아 주실 것입니다. 하지만 이와 동시에, 그분은 지금 우리가 울 때 함께 울어 주십니다.

- 우리는 지금 겪는 고난의 이유를 미처 헤아리지 못할 때가 많습니다. 하지만 하나님은 우리 이야기의 결말을 이미 알고 계십니다. 우리가 끝까지 그분을 신뢰할 때, 마침내 상상할 수 없이 복된 결말을 맞게 될 것입니다.

하나님 없이도 잘 살 수 있지 않나요?

천국과 지옥이 있다는 걸
어떻게 믿나요?

최근에 저는 〈굿 플레이스〉(*The Good Place*)라는 제목의 드라마를 끝까지 다 보았습니다. 첫 화에서는, 엘리너라는 여성이 낯선 곳에서 깨어나지요. 그러고는 한 남자가 다가와서 친절한 어조로 그녀가 이미 죽은 상태임을 이야기해 줍니다. 하지만 전혀 문제 될 일은 없었습니다! 그 남자의 말에 따르면, 엘리너는 죽기 전의 세상에서 아주 선량하게 살았기 때문입니다. 그래서 그녀는 그 '좋은 곳'(Good Place)에 오게 되었다는 것이지요. 이 '좋은 곳'에 있는 사람들은 모두 앞선 세상의 삶에서 선행을 많이 쌓은 이들이었습니다. 그리하여 이 내세의 삶에서 엄청난 행복을 누릴 자격을 얻은 것입니다. 이곳 사람들은 모두 멋진 집에 살면서, 특별히 선정된 영혼의 동반자와 함께 그 생활을 누렸습니다. 그들은 모두 자기가 가장 좋아하는 음식을 먹었으며, 완벽한 반려동물들과 함께 지냈지요. 그들은 심지어 하늘을 나는 법까지 터득했습니다!

하지만 엘리너에게는 한 가지 문제가 있었습니다. 이는 그녀 자신
이 **선량한 사람이 아님을** 알고 있다는 것이지요! 이전 세상에서, 그
녀는 이기적이고 부정직하며 무정하게 살았습니다. 물론 그녀는 살인
자나 사이코패스가 아니었기에, 자신이 '나쁜 곳'에 갈 이유는 없다고
여겼습니다. 하지만 그럼에도, 엘리너는 무언가 큰 착오가 있다고 느
꼈습니다. 그녀 생각에, 자신은 '어중간한 곳'에 가는 것이 옳았기 때
문입니다. 그저 고만고만한 사람들이 가는 곳 말입니다. 그리고 그녀
는 자신의 참모습이 언제 발각될지 몰라서 깊은 두려움을 품게 되었
습니다.

많은 사람은 천국을 그런 식으로 생각합니다. 만약 우리가 이 세
상에서 선량하게 산다면, '천국'으로 불리는 좋은 곳에 들어갈 자격
을 얻는다는 것이지요. 기이하게도, 하나님을 전혀 믿지 않는 사람들
까지도 이미 세상을 떠난 가족이나 친지들이 '더 나은 곳'에서 우리를
지켜보고 있다는 말을 종종 하곤 합니다. 하지만 실제로 하나님이 계
시지 않는다면, 그런 곳은 없습니다. 그저 죽음만이 있을 뿐이지요.
엘리너와 달리, 대부분의 사람은 실제로 '좋은 곳'이 있다면 자신은
아마 그곳에 갈 수 있을 것이라고 믿습니다. 그리고 '지옥'으로 불리
는 나쁜 곳이 있다면, 히틀러나 스탈린처럼 정말 끔찍한 일을 저지른
사람들이 그곳에 들어가게 된다는 것이지요.

그러면 성경은 천국과 지옥에 대해 어떻게 말하고 있을까요? 그
리고 우리가 세상을 떠날 때 천국에 들어갈 것을 어떻게 확신할 수 있

을까요? 또 '지옥'이라는 곳이 있다면, 사랑이 많으신 하나님이 어떻게 사람들을 **그곳에** 보내실 수 있을까요? 이 장에서 우리는 바로 이런 질문들을 다루어 볼 것입니다. 이 장에 담긴 내용은 이 책에서 가장 어렵고도 중요한 내용입니다. 그 내용은 곧 이 세상 이야기의 결말에 관한 것이지요.

천국과 지옥의 참된 의미

자신의 노래 〈가짜 신〉(*False God*)에서, 테일러 스위프트(Taylor Swift, 현재 미국의 유명한 팝 가수_옮긴이)는 자기 남자친구와의 관계가 마치 일종의 신을 숭배하는 것과 비슷하다고 이야기합니다. 둘이 함께 있을 때에는 천국을 맛보며, 싸울 때에는 지옥을 경험하게 된다는 것이지요. 제 말이 기이하게 들릴 수 있지만, 드라마 〈굿 플레이스〉의 설정보다는 이 노래에 담긴 천국과 지옥의 개념이 성경의 가르침에 더 가깝습니다. 성경이 말하는 천국과 지옥은 하나님과 우리 사이의 관계에 달려 있기 때문이지요. 천국은 그저 이 세상에서 선량하게 살던 사람들이 들어가게 되는 곳이 아닙니다. 오히려 천국은 우리가 하나님과의 관계, 이웃과의 관계에서 온전하고 복되며 영원한 교제를 누리는 상태를 뜻합니다. 그리하여 예수님과 그분의 백성은 완전히 새롭게 된 세상에서 늘 함께 거하게 되지요. 우리는 이 새로운 세상, 하늘과 땅이 다시금 하나 되는 그곳에서 오직 하나님과의 관계를 통해 모든 유익을 맛보게 됩니다. 그리고 지옥은 이와 정반대되는 곳입니다. 지옥은 곧 하나님의 끝없는 심판 아래 놓이며, 그분의 나라에서 영원히 쫓겨나는 것을 뜻하지요. 테일러 스위프트는 이렇게 노래했습니다. "우리가 다툴 때에는 마치 지옥에 온 것 같아"(Hell is when I fight with you).[1] 성경에 따르면, 지옥은 곧 우리가 하나님과의 끝없는 다툼 속에 있는 상태입니다.

아마 여러분은 그리스도인들이 "천국에 가려면 예수님을 믿어야 한다"고 말하는 것을 들어 보았을 것입니다. 이때 여러분은 이렇게 생각했을지도 모릅니다. '그것 참 이상하네! 2천 년 전에 살았던 어떤 사람을 믿는 일이 내가 죽은 다음에 어디로 갈지 하는 문제와 무슨 상관이지?' 하지만 천국은 오직 예수님과 함께 거하는 곳을 뜻합니다. 〈굿 플레이스〉의 시작 부분에서, 엘리너는 '치디'라는 영혼의 동반자를 배정받습니다. 그러나 예수님은 우리가 부활할 때 인간의 결혼 제도가 사라질 것이라고 말씀하시지요(마 22:30 참조). 그 이유는 무엇일까요? 이는 혼인의 진정한 실체가 마침내 성취되었기 때문입니다! 앞서 7장에서 다루었듯이, 그것은 곧 완전히 새롭게 된 세상에서 장차 예수님이 그분의 백성과 혼인하실 일을 가리킵니다.

지금 저는 남편과 세 아이와 함께 한집에 살고 있습니다. 우리가 거하는 곳은 그저 하나의 건축물인 집이 아니라 온전한 가정이지요. 우리 가정의 토대는 저와 남편 사이의 혼인 관계에 있습니다. 만약 13년 전에 (남편) 브라이언의 청혼을 거절했다면, 지금 저는 그와 함께 살고 있지 않을 것입니다. 우리와 예수님 사이의 관계도 이와 마찬가

하나님 없이도 잘 살 수 있지 않나요?

지입니다. 테일러 스위프트는 자기 남자친구를 우상시하면서 그와의 관계를 절대화했습니다. 하지만 참 하나님이 계시는데, 그분은 그녀를 비롯한 우리 모두와 진정한 교제를 나누기를 원하시지요. 하나님은 자신과 함께 거하도록 우리를 초대하십니다. 예수님은 이렇게 말씀하셨습니다.

> 보아라, 내가 문 밖에 서서, 문을 두드리고 있다. 누구든지 내 음성을 듣고 문을 열면, 나는 그에게로 들어가서 그와 함께 먹고, 그는 나와 함께 먹을 것이다(계 3:20).

그러나 만약 우리가 예수님의 부르심을 거절한다면, 언젠가는 우리가 그분의 집 안에 들어가기를 간절히 바랄지라도 그 문이 영원히 닫혀 버릴 날이 올 것입니다.

이때 여러분은 이런 궁금증을 품을 수도 있습니다. '과연 예수님과의 관계가 단절되는 일이 그렇게 심각한 문제인가요?'

예수님 없는 삶이 그렇게 나쁜 것인가요?

「해리 포터와 아즈카반의 죄수」에서, 우리는 끔찍한 디멘터들을 마주하게 됩니다. 그들은 마법사 세계의 중범죄자들이 갇힌 교도소를 지키는 존재들이지요. 일반적인 교도관들과 달리, 디멘터들은 무기를 휴대하지 않습니다. 그 대신에, 그들은 어떤 방 안에 있는 기쁨과 사랑, 행복을 모두 빨아들여 버립니다. 심지어는 어떤 사람에게서 그런 감정들을 다 흡수해 버릴 때도 있지요. 그리하여 그곳에는 차가운 절망과 냉기만이 남게 되는 것입니다. 그 마법사 세계에서 가장 큰 형벌은 바로 이 디멘터들의 입맞춤이었습니다.

예수님을 모를 때, 우리는 그분 없이도 잘 살아갈 수 있다고 생각하기 쉽습니다. 지금 이 세상에서는 아주 많은 사람이 그분을 따르지 않고서도 행복하게 잘 살고 있기 때문입니다. 하지만 그분 자신에 관한 예수님의 말씀들이 옳다면, 예수님 없이 살아가는 삶은 마치 디멘터에게 입맞춤하는 것과 같습니다. 만약 예수님이 "세상의 빛"(요 8:12)이라면, 그분 없이 살아가는 이들은 캄캄한 어둠 속에 머물게 됩니다. 또 예수님이 정말 "생명의 빵"(요 6:35)이라면, 그분을 떠나서 살아가는 이들은 처절한 굶주림에 시달리게 되지요. 그리고 예수님이 "길"(요 14:6)이라면, 그분 없이 살아가는 이들은 영원히 길을 잃고 맙니다. 또 예수님이 "부활"이며 "생명"(요 11:25)이시라면, 그분 없이 살아가는 이들은 철저하고 최종적인 죽음의 상태 가운데 영원히 거하게 되지요. 예수님은 일종의 영적인 스승이나 상담자에 그치는 분이 아닙니다. 그분은 그저 우리 삶을 더 낫게 만들기 위해 이 세상에 오신 것이 아닙니다. 오히려 **그분 자신이** 바로 참 생명이시지요. 그분 없이 살아갈 때, 결국 우리에게는 아무런 생명도 남지 않게 됩니다. 그러면 지금 이 세상에서 많은 사람이 예수님을 따르지 않으면서도 잘 살아가는 듯이 보이는 이유는 무엇일까요?

하나님 없이도 잘 살 수 있지 않나요?

두 해 전에, 우리 가정은 '벨라 라이트닝'이라는 물고기를 키운 적이 있습니다. 제 딸 엘리자의 학교 과제 중 하나였지요. 당시 엘리자의 학교에 갔을 때, 저는 벨라가 담긴 그릇을 받아다가 차의 조수석 바닥에 놓았습니다. 그러고는 천천히 집을 향해 차를 몰기 시작했지요. 몇 분 후, 저는 한 도로 모퉁이를 조금 빠른 속도로 돌았습니다. 그때 벨라가 담긴 그릇이 그만 뒤집어져 버렸지요. 벨라는 바닥 매트 위에 쏟아진 채로 지느러미를 세차게 퍼덕이고 있었습니다. 저는 얼른 차를 세우고, 아이들에게 혹시 물을 갖고 있는지 물었습니다. 그 물고기는 몇 분만 물 바깥에 있어도 죽고 만다는 것을 알고 있었거든요. 그런데 놀랍게도, 평소에는 물병을 가지고 다니지 않던 제 딸 미란다가 다행히 물을 갖고 있었습니다. 그것은 벨라를 살리기에 충분한 양의 물이었지요.

　　갑자기 자동차 바닥의 매트 위로 쏟아지기 전까지, 벨라는 자기에게 물이 필요하다는 사실을 알지 못했습니다. 그 물고기는 자기가 이제껏 **물속에서** 살아왔다는 것조차 알지 못했지요. 하지만 그 물이 사라졌을 때, 벨라의 생명은 금세 위태로운 상황에 처하게 되었습니다.

　　예수님은 우리 각 사람을 만드셨고, 우리에게 필요한 모든 것을 베풀어 주셨습니다. 가족과 친구들, 우리의 건강뿐 아니라 우리가 들이쉬는 공기까지 공급해 주셨지요. 하지만 우리는 그분이 이 모든 것을 베푸셨다는 사실을 미처 깨닫지 못한 채로 삶을 계속 이어 갈 수 있습니다. 이는 우리 자신이 매 순간 공기를 들이쉬고 있다는 사실을 의식하지 못한 채 살아갈 수 있는 것과 마찬가지지요. 우리는 공기를 보거나 그 소리를 듣지 못하며, 그 냄새를 맡을 수도 없습니다. 하지만 단 일 분만이라도 공기가 전부 사라진다면, 우리는 금세 숨 막히는 공포에 사로잡힐 것입니다. 그리고 그 상태가 몇 분 동안 지속될 때, 우리는 결국 죽게 되지요.

하나님이 지금 우리 삶에 베푸시는 유익들은 마치 우리가 날마다 들이쉬는 공기나 벨라가 머물렀던 물과 같습니다. 우리는 그 유익들의 존재를 당연하게 여기지요. 그러나 하나님이 그 손길을 거두시는 순간, 우리에게는 아무것도 남지 않게 됩니다. 그리고 성경에 따르면, 이 땅의 삶에서 우리가 예수님을 끝까지 거부할 때 결국 그분도 우리를 외면하실 것입니다.

그러면 하나님의 이런 처사는 과연 공정한 것일까요?

과연 우리를 향한 하나님의 심판은 공정한가요?

"해리 포터" 시리즈의 시작 부분에서, 우리는 해리의 이모인 피튜니아와 이모부 버넌을 만나게 됩니다. 그 둘은 해리의 유년기 내내 그 아이를 못살게 대했지요. 그들은 해리를 계단 밑 작은 구석방에서 자게 했습니다. 그들은 늘 해리를 구박하고 심술궂게 대했으며, 해리가 아예 사라져 버리기를 바랐어요. 집에 중요한 손님들이 올 때면, 버넌은 해리에게 자기 방 안에만 머무르고 어떤 소리도 내지 말 것을 지시했습니다. 해리는 마치 자신이 그 집 안에 없는 것처럼 행동해야

하나님 없이도 잘 살 수 있지 않나요?

했지요. 그러나 해리가 한 살 때 볼드모트를 물리치지 않았더라면, 버넌과 피튜니아는 아마도 벌써 목숨을 잃고 말았을 것입니다. 그 경우에는 볼드모트가 이 세상을 장악했을 것이며, 그의 추종자들은 더들리네 가족 같은 머글들을 그저 재미삼아 마구 학살하곤 했을 테니까요. 하지만 버넌과 피튜니아는 해리를 자신들의 집에서 살게 해준 것을 '놀랄 만큼 친절한 행동'으로 여겼습니다. 그들은 전혀 자신들을 나쁜 사람으로 생각하지 않던 것이지요. 그들은 자신들이 정말 선량하다고 믿었습니다.

우리는 대부분 자신이 근본적으로 선량하다고 여깁니다. 물론 우리는 자신이 완벽하지 않다는 것을 압니다. 때로 우리는 좋지 않은 일들을 행하기도 하지요. 하지만 마음 깊은 곳에서는 우리 자신이 매우 좋은 사람이라고 믿습니다. 스스로가 역사책이나 뉴스에서 접하는 살인자들과 다르다고 생각하기 때문이지요. 그렇기에 우리 모두가 장차 하나님의 심판 아래 놓이게 된다는 개념은 그리 공정하지 않은 것으로 여깁니다. 하지만 우리가 실제로는 선량한 사람이 **아니라면** 어떻게 될까요?

아마 여러분은 만화책을 읽을 때, 각 등장인물의 머리 위에 구름 모양의 말풍선이 떠서 그 사람의 생각을 알려 주는 장면을 본적 있을 것입니다. 현실에서 **여러분 자신의** 머리 위에 그런 말풍선이 떠 있다고 잠깐 상상해 보십시오. 순간마다 여러분의 모든 생각이 그 말풍선 속에 나타나서, 주위 사람들이 그 내용을 다 알아차리게 되는 것입니다. 그때 사람들은 여러분에 관해 어떤 생각을 품게 될까요?

하루 동안 간단한 실험을 해 보십시오. 여러분 자신이 생각하는 내용들을 의식하고, 다른 사람들이 그 내용들을 전부 꿰뚫어 볼 수 있다고 상상해 보는 것이지요. 생각만 해도 겁나지 않나요? 만약 제 삶에서 실제로 그런 일이 벌어진다면, 제 모든 인간관계는 파탄 나고 말 것입니다. 심지어 제가 정말 좋아하고 아끼는 이들과의 관계까지도 말이지요! 저의 **모든** 생각이 다 나쁜 것은 아니지만, 그중 많은 것이 그러하기 때문입니다. 무언가 선한 일을 행할 때에도, 제 마음속에는 늘 복잡한 생각들이 뒤엉켜 있거든요. 그런데 성경에 따르면, 하나님은 우리의 생각을 **실제로** 꿰뚫어 보실 수 있습니다. 그분은 마치 우리의 신체 내부를 엑스레이로 촬영할 때와 같이, 우리의 속마음을 모두 들여다보십니다. 다른 이들 눈에는 우리가 지극히 선량하게 보일지라도, 하나님은 우리의 실상을 아십니다. 그리고 그분이 품으신 도덕성의 기준은 **대단히** 높지요.

드라마 〈굿 플레이스〉에서는, 이 세상에서 **정말로** 선한 삶을 살았던 자들만이 천국에 들어가기에 충분한 점수를 얻습니다. 그런데 예수님은 그보다도 훨씬 높은 기준을 제시하셨습니다. 예를 들어, 우리는 누군가를 살해한 이들이 하나님의 심판을 받아 마땅하다고 여깁니다. 그런데 예수님은 누구든지 다른 이에게 분노하는 사람은 다 하나님의 심판 아래 놓인다고 가르치셨습니다(마 5:21, 22 참조). 언뜻 보기에는 그분의 이 말씀이 터무니없게 들립니다. 이는 우리가 다른 이에게 화를 낼지라도, 그를 죽이려는 마음은 전혀 없을 때가 많기 때문입니다! 그런데 다른 한편으로, 이렇게 생각해 볼 수 있습니다. 지금 대부

하나님 없이도 잘 살 수 있지 않나요?

분의 경우, 누군가를 살해하는 일은 우리 삶을 더 낫게 만들어 주지 않습니다. 오히려 그와 정반대이지요. 하지만 만약에 누군가를 죽임으로써 우리가 실제로 **더 나은 삶을** 살 수 있는 상황에 처한다면 어떻게 될까요?

지난 인류의 역사를 살펴보면, 자신들이 원하는 것을 얻기 위해서나 주위 집단의 압력 때문에 다른 이들을 살해한 수많은 사례가 있습니다. 여러분은 히틀러가 정말 나쁜 인물이라는 것을 알 것입니다. 그는 진실로 악한 자였습니다. 그런데 나치 독일의 역사를 자세히 공부해 보면, 외관상 평범해 보이는 수천 명의 사람, 아마도 자신의 가족과 친구들에게는 친절하게 대했을 그들이 600만 명의 유대인을 학살하는 일에 기꺼이 동참했음을 발견하게 됩니다. 당시 나치 독일에 속한 많은 사람은 자신들이 나쁘다고 생각하지 않았습니다. 오히려 스스로를 애국자로 여겼지요.

또 여러분은 노예 제도가 그릇된 것임을 알 것입니다. 과거 미국에 있던 그 제도의 역사를 공부해 보면, 수많은 백인이 흑인들을 노예로 부리면서 때리고 학대했음을 발견하게 됩니다. 하지만 그 백인들은 스스로를 나쁜 사람으로 여기지 않았습니다. 당시 그 주위의 사람들이 다들 그렇게 행하고 있었기 때문입니다. 그 시대에 제 모국인 영국에서는 개인적으로 노예를 부리는 사람이 거의 없었지만, 많은 이가 아프리카의 흑인들을 잡아다가 미국에 노예로 팔아서 큰돈을 벌었습니다.

아마도 여러분은 자신이 나치 치하의 독일이나, 노예 제도가 시행되던 당시의 미국 혹은 영국에 있었다면 그들과 다르게 행동했을 것이라고 생각할 것입니다. 하지만 우리 자신보다도 우리를 더 잘 아시는 예수님은 그렇게 여기지 않으셨습니다. 복음서들에 담긴 그분의 가르침을 살필 때(예를 들어, 마 5:21-48을 보십시오), 우리는 자신이 하나님의 기준에 도저히 미치지 못함을 발견하게 됩니다. 〈굿 플레이스〉의 엘리너와 마찬가지로, 우리는 만약 '천국'이 있다면 우리 자신에게는 그곳에 들어갈 자격이 전혀 없음을 깨달아야 합니다.

성경은 하나님이 온전히 선하고 거룩한 분이라고 말합니다. 그렇기에 우리처럼 죄 많은 인간들은 그분이 계신 곳에 함께 거할 수가 없지요(예를 들어, 사 6:1-5을 보십시오). 이는 마치 우리가 방의 전등을 켤 때 그 방 안의 어둠이 전부 사라지는 것과 같습니다. 그러면 우리 같은 사람들에게는 어떤 소망이 남아 있을까요? 여전히 더 나은 삶을 살기 위해 몸부림쳐야 할까요? 아니면 어떻게든 하나님의 눈길을 피해서 숨어 보려고 애써야 할까요? 그렇지 않으면 (예수님이 보여 주신 기준들을 생각할 때마다 마음이 불편해지니까) 차라리 하나님이 계시지 않은 듯이 우리 자신을 속이면서 살아가야 할까요?

우리의 유일한 소망이신 예수님

「해리 포터와 죽음의 성물」에서, 해리는 볼드모트의 영혼 중 일부분이 자신의 몸속에 담겨 있음을 깨닫게 됩니다. 그렇기에 볼드모트를 완전히 제거하기 위해서는 해리 자신도 죽음을 맞아야만 했습니다. 다른 방법으로는 볼드모트의 악한 영혼을 해리에게서 빼낼 수가 없기 때문입니다. 이와 마찬가지로, 성경에 따르면 우리 각 사람의 마음속에도 죄가 깊이 자리 잡고 있습니다. 우리 죄에 대한 하나님의 형벌은 죽음입니다. 다른 방법으로는 그 죄를 제거할 수가 없지요. 그런데 놀랍게도, 성경은 우리가 예수님을 믿으면 그분의 십자가 죽으심이 곧 우리의 죽음이 된다고 말합니다. 바울은 이 진리를 이렇게 표현하지요.

> 우리의 옛사람이 그리스도와 함께 십자가에 달려 죽은 것은, 죄의 몸을 멸하여서, 우리가 다시는 죄의 노예가 되지 않게 하려는 것임을 우리는 압니다(롬 6:6).

그리고 예수님을 믿을 때, 우리는 그분의 생명에 동참하게 됩니다. 그렇기 때문에 예수님은 마르다에게 다음과 같이 놀라운 말씀을 하실 수 있었습니다.

> 나는 부활이요 생명이니, 나를 믿는 사람은 죽어도 살고, 살아서 나를 믿는 사람은 영원히 죽지 아니할 것이다(요 11:25, 26).

마르다에게는 기쁨이 충만한 삶을 영원히 누릴 자격이 전혀 없었습니다. 이 점은 우리 역시 마찬가지지요. 그런데 예수님은 그분을 믿는 이마다 그런 삶을 얻게 될 것이라고 약속하셨습니다. 이는 예수님이 십자가에서 우리를 위해 죽으셨으며, 우리 죄에 대한 형벌을 대신 받으셨기 때문입니다. 그분이 친히 그 대가를 치르신 것이지요. 예수님은 이제껏 이 세상에 살던 이들 가운데서 유일하게 진정으로 선한 분이었습니다. 그런데 그분은 자신을 믿는 모든 이의 죄를 대신 짊어지신 것입니다. 그리하여 우리는 하나님의 심판 아래서 영원한 죽음을 겪는 대신에, 그분의 사랑을 맛보면서 영원한 삶을 누릴 수 있게 되었습니다.

이 점을 여러분이 쉽게 파악할 수 있도록 하나의 예화를 들어 보겠습니다. 하지만 이 세상의 이야기들 가운데서는, 선한 인물이 악한 인물들을 위해 목숨을 버리는 내용을 찾기가 쉽지 않습니다. 어쩌면 이 일은 해리의 어머니인 릴리 포터가 해리를 보호하기 위해 볼드모트를 막으셨던 일과 비슷하다고 말할 수 있을 것입니다. 그리고 **실제로** 이 둘 사이에는 어느 정도 유사점이 있습니다. 이는 그녀의 희생을 통해 해리가 목숨을 건졌기 때문입니다. 하지만 하나님은 볼드모트 같은 분이 아니시며, 우리 역시 그때의 해리처럼 순진한 갓난아기가 아닙니다. 오히려 예수님이 우리를 위해 죽으신 일은 마치 덤블도어 교수가 톰 리들(볼드모트의 원래 이름_옮긴이)을 살리기 위해 죽는 것과 더 비슷하다고 할 수 있을 것입니다.

이 일은 〈겨울왕국〉에서 안나가 엘사를 구하려고 한스 왕자 앞에 뛰어든 일과 비슷하다고도 할 수 있습니다. **실제로** 이 둘 사이에는 어느 정도 유사점이 있지요. 예수님과 마찬가지로 안나 역시 죽음의

하나님 없이도 잘 살 수 있지 않나요?

타격을 견뎌 냈으며, 그녀가 품은 사랑의 능력을 통해 다시금 소생했기 때문입니다. 하지만 더 자세히 살필 때, 예수님이 우리를 위해 죽으신 일은 마치 안나가 악당인 한스를 위해 자신의 생명을 희생한 일과 더 비슷하다고 할 수 있습니다.

그리고 이 일은 영화 〈타이타닉〉에서 잭이 로즈를 위해 자기 생명을 희생하기로 결심한 순간과 비슷하다고 말할 수 있습니다. 잭은 로즈를 몹시 사랑했기에, 그녀를 대신해서 차가운 물속에서 얼어 죽는 쪽을 선택했지요. **실제로** 이 둘 사이에는 어느 정도 유사점이 있으니, 이는 예수님도 우리를 간절히 사랑하시기 때문입니다. 하지만 더 자세히 살필 때, 예수님의 십자가 죽으심은 마치 잭이 로즈의 비열한 약혼자를 위해 죽는 일과 더 비슷하다고 할 수 있습니다.

바울은 예수님의 십자가 죽으심에 담긴 이 기이한 진리를 이렇게 설명합니다.

> 의인을 위해서라도 죽을 사람은 거의 없습니다. 더욱이 선한 사람을 위해서라도 감히 죽을 사람은 드뭅니다. 그러나 우리가 아직 죄인이었을 때에, 그리스도께서 우리를 위하여 죽으셨습니다. 이리하여 하나님께서는 우리들에 대한 자기의 사랑을 실증하셨습니다(롬 5:7, 8).

하나님은 우리에게 생명과 호흡을 비롯한 모든 것을 선물로 주셨습니다. 심지어는 그분의 아들을 이 세상에 보내어 우리를 위해 죽게 하셨지요. 그런데도 마치 그분이 계시지 않은 듯이 살아간다면, 우리는 더들리네 가족보다도 더 나쁜 사람들이 됩니다. 이때 우리는 마치 부모의 은혜를 모르는 철없는 자녀가 되는 것이지요. 예를 들어, 어떤 부모님이 자신의 아이를 사랑으로 돌보면서 모든 것을 정성껏 베풀어 주었는데, 그 아이는 마치 부모님이 계시지 않은 것처럼 살아간다고 해봅시다. 그 부모님은 여러 해 동안 사랑으로 인내하면서 그 아이와의 관계를 잘 이루어 가려고 애썼지만, 결국 이렇게 통보할 것입니다. "이제는 네가 이 집을 떠나 주면 좋겠구나." 이때 그 아이는 그분들의 행동을 부당하게 여기지 않을 것입니다. 오히려 그것은 그 아이가 자초한 일이지요.

예수님은 한 아들이 자기 아버지를 향해 그런 식으로 행동한 이야기를 들려주셨습니다. 그 아들은 아버지의 재산을 받아 가지고 집을 떠났으며, 유흥을 즐기는 데 그 돈을 마구 써 버렸습니다. 마침내 돈이 바닥났을 때, 그는 자신이 얼마나 어리석고 비참한 사람인지를 깨달았지요. 그는 이제 아버지의 집으로 돌아가더라도 자신을 아들로는 다시 받아주지 않을 것이라고 여겼습니다. 다만 어쩌면 한 사람의 종으로는 받아들여 줄지도 모른다고 여겼지요. 그런데 그가 아버지의 집 근처까지 이르렀을 때, 아버지가 달려 나와 그를 와락 끌어안고서는 기쁨으로 입을 맞추었습니다. 아버지는 아들이 무사히 돌아온 것을 축하하기 위해 큰 잔치를 열기까지 했지요(눅 15:11-32 참조). 예수님은 하나님이 우리를 그와 같이 사랑하신다고 말씀하십니다. 하나님은 그저 우리가 그분에게로 돌아오는 것을 허락하는 데 그치지 않으십니다. 오히려 그 일을 간절히 원하시지요. 그리고 우리가 실제로 하나

하나님 없이도 잘 살 수 있지 않나요?

님에게 돌아올 때, 그분은 그 아버지처럼 곁으로 다가와서 우리를 꼭 안아 주십니다. 그러고는 성대한 환영의 잔치를 열어 주십니다. 하지만 이와 동시에, 예수님은 우리가 이 일을 너무 뒤로 미뤄서는 안 된다는 것을 늘 가르치셨습니다(예를 들어, 마 25:1-13; 눅 16:19-31을 보십시오). 언젠가는 우리가 돌아갈 집의 문이 잠기고 창문이 닫히며, 아예 그 길이 사라질 때가 오기 때문입니다.

여러분의 경우는 어떤가요?

지금은 우리 모두에게 예수님을 믿고 따를 기회가 주어져 있습니다. 이제까지 우리가 어떤 생각을 품고서 어떤 일들을 행했든, 또 어떤 식으로 살아왔든 간에 말이지요. 예수님을 향해 간절히 부르짖을 때, 그분은 팔을 활짝 벌리고서 우리를 따스하게 맞아 주실 것입니다. 실제로 예수님이 십자가에 달리시던 당시, 그 옆에 달려 있던 한 강도는 자신이 벌 받아 마땅한 짓을 저질렀음을 시인하면서 이렇게 고백했습니다. "예수님, 주님이 주님의 나라에 들어가실 때에, 나를 기억해 주십시오"(눅 23:42). 그때 예수님은 이렇게 대답하셨습니다. "너는 오늘 나와 함께 낙원에 있을 것이다"(눅 23:43). 이 강도는 자신이 선한 삶을 살아오지 못했음을 잘 알고 있었습니다. 만약 '좋은 곳'이 있다 해도, 그에게는 그곳에 들어갈 자격이 전혀 없었던 것이지요. 하지만 예수님은 실제로 존재하는 '천국'의 왕이셨습니다. 그리고 그분을 믿고 따르는 이들은 누구든지 그곳에서 따스한 환대를 받게 되지요. 우리가 해야 할 일은 그저 우리에게 그분이 필요함을 시인하고, 이제까지 하나님과 이웃을 사랑하지 못한 일에 관해 용서를 구하는 것입니다. 그리고 그분이 죄인인 우리를 위해 죽으셨음을 온전히 신뢰해야 합니다.

예수님에게로 나아올 때, 우리는 다음 두 가지 사실을 발견하게 됩니다. 첫째, 이전에 생각했던 것보다 우리의 죄가 심각하다는 것입니다. 둘째, 우리가 상상했던 것보다 큰 사랑을 받고 있다는 것입니다. 온 인류 가운데 홀로 선한 분인 예수님은 여러분에 관한 모든 것을 알고 계십니다. 그분은 우리의 모든 생각을 다 헤아리시며, 우리를 심판할 정당한 권리를 갖고 계시지요. 하지만 그분은 우리를 참으로 사랑하시기에, 기꺼이 우리를 대신하여 죽으셨습니다. 곧 우리가 받아야 할 심판을 그분 스스로 감당하신 것입니다.

어쩌면 여러분에게는 이 모든 이야기가 불편하게 들릴지도 모르겠습니다. 여러분이 이 책에서 기독교의 입장을 살펴보는 동안에도, 그 신앙은 마치 해리에게 오해받던 시리우스 블랙의 모습처럼 다가올 수 있겠지요. 혹은 이제 예수님에게 관심을 품게 되었지만, 여러분 마음속에는 이 책에서 제대로 답을 찾지 못한 질문들이 여전히 남아 있을지도 모르겠습니다. 만약 지금 여러분이 그런 상태라면, 계속 질문들을 던져 보시기 바랍니다. 저는 오랫동안 그리스도인으로 살아왔지만, 아직도 여러 질문을 품고 있습니다. 다만 저의 경우, 기독교뿐 아니라 무신론을 비롯한 다른 대안들에 관해서도 까다로운 질문들을 던지곤 하지요. 그럴 때마다, 저는 기독교가 (때로는 터무니없는 소리처럼 들리기도 하지만) 가장 신뢰할 만한 선택지라는 결론에 다시금 이르게 됩니다.

만약 여러분도 저와 같은 결론을 내렸으며 이제 예수님을 믿고 따를 준비가 되었다면, 이렇게 기도해 보시기 바랍니다.

주 예수님,

예수님이 저 같은 사람을 위해 목숨을 버리셨다는 사실이 참으로 놀랍습니다. 만약 제 마음속 생각들을 다른 이들이 전부 알았다면, 그들은 다 저를 버리고 떠나갔을 것입니다. 그러나 예수님은 오히려 제 곁으로 다가오셨습니다. 저는 예수님이 하나님의 아들이시며, 저의 죄를 용서하기 위해 십자가에 달려 죽으셨음을 믿습니다. 또 저는 예수님이 죽음에서 부활하셨으며, 그리하여 제가 당신과 함께 영원한 삶을 누릴 수 있게 되었음을 믿습니다. 저는 예수님이 저의 모든 존재를 누구보다도 깊이 사랑하시며, 당신과 동행하는 삶이 참되고 영속적인 행복을 향한 유일한 길임을 믿습니다. 저를 늘 사랑해 주실 것을 약속해 주셔서 감사합니다. 저의 왕이 되어 주시고, 주님의 나라에 임하실 때 저를 기억해 주십시오.

아멘.

이제는 어떻게 해야 할까요?

혹시 여러분은 처음으로 이렇게 기도해 보셨나요? 그렇다면 환영합니다! 여러분은 지금 막 전 세계에 걸쳐 있는 믿음의 공동체에 합류하게 된 셈이니까요. 제 친구 레이첼은 한 도서관에서 C. S. 루이스(Lewis)의 「순전한 기독교」(Mere Christianity, 홍성사 역간)라는 책을 읽다가, 처음으로 앞에서와 같이 기도했습니다. 당시 레이첼의 지인들 가운데는 그리스도인이 아무도 없었습니다. 하지만 그녀는 그 주에 자신이 속한 대학의 한 기독교 단체가 밸런타인데이 파티를 연다는 사실을 알게 되었지요. 그래서 그곳을 찾아갔습니다. 그 파티에서 레이첼이 만난 사람들은 그녀가 그리스도인이 되어 새로운 삶을 살아가도록 도와주었습니다. 그날 밤에 만난 한 친구는 지금도 여전히 그녀를 돕고 있지요. 벌써 16년이 흘렀는데도 말입니다!

사실 그리스도인들은 제각기 고립된 존재가 아닙니다. 우리에게는 서로 도움을 주고받을 수 있는 '교회'라는 가족 공동체가 필요합니다. 이는 스포츠 팀과 마찬가지로, 그 공동체 안에서 우리 모두가 각자의 고유한 역할을 감당하게 되기 때문입니다! 하지만 여러분이 만나는 그리스도인들이 모두 완벽한 사람일 것이라고 기대하지는 마십시오. 실제로는 그렇지 않기 때문입니다. 오히려 그들은 상당히 고약한 사람일 때가 많습니다. 만약 여러분이 다른 그리스도인들의 생각을 말풍선을 통해 전부 들여다볼 수 있다면, 아마도 충격을 받고 멀리 도망칠 것입니다. 하지만 예수님이 여러분 곁에 가까이 오셨듯이,

그들 곁에도 함께해 주셨습니다. 그리고 예수님은 성령님을 보내셔서 우리 각 사람의 마음속에 거하게 하셨지요. 그렇기에 우리는 혼자가 아닙니다.

대부분의 팀 주장과 달리, 예수님은 강하고 유능한 사람들만을 그분의 팀에서 뛸 선수로 선발하지 않으십니다. 오히려 그분은 우리처럼 힘이 없고 약한 이들을 택하셨지요. 그분은 빛나는 승리자들만을 자신의 백성으로 삼지 않고, 오히려 우리 같은 실패자들을 부르십니다. 바울은 이 진리를 이렇게 서술합니다.

하나님께서 …… 강한 것들을 부끄럽게 하시려고 세상의 약한 것들을 택하셨습니다(고전 1:27).

하지만 예수님이 이끄시는 팀이 결국 승리를 거둘 것입니다. 이는 그분 자신이 영웅적인 선수이기 때문입니다. 이것은 "해리 포터" 시리즈에 나오는 퀴디치 경기와도 비슷합니다. 퀴디치 경기에서, 수색꾼을 제외한 모든 선수는 상대 팀을 상대로 골을 넣는 데 전념합니다. 이때 각 골마다 10점의 점수가 주어지지요. 그런데 수색꾼의 임무는 골든 스니치(빠른 속도로 날아다니는 호두알 모양의 황금 공_옮긴이)를 잡는 데 있습니다. 그리고 스니치를 잡는 데 성공할 경우에는 무려 150점을 얻게 되지요. 그렇기에 이 경기에서 한쪽 팀이 큰 점수 차로 지고 있더라도, 그 팀의 수색꾼이 골든 스니치를 잡아내면 결국 승리하게 됩니다.

지금 이 세상에서는 종종 예수님에게 속한 팀이 지고 있는 것처럼 여겨집니다. 우리는 결국 허약한 실패자들일 뿐이니까요. 하지만 우리의 수색꾼은 바로 예수님입니다. 그리고 그분이 우리를 위해 이루신 구원은 이 세상의 모든 점수를 합친 것만큼의 값어치를 지니지요. 해리가 첫 퀴디치 시합에서 획득한 골든 스니치처럼, 예수님이 이루신 구원 가운데는 부활의 돌이 담겨 있습니다. 그리고 그 부활의 소망은 우리 삶이 막다른 골목에 이르렀을 때 뚜렷이 드러나게 되지요. 지금도 예수님은 우리를 향해 이렇게 선포하십니다.

나는 부활이요 생명이니, 나를 믿는 사람은 죽어도 살고, 살아서 나를 믿는 사람은 영원히 죽지 아니할 것이다. 네가 이것을 믿느냐?(요 11:25, 26)

하나님 없이도 잘 살 수 있지 않나요?

☑️ 이것만큼은 꼭 이해해요!

- '천국'은 그저 이 세상에서 선량하게 살았을 때 가는 곳이 아닙니다. 천국은 하나님과의 관계, 이웃과의 관계 속에서 충만한 유익을 누리는 상태를 뜻합니다.

- 우리 중에 이 놀라운 하나님과의 교제를 누릴 자격이 있는 사람은 아무도 없습니다. 우리는 스스로를 선량한 사람으로 여길 수 있지만, 하나님은 우리의 속마음과 생각을 모두 아십니다. 하나님은 지금 우리가 누리는 모든 것을 선물로 주셨지만, 우리는 그분을 계속 외면해 왔습니다.

- 우리가 예수님을 믿고 따를 때, 이전에 우리가 범한 죄들의 대가는 그분의 십자가 죽으심을 통해 깨끗이 지불될 것입니다. 그리고 우리는 그분의 나라에 속한 백성이 됩니다. 예수님은 우리가 그분에게로 나아오기를 간절히 바라시며, 그분의 초대를 받아들이는 모든 이를 기꺼이 환영하십니다.

- 지금 우리가 예수님을 거부한다면, 언젠가는 그분도 우리를 거부하실 것입니다. 그때에는 지금 우리가 누리는 모든 선한 것이 사라지고, 그분의 나라 바깥으로 영원히 쫓겨날 것입니다.

- 우리가 예수님을 믿고 따를 때, 하나님이 그분의 성령으로 우리 안에 오셔서 함께하십니다. 그리고 우리는 그분에게 속한 가족 공동체의 일원이 됩니다.

- 예수님의 가족에 속한 이들은 모두 우리와 똑같은 죄인입니다. 하지만 우리는 서로를 도우면서 함께 그분을 위해 살아갈 수 있습니다. 그리고 우리가 얼마나 많이 실패하든 간에, 중요한 것은 예수님이 친히 승리를 거두셨다는 사실입니다. 그분은 우리의 부활이며 생명이십니다.

감사의 글

1장에서 저는 감사 카드 쓰는 일을 싫어한다고 말했습니다. 하지만 지금 이 경우는 예외입니다. 제가 이 책을 쓸 때 많은 분이 도움을 주었기에 기쁜 마음으로 감사의 뜻을 밝히려고 합니다.

먼저 제 자녀들인 미란다와 엘리자, 루크에게 감사하고 싶습니다. 저는 이 아이들과의 대화를 통해, 이 책을 써야겠다는 동기를 얻었습니다. 그리고 이 책을 집필하는 동안, 아이들은 사랑과 웃음, 포옹으로 저를 늘 격려해 주었지요. 지금은 제 딸아이들 역시 글쓰기를 시작했습니다. 저는 장차 그 아이들이 커서 자기 이름으로 출간하게 될 책들을 어서 읽어 보고 싶은 마음이 간절합니다.

다음으로, 지금까지 함께 달려온 이들에게 감사하고 싶습니다. 물론 저는 문자 그대로 다른 이들과 자주 함께 달리지는 않습니다. 하지만 이 책을 쓰는 동안 늘 제 곁에 함께 있어 준 동료 작가들이 있습

하나님 없이도 잘 살 수 있지 않나요?

니다. 그 동료들은 제가 낙담할 때 기운을 북돋아 주었으며, 다른 이들에게 보여 주기가 매우 민망한 제 원고를 흔쾌히 읽어 주었습니다. 특히 제 친구 레이첼 길슨은 누구보다도 먼저 이 책의 원고를 전부 읽어 주었습니다. 그러고는 그 내용이 상당히 괜찮다고 안심시켜 주었지요. 물론 그녀의 도움이 없어도 어떻게든 이 책이 나왔겠지만, 앞으로 또 책을 내더라도 그녀의 도움이 있기를 바랍니다. 샘 올베리는 제가 어찌할 바를 몰라 당황할 때 차분히 새 힘을 주었습니다. 그리고 7장과 8장의 내용에 관해 유익한 조언을 주었지요. 바울은 자신의 벗 에바브로디도를 "내 형제요, 동역자요, 전우"라고 불렀습니다(빌 2:25). 저 역시 샘이 그런 친구라고 말할 수 있습니다.

또 저는 이 책의 출간을 도운 크로스웨이 출판사와 '복음 연합'(The Gospel Coalition)의 모든 분에게 감사드립니다. 콜린 한센은 다시금 믿음직한 조언자이자 지속적인 격려의 원천이 되어 주었습니다. 로라 이슬라는 끈기 있게 이 책의 편집을 진행하였으며, 저의 부족한 표현력을 용납해 주었습니다. 그리고 크로스웨이 출판사의 편집 팀 전체(그중에는 데이브 드윗과 로렌 수잰토, 라이언이 있습니다)가 이 책 출간을 위해 열심히 수고해 주었지요.

또 원고의 일부(혹은 전체)를 읽고 조언해 주신 모든 분에게도 감사드립니다. 목회자이며 작가인 클로드 어초와 MIT의 이안 허친슨 교수는 전문가의 관점에서 각각 2장과 6장의 내용을 꼼꼼히 살펴 주었습니다. 그리고 사려 깊은 여러 청소년 독자가 제 초고를 읽고 귀한 조언을 해주었지요. 그중에는 루카스 헐치와 그레이스 로저스, 솔로

몬 R. V.와 매들린 어빙–스톤브레이커, 아이작 점프와 윌 점프, 조이 포드와 샘 크랜치, 애비 시몬스와 카슨 케인, 일라이자 손과 케이티 윌리스, 조이 데브닝, 팀 몰로코프와 몰리 린, 메이브리 오른도르프와 소피아 셰인, 미라 소르프와 케이티 밴틸, 차르 데쿠크, 리디아 포릿, 베키 페인터와 렉스 스토크스가 있습니다. 그들의 격려를 통해 저는 청소년들을 위한 책을 써 볼 용기를 얻었습니다. 그리고 그들의 조언은 제가 그 일을 감당할 수 있게 도와주었지요.

우리 그리스도인들이 어떤 일을 해 나갈 때, 기도는 필수적인 역할을 합니다. 그렇기에 저는 이 책의 집필 과정에서 함께 기도해 준 모든 분에게 감사드립니다. 특히 캐롤린 박과 줄리 패럴, 렉시 밀튼버거는 매주 함께 기도하면서, 제가 늘 예수님에게 시선을 고정할 수 있도록 도와주었습니다.

지금 제가 이 같은 기회들을 누리게 된 것은 주로 제 어린 시절 부모님이 베풀어 주신 희생과 헌신 덕분입니다. 저의 부모님인 니콜라스 빌과 크리스틴 빌은 가정 안팎에서 교육을 위해 아낌없이 투자해 주셨으며, 이는 제가 감히 되갚을 수 없는 선물입니다. 저는 부모님의 사랑에 깊은 감사를 드립니다.

그리고 남편 브라이언에게 감사하고 싶습니다. 어린 시절에 저는 커서 결혼하면 모든 문제가 다 사라질 것이라고 굳게 믿었습니다. 하지만 그 생각은 빗나가고 말았지요. 대신에 저는 좋은 결혼 생활을 누릴 때, 온갖 문제를 함께 헤쳐 나갈 동반자를 얻게 된다는 것을 깨달았습니다. 그리고 그 결혼 생활을 통해, 우리를 향한 예수님의 사랑이 어떤 것인지를 어렴풋이 헤아리게 되었지요. 그것은 곧 우리가 지닌 최악의 모습을 알면서도, 여전히 감싸 주며 늘 함께하시는 사랑입니다. 하나님은 우리를 향해 이렇게 약속하셨습니다. "내가 결코 너를 떠나지도 않고, 버리지도 않겠다"(히 13:5). 저는 브라이언도 평생 제 곁에서 함께할 것임을 확신합니다.

끝으로, 이 책을 끝까지 읽어 준 독자 여러분에게도 감사를 드립니다. 어쩌면 여러분 중에는 저처럼 "해리 포터" 시리즈의 애독자가 있을지도 모릅니다. 그렇다면 이 책은 마치 해리가 호그와트 마법 학교에서 받은 첫 번째 편지처럼 다가왔을 것입니다. 미지의 세계에서 날아온 낯선 초대장이지요. 여러분이 그 초대를 흔쾌히 받아들이기 바랍니다. 또 어떤 분들은 이 책을 "해리 포터" 시리즈에 나오는 '필요의 방'에 더 가깝게 느꼈을지도 모르겠습니다. 이는 곧 여러분이 덤블도어를 따르는 군대의 일원으로 훈련받을 수 있는 장소이지요. 여러분이 예수님을 믿는다면, 아무리 어릴지라도 진리를 위한 싸움에 동참할 수 있습니다. 하지만 이 점을 늘 잊지 마십시오. 예수님의 군대에 속한 우리는 언제나 사랑의 무기만을 사용한답니다.

부모님과 조부모님, 보호자와 친구들을 위한 안내의 글

1   Richard Dawkins, *Outgrowing God: A Beginner's Guide* (New York: Random House, 2019), 10쪽. 「신, 만들어진 위험」(김영사 역간).

2   "The Future of World Religions: Population Growth Projections, 2010–2050," Pew Research Center, April 2, 2015, http://www.pewforum.org/2015/04/02/religious-projections-2010-2050/를 보십시오. 그리고 "Projected Change in Global Population, 2015–2060," Pew Research Center, March 31, 2017, http://www.pewforum.org/2017/04/05/the-changing-global-religiouslandscape/pf_17-04-05_projectionsupdate_changepopulation640px/도 참조하기 바랍니다.

3   저는 이 책 1장에서 이 점에 관한 몇 가지 증거를 제시할 것입니다. 무신론자인 심리학자 조너선 하이트(Jonathan Haidt)는 그 사실을 이렇게 요약합니다. "오랜 시간에 걸친 연구 결과들은 종교를 가진 미국인들이 세속적인 사람들보다 행복하고 건강하게 살며 장수한다는 점을 입증해 왔다. 그들은 자선 단체 활동이나 이웃들의 삶에도 더 후한 관심을 보인다. …… 종교를 가진 이들은 자선 사업이나 이웃들을 돕는 일에 더 많은 돈을 기부한다. 또 그들은 그런 활동에 더 많은 시간을 할애하며, 헌혈에도 더 적극적으로 참여하는 경향이 있다." Jonathan Haidt, "Moral Psychology and the Misunderstanding of Religion," *Edge*, September 21, 2007, https://www.edge.org/conversation/jonathan_haidt-moral-psychology-and-the-misunderstanding-of-religion.

4   Dawkins, *Outgrowing God,* 103쪽. 「신, 만들어진 위험」.

5   Erica Komisar, "Don't Believe in God? Lie to Your Children," *Wall Street Journal,* December 5, 2019, https://www.wsj.com/articles/dont−believe−in−god− lie−to−your−children−11575591658.

6   Ying Chen and Tyler J. VanderWeele, "Associations of Religious Upbringing with Subsequent Health and Well−Being from Adolescence to Young Adulthood: An Outcome−Wide Analysis," *American Journal of Epidemiology,* 187, no. 11 (November 2018): 2355−364, https://academic.oup.com/aje/article/187/11/2355/5094534.

7   Tyler J. VanderWeele and John Siniff, "Religion's Health Effects Should Make Doubting Parishioners Reconsider Leaving," *USA Today*, March 21, 2019, https://www.usatoday.com/story/opinion/2019/03/21/study−leaving−religion−sex− abuse−scandals−affects−public−health−column/3224 575002/. 이런 효과들은 단지 청소년들의 삶에만 국한되지 않습니다. 2020년에 발표된 하버드대학교의 또 다른 연구 결과에 따르면, 매주 종교 예식에 참석하는 여성들은 그렇지 않은 이들보다 '절망에 의한 죽음'(deaths of despair, 이는 자살이나 알코올 의존증, 약물 남용 등에 의한 사망을 가리킵니다)으로 세상을 떠날 가능성이 68퍼센트나 낮았습니다. 그리고 교회에 다니는 남성들의 경우에는 세속적인 이들보다 그런 죽음을 맞을 가능성이 33퍼센트 낮았지요. (Ying Chen, Howard K. Koh, Ichiro Kawachi, Michael Botticelli, Tyler J. VanderWeele, "Religious Service Attendance and Deaths Related to Drugs, Alcohol, and Suicide Among US Health Care Professionals," *JAMA Psychiatry,* May 6, 2020, https://jamanetwork.com/journals/jamapsychiatry/fullarticle/2765488를 보십시오.)

8   Komisar, "Don't Believe in God? Lie to Your Children."

서론

1   "The Future of World Religions: Population Growth Projections, 2010−2050," Pew Research Center, April 2, 2015, http://www.pewforum.org/2015/04/02/ religious−projections−2010−2050/, 그리고 "Projected Change in Global Population, 2015−2060," Pew Research Center, March 31, 2017, http://www.pewforum. org/2017/04/05/the−changing−global−religiouslandscape/pf_17−04−05_projec−

tionsupdate_changepopulation640px/를 보십시오.

2   Antonia Blumberg, "China on Track to Become World's Largest Christian Country by 2025, Experts Say," *HuffPost*, April 22, 2014, http://www.huffingtonpost.com/2014/04/22/china-largest-christiancountry_n_5191910.html를 보십시오.

1. 이 세상에서 어떻게 최상의 삶을 살아갈 수 있을까요?

1   *Moana,* directed by Ron Clements and John Musker (Burbank, CA: Walt Disney Animation Studios, 2016). 〈모아나〉(영화).

2   Tyler J. VanderWeele and John Siniff, "Religion May Be a Miracle Drug," *USA Today,* October 28, 2016, https://www.usatoday.com/story/opinion/2016/10/28/religion-churchattendance-mortality-column/92676964/를 보십시오.

3   신앙생활이 우리의 건강과 행복에 끼치는 영향에 관한 자세한 문헌 조사를 살피려면, Tyler J. VanderWeele, "Religion and Health: A Synthesis," in *Spirituality and Religion within the Culture of Medicine: From Evidence to Practice,* ed. Michael J. Balboni and John R. Peteet (New York: Oxford University Press, 2017), 357-401쪽을 보십시오.

4   밴더윌레 교수는 이렇게 말합니다. "신앙생활이 모든 연령대의 사망률을 낮추는 데 끼치는 영향은 신체 활동과 금연, 울혈성 심부전증을 막기 위한 베타 차단제의 사용이나 유방 조영술 검사, 그리고 야채와 과일을 섭취하는 일 등, 건강을 위한 여러 중요한 요인이 영향을 끼치는 것과 거의 비슷하다." VanderWeele, "Religion and Health: A Synthesis," 360-61쪽을 보십시오.

5   Tyler J. VanderWeele and John Siniff, "Religion's Health Effects Should Make Doubting Parishioners Reconsider Leaving," *USA Today,* March 21, 2019, https://www.usatoday.com/story/opinion/2019/03/21/study-leaving-religion-sex-abuse-scandals-affects-public-health-column/3224575002/를 보십시오.

6   미국 여성들을 대상으로 시행된 한 연구에 따르면, 매주 한 번 이상 종교 예식에 참석하는 여성들은 그런 활동에 전혀 참여하지 않는 이들보다 자살할 확률이 다섯 배나 낮았습니다. Tyler J. VanderWeele, Shanshan Li, Alexander C. Tsai, et al., "Association between Religious Service Attendance and Lower Suicide Rates

among US Women," *JAMA Psychiatry,* August 2016, https://jamanetwork.com/journals/jamapsychiatry/article−abstract/2529152를 보십시오.

7   J. K. Rowling, *Harry Potter and the Goblet of Fire* (New York: Scholastic, 2002). 「해리 포터와 불의 잔」(문학수첩 역간).

8   *Frozen,* directed by Chris Buck and Jennifer Lee (Burbank, CA: Walt Disney Animation Studios, 2013). 〈겨울왕국〉(영화).

9   이 점에 관해서는 Robert Waldinger, "What Makes a Good Life? Lessons from the Longest Study on Happiness," TEDxBeaconStreet video, November 30, 2015, https://www.youtube.com/watch?v=q−7zAkwAOYg를 보십시오.

10   자원봉사의 유익에 관한 연구들을 요약한 글로는 Caroline E. Jenkinson, et al., "Is Volunteering a Public Health Intervention? A Systematic Review and Metanalysis of the Health and Survival of Volunteers," *BMC Public Health* 13 (2013): 773쪽을 보세요. 다른 이들을 돌볼 때 그 돌봄을 받는 이보다 돌보는 이 자신이 더 많은 유익을 얻는다는 점에 관한 연구로는, 예를 들어 Susan Brown, et al., "Providing Social Support May Be More Beneficial Than Receiving It: Results from a Prospective Study of Mortality," *Psychological Science* 14, no. 4 (2003): 320−27쪽을 참조하기 바랍니다.

11   이 연구 결과를 요약한 내용을 살피려면, Arthur Brooks, *Who Really Cares* (New York: Basic Books, 2006), 34쪽을 보십시오.

12   예를 들어, Robert A. Emmons and Michael E. McCullough, "Counting Blessings versus Burdens: An Experimental Investigation of Gratitude and Subjective Well−Being in Daily Life," *Journal of Personality and Social Psychology* 84, no. 2 (February 2003): 377−89쪽을 보십시오.

13   이 문제에 관한 연구들을 개관한 자료로는 Loren L. Toussaint, Amy D. Owen, and Alyssa Cheadle, "Forgive to Live: Forgiveness, Health, and Longevity," *Journal of Behavioral Medicine* 35, no. 4 (2012): 375−86쪽; Loren L. Toussaint, Everett L. Worthington, and David R. Williams, eds., *Forgiveness and Health: Scientific Evidence and Theories Relating Forgiveness to Better Health* (Dordrecht: Springer, 2015)를 보십시오.

14   이 문제를 다룬 책으로는 Angela Duckworth, *Grit: The Power of Passion and Per-*

severance (New York: Scribner, 2016)를 보십시오. 「그릿」(비즈니스북스 역간).

15 *Aladdin*, directed by Guy Ritchie (Burbank, CA: Walt Disney Studios, 2019). 〈알라딘〉(영화).

16 예를 들어, Jonathan Haidt, *The Happiness Hypothesis: Finding Modern Truth in Ancient Wisdom* (New York: Basic Books, 2006), 88-89쪽을 보십시오.

17 이 점에 관한 연구로는 Haidt, *The Happiness Hypothesis*, 222쪽을 보십시오.

18 Haidt, *The Happiness Hypothesis*, 222쪽.

19 헤이스팅스 교수의 개인적인 간증문은 다음 사이트에서 볼 수 있습니다. http://web.mit.edu/hastings/www/home.html.

2. 기독교는 다양성에 반대하는 종교가 아닌가요?

1 Frederick Douglass, *The Life and Times of Frederick Douglass* (Radford, VA: Wilder, 2008), 49쪽을 보십시오.

2 "Sojourner Truth: Abolitionist and Women's Rights Advocate," *Christianity Today,* September 2018, www.christianitytoday.com에서 인용했습니다.

3 David Masci, "5 Facts about the Religious Lives of African Americans," Pew Research Center, February 7, 2018, https://www.pewresearch.org/fact-tank/2018/02/07/5-facts-about-the-religious-lives-of-african-americans/를 보십시오.

4 미국의 경우, 무신론자의 68퍼센트가 남성입니다. 그리고 전체 인구의 66퍼센트가 백인인 데 비해, 무신론자의 경우에는 78퍼센트가 백인입니다. Michael Lipka, "10 Facts about Atheists," Pew Research Center, December 6, 2019, https://www.pewresearch.org/fact-tank/2019/12/06/10-facts-about-atheists/를 보십시오.

5 "The Global Religious Landscape," Pew Research Center, December 18, 2012, https://www.pewforum.org/2012/12/18/global-religious-landscape-exec/를 보십시오.

3. 예수님이 저에게는 진리가 아닐 수도 있지 않나요?

1 프레빈의 이야기는 다음 사이트에서 자세히 살필 수 있습니다. http://www.veritas.org/faith-identity-dna/.

2 마크의 이야기는 다음 사이트에서 자세히 살필 수 있습니다. http://www.veritas. org/surprised-jesus-harvard/.

3 *Titanic,* directed by James Cameron (Los Angeles, CA: Twentieth Century Fox, 1997). 〈타이타닉〉(영화).

4 *Titanic* (1997). 〈타이타닉〉.

4. 하나님 없이도 착하게 살 수 있지 않나요?

1 *Wreck-It Ralph,* directed by Rich Moore (Burbank, CA: Walt Disney Animation Studios, 2012).

2 Yuval Noah Harari, *Sapiens: A Brief History of Humankind* (New York: Harper, 2015), 109쪽. 「사피엔스: 유인원에서 사이보그까지, 인간 역사의 대담하고 위대한 질문」(김영사 역간).

3 Harari, *Sapiens,* 111쪽. 「사피엔스」.

4 예를 들어, 2012년에 의료 윤리학자인 알베르토 지우빌리니와 프란체스카 미네르바는 〈의료 윤리 저널〉(*Journal of Medical Ethics*)에 투고한 논문에서 이렇게 주장했습니다. "낙태가 허용되는 모든 상황에서, 출산 이후의 낙태(신생아의 생명을 거둬 가는 일) 역시 허용되어야 한다. 그중에는 신생아에게 아무 장애가 없는 경우까지 포함된다." Alberto Giubilini and Francesca Minerva, "After-Birth Abortion: Why Should the Baby Live?," *Journal of Medical Ethics,* 2012: 1, https://jme. bmj.com/content/39/5/261.

5 이처럼 선택적인 낙태와 영아 살해 때문에, 인도에서는 남녀의 수가 2,500만 명이나 차이가 납니다. 중국의 경우에는 3,500만 명의 차이가 있지요. 이에 관해서는 Elaine Storkey, "Violence against Women Begins in the Womb: Why Female Feticide Threatens the Social Order," *Christianity Today,* May 2, 2018, https:// www.christianitytoday.com/ct/2018/may-web-only/violence-against-women-begins-in-womb-abortion.html를 보십시오.

6 *House M.D.,* season 7, episode 23, "Moving On," directed by Greg Yaitanes, written by Kath Lingenfelter and Peter Blake, aired May 23, 2011, on FOX. 〈하우스〉(드라마).

7   와인버그는 1999년 4월에 미국 워싱턴 DC에서 열린 한 과학 콘퍼런스에서 이렇게
    언급했습니다. 이 표현은 이후 널리 퍼져 나갔고, 덕분에 그는 '종교로부터 자유하
    기' 재단에서 주는 '벌거벗은 임금님' 상을 수상했습니다. Freedom from Religion
    Foundation, "Emperor Has No Clothes Award: Steven Weinberg—1999," accessed
    September 14, 2018, https://ffrf.org/outreach/awards/emperor-has-no-clothes-
    award/item/11907-steven-weinberg.

8   Sohrab Behdad and Farhad Nomani, eds., *Islam and the Everyday World: Public
    Policy Dilemmas, Routledge Political Economy of the Middle East and North Af-
    rica* (London: Routledge: 2006), 75쪽에서 재인용.

9   철학자 크리스천 밀러에 따르면, "말 그대로 수백 개의 연구들 가운데서" 종교 활
    동과 도덕적인 성품 사이의 연관성이 입증되고 있습니다. Christian B. Miller, *The
    Character Gap: How Good Are We?* (Oxford: Oxford University Press, 2018),
    239. 「인간의 품성: 우리는 얼마나 선량한가?」(글로벌콘텐츠 역간).

10 Richard Dawkins, *River Out of Eden: A Darwinian View of Life* (New York: Basic
    Books, 1996), 133. 「에덴의 강: 리처드 도킨스가 들려주는 유전자와 진화의 진실」
    (사이언스북스 역간).

11 *Wreck-It Ralph* (2012).

5. 성경이 참되다는 걸 어떻게 믿지요?

1   *Aladdin*, directed by Guy Ritchie (Burbank, CA: Walt Disney Studios, 2019). 〈알
    라딘〉(영화).

2   케임브리지대학교의 학자인 피터 윌리엄스는 이 문제에 관해 다음의 탁월한 책을
    썼습니다. *Can We Trust the Gospels?* (Wheaton, IL: Crossway, 2018).

3   Richard Bauckham, *Jesus and the Eyewitnesses: The Gospels as Eyewitness Testi-
    mony* (Grand Rapids, MI: Eerdmans, 2008)를 보십시오. 「예수와 그 목격자들」(새
    물결플러스 역간).

4   *The Princess Bride*, directed by Rob Reiner (Beverly Hills, CA: Act III Commu-
    nications, 1987).

5   Ian Hutchinson, *Can a Scientist Believe in Miracles? An MIT Professor Answers*

Questions on God and Science (Downers Grove, IL: Inter-Varsity Press, 2018).

6. 기독교가 틀렸다는 것이 과학적으로 입증되지 않았나요?

1   *Moana,* directed by Ron Clements and John Musker (Burbank, CA: Walt Disney Animation Studios, 2016). 〈모아나〉(영화).

2   Hans Halvorson, "Why Methodological Naturalism?" in *The Blackwell Companion to Naturalism,* ed. Kelly James Clark (Chichester, West Sussex, UK: Wiley-Blackwell, 2016)을 보십시오.

3   Francis Collins, *The Language of God: A Scientist Presents Evidence for Belief* (New York: Free Press, 2006), 20쪽. 「신의 언어」(김영사 역간).

4   Joan Centrella, "A Passion for Science and a Passion for God," in R. J. Berry, ed., *Real Scientists, Real Faith* (Monach Books, 2009), 109-97쪽을 보십시오.

5   David L. Chandler, "In Search of New Ways of Producing Nano-Materials," *MIT News,* May 9, 2012, http://news.mit.edu/2012/profile-kong-0509를 보십시오.

6   "MIT Professor and Dean Daniel Hastings Shares His Worldview at The Veritas Form" (video), YouTube, June 28, 2011, https://www.youtube.com/watch?v=OGmNPWsR7_I를 보십시오.

7   Russell Cowburn, "Nanotechnology, Creation and God," TEDxStHelier video, August 27, 2015, https://www.youtube.com/watch?time_continue=3&v=UepCFseK_os.

8   "이런 법칙들은 인간의 지성으로 파악할 수 있는 범위 안에 있습니다. 하나님은 우리가 그 법칙들을 알아내기를 바라셨습니다. 그렇기에 우리를 그분 자신의 형상으로 창조하셨지요. 이는 우리로 하여금 그분의 생각들에 동참하게 하시려는 것이었습니다." (이것은 요하네스 케플러가 1599년 4월 9,10일에 바바리아의 서기관이었던 헤르바르트 폰 호헨베르크에게 보낸 편지 중 일부입니다.) Carola Baumgardt and Jamie Callan, *Johannes Kepler Life and Letters* (New York: Philosophical Library, 1953), 50쪽.

9   예를 들어, 찰스 다윈의 가장 가까운 과학적 동료 중 하나는 하버드대학교의 아사 그레이(Asa Gray) 교수였습니다. 그레이 교수는 열정적인 그리스도인이었고, 예수님을 믿도록 다윈을 계속 설득했지요. 오늘날에도 진화론 분야의 연구를 선도하는

그리스도인 학자들이 있습니다. 예를 들어, 케임브리지대학교의 사이먼 콘웨이 모리스(Simon Conway Morris) 교수는 현존하는 화석들을 통해 지금껏 얼마나 다양한 유형의 생명체들이 지구상에 생겨났는지를 연구하는 분야의 주도적인 전문가입니다. 그리고 듀크대학교의 생물학 교수인 그레고리 레이(Gregory Wray)는 유전자 조절의 진화 과정을 연구하는 전문가입니다. 또 저스틴 배럿(Justin Barrett)은 진화론적인 종교 심리학 분야의 연구를 개척했습니다.

10 Stephen Hawking, "'There Is No Heaven; It's a Fairy Story,'" interview by Ian Sample, *The Guardian,* May 15, 2011, https://www.theguardian.com/science/2011/may/15/stephen-hawking-interview-there-is-no-heaven.

11 Dr. Ard Louis, "Science or Religion: Do We Have to Choose?" http://www-thphys.physics.ox.ac.uk/people/ArdLouis/downloads/Ard-Louis-London-Alpha-Oct10.pdf를 보십시오.

12 Ian Hutchinson, *Can a Scientist Believe in Miracles? An MIT Professor Answers Questions on God and Science* (Downers Grove, IL: InterVarsity Press, 2018), 32쪽.

7. 사랑은 다 좋은 것 아닌가요?

1 예를 들어, 다음의 연구 결과들을 참조하십시오. Tyree Oredein and Cristine Delnevo, "The Relationship between Multiple Sexual Partners and Mental Health in Adolescent Females," *Community Medicine & Health Education,* 3, no. 7, (December 23, 2013): 3:256, https://www.omicsonline.org/the-relationship-between-multiple-sexual-partners-and-mental-health-in-adolescent-females-2161-0711.1000256.php?aid=21466. 이 연구에 따르면, "여성들이 교제하는 성관계 대상의 수가 많을수록 우울증에 시달리거나 자살을 생각하고 계획하며 시도하는 일들이 증가하는" 경향을 보였습니다. 이것은 "모든 인종, 민족 집단에서" 공통적으로 나타나는 현상이었습니다. Sandhya Ramrakha et al., "The Relationship between Multiple Sex Partners and Anxiety, Depression, and Substance Dependence Disorders: A Cohort Study," *NCBI* 42, no. 5 (July 2013): 863-72쪽, published online February 12, 2013, https://www.ncbi.nlm.nih.gov/pmc/articles/PMC3752789/, 이 연구에 따르면, "여러 사람과 성관계를 가진 이들은 이후에 약물 중독에 걸릴 가능성이 상당히 크다"는 것입니다. 이는 "특히 여성들의 경우"에 그러합니다.

2 예를 들어, 다음의 연구 결과를 참조하십시오. David G. Blanchflower and Andrew J. Oswald, "Money, Sex and Happiness: An Empirical Study," *The Scandinavian Journal of Economics* 106, no. 3 (2004): 391–602쪽, 이 글에서는 이렇게 언급합니다. "어떤 이가 한 해 동안 단 한 명의 대상하고만 성관계를 유지할 때 가장 큰 행복 감을 느끼는 것으로 파악되었다."

3 혹시 이 문제에 관해 도움이 필요하다면, '하비스트 USA'라는 단체에 연락해 보십 시오. https://harvestusa.org/. (한국의 경우, '기독교반성폭력센터' [http://your-voice.or.kr/]와 '탁틴내일' [http://www.tacteen.net/]이 있습니다._편집자)

4 다이아몬드 교수는 코넬대학교에서 했던 다음 강연에서, 자신의 연구 데이터들 을 요약해서 제시하고 있습니다. "남성과 여성의 성적인 지향성은 과연 얼마나 다 른가?"(Just How Different Are Female and Male Sexual Orientation?) YouTube video, October 17, 2013, https://www.youtube.com/watch?v=m2rTHDOuUBw.

5 Cornelius Tacitus, *The Annals: The Reign of Tiberius, Claudius, and Nero,* trans. J. C. Yardley (Oxford University Press, 2008), 356쪽을 보십시오. 「타키투스의 연대 기」(범우 역간).

6 예를 들어 Mark H. Butler, Samuel A. Pereyra, Thomas W. Draper, et al., *Pornography Use and Loneliness: A Bidirectional Recursive Model and Pilot Investigation,* PubMed.gov, February 17, 2018, https://pubmed.ncbi.nlm.nih.gov/28448246/를 보십시오.

7 '언약의 눈' 같은 사역 단체들은 음란물에서 벗어나려고 하는 이들에게 도움이 될 자료들을 제공합니다(covenanteyes.com). (한국의 경우, 각 지역의 '청소년성문화 센터'에서 도움을 받을 수 있습니다._편집자)

8. 제가 남자든 여자든 무슨 상관인가요?

1 J. R. R. Tolkien, *The Return of the King* (New York: Ballentine Books, 2012), 114 쪽. 「왕의 귀환」, 반지의 제왕 3(아르테 역간).

2 Tolkien, *The Return of the King,* 114쪽. 「왕의 귀환」.

3 Rodney Stark, *The Rise of Christianity: How the Obscure, Marginal Jesus Movement Became the Dominant Religious Force in the Western World in a Few Centu-*

ries (Princeton, NJ: Princeton University Press, 1996)를 보십시오. 「기독교의 발흥」 (좋은씨앗 역간).

4   Michael J. Kruger, *Christianity at the Crossroads: How the Second Century Shaped the Future of the Church* (Downers Grove, IL: IVP Academic, 2018), 36 쪽을 보십시오.

5   Kruger, *Christianity at the Crossroads,* 34, 35쪽.

6   이에 관해서는 다음 자료들을 참조하십시오. "Gender Composition" charts and tables, Pew Research Center, https://www.pewforum.org/religious-landscape-study/gender-composition/, 그리고 "The Gender Gap in Religion around the World," Pew Research Center, March 22, 2016, https://www.pewforum.org/2016/03/22/the-gender-gap-in-religion-around-the-world/.

7   Susan Dudley, "Women Who Have Abortions," National Abortion Federation (NAF), revised 2003, http://prochoice.org/wp-content/uploads/women_who_have_abortions.pdf.

8   J. K. Rowling, *Harry Potter and the Philosopher's Stone* (London: Bloomsbury, 1997), 221. 「해리 포터와 마법사의 돌」(문학수첩 역간).

9   David C. Page, "Every Cell Has a Sex: X and Y and the Future of Health Care," Yale School of Medicine, August 30, 2016, https://medicine.yale.edu/news-article/13321/#:~:text=Humans%20have%20a%20total%20of,X%20and%20one%20Y%20chromosome을 보십시오.

10   그 정확한 규모에 관해서는 상당한 논란이 있지만, 어린 시절에 자신의 성별을 불편하게 여긴 많은 이가 어른이 된 후에는 그 문제를 극복하는 것으로 보입니다. 예를 들어, 2013년에 〈미국 아동 청소년 정신의학회 저널〉(*Journal of the American Academy of Child and Adolescent Psychiatry*)에 실린 한 연구 결과를 참조해 볼 수 있습니다. 그 연구에서는 암스테르담의 성 정체성 클리닉에 다니던 127명의 청소년 환자들이 이후에 어떻게 되었는지를 살폈습니다. 그 결과에 따르면, 그중에서 3분의 2 정도가 최종적으로 자신이 출생한 당시의 성별을 그대로 받아들였습니다.

9. 우리가 고통당할 때 하나님은 무엇을 하시나요?

1   J. K. Rowling, *Harry Potter and the Deathly Hallows* (New York: Scholastic, 2007), 555. 「해리 포터와 죽음의 성물」(문학수첩 역간).

2   J. K. Rowling, *Harry Potter and the Order of the Phoenix* (London: Bloomsbury, 2003), 736. 「해리 포터와 불사조 기사단」(문학수첩 역간).

10. 천국과 지옥이 있다는 걸 어떻게 믿나요?

1   Taylor Swift, "False God," on *Lover*, Republic Records, August 23, 2019.

하나님 없이도 잘 살 수 있지 않나요?

하나님 없이도 잘 살 수 있지 않나요?

하나님 없이도 잘 살 수 있지 않나요?

하나님 없이도 잘 살 수 있지 않나요?

하나님 없이도 잘 살 수 있지 않나요?

**하나님 없이도
잘 살 수 있지 않나요?**

하나님 없이도 잘 살 수 있지 않나요?

10대가 기독교에 던지는 10가지 질문

초판 발행   2022년 9월 15일

지은이   레베카 맥클러플린

옮긴이   송동민

발행인   손창남

발행처   죠이선교회(등록 1980. 3. 8. 제5-75호)

주소   02576 서울시 동대문구 왕산로19바길 33

전화   (02) 925-0451 (출판부)

            (02) 929-3655 (영업팀)

팩스   (02) 923-3016

인쇄소   시난기획

판권소유   ⓒ죠이선교회

ISBN   978-89-421-0492-5 03230